Somos muchos

Jorge G.
Castañeda

Somos muchos

Ideas para el mañana

Planeta

Diseño de portada: Ana Paula Dávila
Fotografía del autor: Valeria Ascencio / revista *¿Quién?*

Primera edición: junio del 2004
Primera reimpresión: junio del 2004
ISBN: 970-37-0161-2

Impreso en los talleres de Litográfica Eros, S.A. de C.V.
Av. Tlatilco núm. 78, colonia Tlatilco, México, D.F.
Impreso y hecho en México-*Printed and made in Mexico*

ÍNDICE

AGRADECIMIENTOS 13

QUÉ Y QUIÉN 15
Por qué este libro 15
De mis antecedentes 17
La transición 22

1. CAMBIOS Y RESISTENCIAS 25
Cambios a medias 25
Del Estado de orden al limbo democrático 29
Los cambios y nuestro entramado institucional 35
Seleccionar los cambios 37
La agenda ciudadana para el México del siglo XXI...... 40
Lo importante son los objetivos 43

AUTOBIOGRAFÍA 1 47

2. LA SEGURIDAD JURÍDICA 61
El Estado de orden en México 63
El fin de una funcionalidad discrecional 66
Un cambio de escala 69
La seguridad jurídica para las personas 73
La seguridad jurídica para los bienes o propiedad....... 75
La seguridad jurídica para las transacciones 82
Reformas 85
Ausencia de una cultura del Estado de derecho 103

AUTOBIOGRAFÍA 2 109

3. LA SEGUNDA GRAN REFORMA: LA EDUCACIÓN 121
Una reforma estratégica 121
Aspectos del problema 122
La jornada completa 130
Los obstáculos 137
¿Qué hay que hacer? 139
La tercera reforma 145
Selección y desigualdad 153
Poner nuestro reloj educativo a la hora 155

AUTOBIOGRAFÍA 3 161

4. INSTITUCIONES 169
Dos paradigmas 169
Problemas del presidencialismo 172
Dos etapas, dos tipos de reformas 176
La experiencia de la alternancia 180
Qué cambios institucionales 184
En el interés de los partidos 186
El origen del problema 188
La reelección 193
El referéndum 195
Conformación de mayorías /
Separación de funciones 202
Segunda vuelta 206
Reducción del número de diputados 209
Financiamiento de campañas 212
Candidaturas independientes 218

AUTOBIOGRAFÍA 4 223

5. Un Estado pobre 233
Problemas y tentativas de solución 235
Regímenes especiales 242
Distintos instrumentos especiales
para distintos gastos especiales 246
Petróleo 248
El dilema de la refinación 252

Autobiografía 5 257

Epílogo 269

Glosario de siglas 277

Para Adela,
por los años que vivimos
y por las lunetas de amor
caídas en el camino.

AGRADECIMIENTOS

Este libro tuvo una confección novedosa para mí. Pude redactarlo, dictarlo, mejorarlo, entre viajes, conferencias, clases. Pero no es, en el sentido estricto, de factura exclusiva mía. Por ello, los agradecimientos son más significativos y sentidos que en otras ocasiones. En primer lugar quisiera agradecerle a los jóvenes que con una infinita paciencia escucharon y leyeron mis ideas y fungieron de público crítico o de grupo de enfoque: Carlos Lever, Valentina Riquelme, José Antonio Correa, Alexandra Vitard, María Martínez y Felipe Reyes. En segundo lugar, Alexandra Vitard y Luis Jorge Galindo realizaron un primer trabajo de revisión, de escritura y limpieza, indispensable y acucioso. En tercer lugar, Román Revueltas rescribió, mejoró, o de plano redactó un texto que sin ese trabajo sería aún menos accesible al lector que el actual. Tony García Lascuráin, José Alberro, Alberto Szekely, Dolores Nieto, contribuyeron con pasajes enteros de un texto que sin ellos pecaría de una incompletud mayúscula. Por último, Enrique Hett, de quien hablo más adelante, revisó, retrabajó, aclaró y perfeccionó un texto que es en buena medida tan suyo como mío. A todos ellos mi más profundo reconocimiento y gratitud. La culpa del todo es mía. La autoría es compartida.

QUÉ Y QUIÉN

Por qué este libro

En enero de 2003 dejé la Cancillería porque, como expliqué entonces, las condiciones internacionales no permitían alcanzar los objetivos que perseguíamos y en los términos en que los concebimos originalmente. Reiteré entonces mi compromiso político con el cambio y afirmé que dejaba una trinchera únicamente para ocupar otra, de compromiso político, de análisis, de reflexión y de opinión. Es lo que he estado haciendo todos estos meses; he recorrido el país para exponer las ideas del cambio directamente ante la gente, para poder explicarlas personalmente y estar en condiciones de dialogar con ciudadanos de todos los sectores y regiones, para escucharlos y enriquecer así el ideario de las transformaciones que me parecen necesarias y posibles en nuestro país. Esta serie de diálogos con auditorios de estudiantes y trabajadores, empresarios y comerciantes, amas de casa y profesionistas, desembocó en una doble profundización: la de mi conocimiento del país y de lo que demandan los mexicanos, y la de mi compromiso con la acción susceptible de cambiar las cosas y satisfacer dichas demandas.

Este proceso y la manera en que la vida política ha evolucionado durante su desarrollo me condujeron a la convicción de que, si las ideas propuestas hallaban una respuesta favorable y no se perfilaba, hacia 2006, ninguna personalidad capaz de enarbolar la bandera del México del mañana, llevaría mi compromiso a presentar una candidatura a la Presidencia de la República. Así lo hice el 25 de marzo pasado, y por ello me pareció cada vez más necesario presentar mis ideas en toda su extensión y profundidad, con sus causas y sus consecuencias. Presentarlas en un diálogo, quizá no tan vivo como los que he sostenido en directo con tantos públicos, pero de alguna manera más profundo: el que sostiene un autor solo ante una página que poco a poco ennegrece, con un lector también solo frente a esa misma página, en comunicación con las ideas de las que va tomando conocimiento. Presentarlas de la manera más clara y detenida para que fueran consideradas de la manera más reflexiva y crítica. Presentarlas como sólo se les puede exponer en un libro. Esa es la razón de ser de este libro.

Es un libro que propone ideas de cambio. No "cambio" en abstracto, sino cambios concretos que construyan el México del futuro. Esencialmente en cuatro órdenes:

Primero: la seguridad jurídica. No debemos seguir en México sin poder brindarle seguridad jurídica a las personas, a las propiedades y a las transacciones. Debemos dejar de vivir en la zozobra en todo lo que toca a nuestra integridad física y la de nuestros seres queridos, nuestras propiedades y nuestras relaciones contractuales. No hay democracia ni economía de mercado que sobrevivan, en el siglo XXI, sin un Estado de derecho competitivo.

Segundo: la revolución educativa. Para dar al México de mañana una verdadera "ventaja comparativa" en la globalización: conocimientos y la capacidad de aprender a renovarlos constantemente a lo largo de toda la vida. Para entrar en la era del conocimiento y la inteligencia, resulta imperativo transformar de cabo a rabo nuestra educación.

Tercero: reinventar nuestras instituciones. Día con día constatamos que ya no sirven. Hay que transformarlas: de instituciones de la autocracia del siglo XX, a la democracia del siglo XXI.

Y cuarto: financiar todo esto sanamente, con nuestro petróleo y con una reforma fiscal diferente, que elimine todas las exenciones y los regímenes especiales, y que sobre todo le diga a la gente en qué se va a gastar su dinero y le dé los medios de comprobar después que así fue.

Pero así como el cambio debe ser concreto, la lucha que trata de plasmarlo en la realidad es una lucha de mujeres y de hombres de carne y hueso. Por ello los ciudadanos necesitan saber qué se propone, qué se pretende, qué se busca; pero también quién lo propone, quién lo pretende, quién lo busca. Usted, que leerá lo que preconiza este libro, querrá saber también quién es el que lo escribió.

Ahora bien, este libro político no es, sin embargo, el libro de un político, si por ello entendemos un profesional de la política, un individuo cuya vocación es la política y que luego ha hecho de ella su profesión. La trayectoria de un político es, en general, su periplo por los puestos electivos o de designación que ha ocupado en las instituciones y en su partido. La de un intelectual comprometido con la política es menos clásica y menos conocida, aunque más documentada. Es, por así decirlo, menos "legible". Por lo mismo, me pareció indispensable tratar de dar a conocer mi trayectoria, y explicar mi acción en las luchas políticas de estos últimos decenios.

De mis antecedentes

Mi adolescencia, esa fase de la vida donde tantas cosas fundamentales se deciden, transcurrió en los años sesenta, el decenio de cambio por antonomasia. De hecho, toda mi formación intelectual y vital tuvo lugar bajo el signo del cambio social y político, tanto en nuestro país como en el extranjero. A los sesenta y setenta, y a las luchas de esos decenios —que marcan el fin de un mundo: el de la Guerra Fría, y el nacimiento de otro: el nuestro—, debo mis opciones, existenciales y académicas. Pero también les debo la preocupación de evitar las certidumbres monolíticas. Las dos últimas décadas de nuestra historia del siglo XX y mi propia participación en el combate democrático de esos años hicieron evolucionar mis ideas. Porque si la realidad política y social debe cambiar para mejorar, también las ideas deben transformarse para ser más justas, más adaptadas a esa realidad, y poder propiciar una acción más eficaz. Participar en el combate por el cambio democrático exige una crítica política y social de la realidad, pero requiere igualmente de un examen crítico constante de las convicciones propias, el cuestionamiento a uno mismo a la luz de esas luchas y en función de los aportes de otros luchadores sociales e intelectuales. Gracias a una amistad entrañable más actual y cercana hoy que nunca, treinta y dos años después, con Enrique Hett, mis años parisinos me enseñaron justamente eso: cómo cuestionarme siempre a mí mismo, a mis ideas y a las ideas recicladas.

Mi regreso definitivo a México al final de los setenta, al término de mis estudios en Francia, marca el inicio de mi vida adulta y el principio de un mayor compromiso con el quehacer público. Comienzo a dar clase en la UNAM y a escribir en los medios. Formo pareja con quien compartiría más de veinte años de vida; la influencia intelectual y moral de Miriam fue decisiva en esos momentos de arranque, y en todos los demás. Escribo una serie de libros cuyo ámbito es, de una manera u otra, el cambio, o la necesidad del cambio en la sociedad y en la vida política nacional y latinoamericana. Son los libros —o al menos así los concibo— de un intelectual ciudadano, de un intelectual "comprometido" con las luchas políticas y sociales, en la tradición sartreana más que de Octavio Paz frente al príncipe. Me incorporo a las filas del Partido Comunista Mexicano en los años en que recién estaban aprobadas las reformas políticas de Reyes Heroles y de López Portillo que lo legalizaron. ¿Por qué el Partido Comunista a pesar de que siempre condené la larga glaciación de los países socialistas y las violaciones permanentes a los derechos humanos y a las normas democráticas que allí imperaban? Porque pensé, en ese momento, que era el instrumento idóneo para el cambio de una sociedad que siempre me ha parecido profundamente injusta y bloqueada. Porque en México ser comunista en ese momento, como en otros anteriores, era luchar por la democracia social y política, por los derechos de todos. Y porque allí encontré compañeros, como Joel Ortega, que hoy, un cuarto de siglo después, siguen tan comprometidos con esas causas como entonces, y siguen siendo más amigos que nunca.

Fue gracias a la reforma política que se legalizó a la izquierda en México, se terminó con la guerra sucia contra los movimientos armados y se abrió una época de lucha por la democracia, por los derechos humanos y contra la injusticia, en la que quería participar y en la que participé. Asumí mi parte, junto a tantos otros en aquellas primeras elecciones de 1979, donde por primera vez en muchos años participaba una organización verdaderamente de izquierda e independiente del gobierno. Hoy esto puede parecer, con toda razón, una banalidad: es algo que damos por sentado en nuestro país. Pero hace 25 años no era tal; mucha gente murió en el camino para que México llegara a donde estamos.

En esa misma lucha iniciada hace años, en compañía de una larga fila de compañeros, tuve la oportunidad, al estallar los movimientos sociales en Centroamérica, de acercarme a ellos, apoyándolos y buscando que el gobierno de México diera el mayor respaldo posible a los nicaragüenses, salvadoreños y guatemaltecos involucrados en esas luchas. En

1979, poco después del triunfo de la revolución sandinista, viví un largo periodo en Nicaragua, para apoyar al gobierno sandinista, recién llegado al poder, en la construcción de un Estado prácticamente a partir de nada: sin estructuras, sin dinero, sin recursos humanos, salvo miles de muchachos entusiastas. Y desde México, gracias a la posición de mi padre en la Secretaría de Relaciones Exteriores y a mi amistad con Régis Debray, tuve la oportunidad de organizar el apoyo del gobierno mexicano al Frente Farabundo Martí de Liberación Nacional en El Salvador, culminando ese esfuerzo con lo que en 1981 se llamó la Declaración Franco-Mexicana sobre El Salvador, que 10 años después serviría de base para los acuerdos de paz de Chapultepec. Asimismo, cuando en agosto de 1980 decenas de miles de refugiados guatemaltecos cruzaron la frontera desde Huehuetenango y el Quiché y estuvieron a punto de ser devueltos al infierno del que huían, pude contribuir de manera decisiva a asegurar su permanencia en México, que se prolongó durante muchos años.

Al cerrarse la etapa de mi involucramiento en los movimientos centroamericanos, a mediados de los ochenta, proseguí mis cursos, seguí escribiendo y me dediqué a la lucha por la democracia en México, contra el fraude electoral y por los derechos humanos. Fueron luchas muy duras, donde murieron muchos de los mejores y más comprometidos de los mexicanos; recuerdo entre ellos a Norma Corona en Culiacán, amiga entrañable asesinada en 1989. Hacia finales de esa década, cuando pensábamos que la democracia estaba en puerta, pude participar en las actividades y protestas contra el fraude electoral de 1988, que había despojado al ingeniero Cárdenas de una victoria ganada en las urnas, según nos pareció a muchos.

Posteriormente vinieron los combates en el sexenio de Carlos Salinas contra las violaciones a los derechos humanos; contra el fraude electoral en Guanajuato, con Vicente

Fox; en San Luis Potosí al lado del doctor Nava, en Michoacán y en muchos otros estados. Fueron también los años de la lucha contra un Tratado de Libre Comercio que no era malo en sí mismo, al contrario, podía traer grandes beneficios a condición de negociarse junto con un acuerdo migratorio y mecanismos que aportaran recursos para la infraestructura del país. Nunca disocié el esfuerzo por lograr un buen tratado para México de la lucha por la democracia, por los derechos humanos y contra la injusticia que padecíamos. Pero en cuanto perdimos ese combate, no vacilé en reconocer la derrota y aceptar que el TLC era ya una realidad económica y jurídica, en cuyo seno debíamos ubicarnos en lugar de eternizarnos en cuestionamientos fútiles y estériles.

El sexenio de Salinas desemboca en las elecciones de 1994 y en la esperanza a la vez de la alternancia y del temor de que los acontecimientos de los primeros meses de aquel año fatídico —el alzamiento de Chiapas, el asesinato de Luis Donaldo Colosio— llevaran al país a una crisis sin salida. Ante esta situación, junto con algunos amigos fundamos el Grupo San Ángel, para contribuir a que esa crisis y esos acontecimientos no se desbordaran y las elecciones se desarrollaran de manera democrática. La meta era evitar al país una nueva fractura, otro desgarramiento, como había sucedido en el pasado; el instrumento era la convocatoria a políticos del PRI, del PAN y del PRD, a empresarios e intelectuales, a profesionistas y luchadores sociales.

Finalmente no fue necesario; las elecciones de 1994 tuvieron lugar sin mayores sobresaltos. Pero la sucesión se vio ensombrecida por la terrible crisis económica que destrozó el patrimonio y privó de empleo a millones de familias mexicanas. El costo fue elevadísimo, cualquiera que haya sido su artífice. Todo ello condujo a que durante el sexenio de Zedillo, la misma lucha por la democracia, por los derechos humanos, contra la represión y la injusticia, sobre todo en esa coyuntura, se transformara en un combate por la alternancia, por el fin del monopolio del poder del PRI. Esto escribí en 1994 en mi libro *Sorpresas te da la vida*:

> Un segundo factor propio del conjunto de los opositores fue su división, tema que se sitúa a medio camino entre el análisis de las responsabilidades de Fernández de Cevallos y de Cuauhtémoc Cárdenas. Octavio Paz lo dijo antes y después de las elecciones, y muchos otros lo señalaron también: con una oposición dividida, era virtualmente imposible derrotar al PRI. Sin duda el asunto era complicado en extremo: el altamente conflictivo tema de la identidad de un hipotético candidato común de la oposición a la Presidencia era inseparable del deseo más o menos piadoso de ver unidos a los adversarios del PRI. Desde tiempo atrás se percibió claramente un primer impedimento: ni Cárdenas podría ser jamás el candidato del PAN, ni aceptaría tampoco declinar su propia candidatura a favor de un panista, ni siquiera por Vicente Fox. Quizás Manuel Clouthier, en vida, hubiera satisfecho los requisitos formales exigidos por Cárdenas, pero aun en ese caso, las probabilidades de un desistimiento de Cárdenas hubieran sido pocas. [...] De modo que la condición de posibilidad de oposición unificada recaía en el surgimiento o la construcción deliberada de una tercera candidatura: alguien que no fuera ni Cárdenas, ni un panista institucional.

La transición

Y así llegamos al verano de 1999, cuando en toda la oposición mexicana, entre quienes luchábamos por la democracia, por los derechos humanos, contra la injusticia, empezó a brillar la esperanza de construir una gran candidatura de oposición, una candidatura de alternancia de los principales partidos políticos de oposición, y también de la sociedad civil, de los distintos grupos de derechos humanos, ciudadanos, de género, etcétera. Fue el momento de las negociaciones entre el PAN y el PRD, entre Cuauhtémoc Cárdenas y Vicente Fox, para ver si podían unirse en una sola candidatura que derrotara al PRI. Yo compartía esa esperanza y, junto con muchos más, participé de lejos en esas negociaciones y escribí en los medios lo que, a mi manera de ver, debía escribir al respecto.

Cárdenas y Fox no se pusieron de acuerdo, el PAN y el PRD no superaron sus diferencias. La insistencia de la sociedad civil no fue suficiente para lograr la unidad y tuvimos, todos nosotros, que enfrentarnos a una difícil decisión: escoger a uno de los dos. La pregunta esencial para mí en esa coyuntura, el criterio determinante en esa decisión, fue evidente: ¿Quién podía ganar? ¿Quién podía derrotar al PRI? De ahí surgió la idea del voto útil. Muchos nos dimos cuenta de que lo esencial era ganarle al PRI y dar paso a la alternancia, a la plena democracia en nuestro país, y que por tanto debíamos votar por el candidato que podía ganar. Yo no inventé el voto útil, lo generaron los cientos de miles de mexicanos de izquierda y de centro que sufragaron por Fox y por el PRD simultáneamente. Cuando mucho le di un nombre a una tendencia ya inscrita en la sociedad.

Vicente Fox gana las elecciones y ahí es el momento de optar por entrar al gobierno y participar en la alternancia o no. Decidí hacerlo, para luchar desde el gobierno de Fox, desde la Secretaría de Relaciones Exteriores, contra la injusticia que enfrentan nuestros compatriotas en los Estados Unidos, contra la injusticia del pasado, insistiendo en la necesidad de una comisión de la verdad en México (que se logró a medias con el nombramiento del fiscal especial). Traté de dar a nuestra política exterior un nuevo giro acorde con el cambio democrático, una política exterior que diera una verdadera participación a nuestro país en la vida de las naciones: negociar de igual a igual con los Estados Unidos para construir con ellos una nueva relación; hacer que México participara en la creación de un nuevo mundo de reglas aceptadas por todos los países, y en particular en materia de derechos humanos, para contribuir a hacerlos prevalecer en el mundo entero, comenzando por nuestro propio país. Y fue lo que me llevó a renunciar al gobierno de Fox en 2003, cuando concluí que la lucha contra la injusticia, por la democracia y los derechos humanos pasaba ya a otra trinchera: a poner todo lo que construimos, entre tantos, a lo largo de tantos años, al servicio de la gente, para cambiar la vida de la gente.

1. Cambios y resistencias

Cambios a medias

En los últimos quince años, el mundo ha cambiado enormemente. México también ha experimentado cambios, pero a un ritmo sensiblemente menor. Esta divergencia ha creado un desfase en la relación entre México y el mundo. Ponerla al día provoca tensiones muy fuertes, suscitadas por la necesidad de realizar una serie de transformaciones que, precisamente a causa de su profundidad y extensión, enfrentan todo tipo de resistencias.

En el mundo, la estructura geopolítica se modificó radicalmente con el desmembramiento del bloque comunista y la emergencia de lo que se dio en llamar una hiperpotencia. Esta transformación afectó a todos los países de los cinco continentes. Pero la concomitante transformación ideológica fue tan importante como esa metamorfosis en el escenario geopolítico. El antiguo paradigma socialista —incluso el prototipo del Estado asistencial de carácter social-demócrata— se transforma radicalmente y, hasta cierto punto, comienza a dejar de existir. Su inviabilidad se ve comprobada en los hechos —se desmantelan sectores enteros de asistencia social en Europa occidental y en otras partes del mundo— o, en todo caso, se generaliza la impresión de que el Estado social se ha desmantelado, aunque ello no sea necesariamente cierto. Se sabe, por ejemplo, que durante los años de Margaret Thatcher como primera ministra de la Gran Bretaña, el gasto público prácticamente no disminuyó: como porcentaje del producto interno bruto se mantuvo alrededor de 42%. Sin embargo, en el mundo entero se generalizó la impresión de que el Estado social inglés había sido desmontado. Pero es verdad que en todo el mundo hubo un cambio de actitud respecto del Estado asistencial. Dejó de ser una referencia, casi un ideal, y donde no se retrajo, dejó de desarrollarse.

Por circunstancias muy particulares, la transformación ideológica fue también más importante para México: en un entorno de crisis económica casi permanente de 1982 a 1995 y al combinarse con la necesidad de recomponer las relaciones entre el sistema priísta y el empresariado mexicano (rotas en 1982 con la nacionalización de la banca), las reformas internas no enfrentaron mayor resistencia en un primer momento. Es más, parecieron inevitables, absolutamente imprescindibles y acordes con la tendencia mundial. En un primer momento, pareció que se podría llegar muy lejos.

Los fenómenos del exterior propiciaron cambios, en México, que tuvieron lugar en los ámbitos económico, político y social. Sin embargo, en cada uno de estos renglones las transformaciones ocurrieron de manera incompleta. Eso mismo hizo que, a final de cuentas, comenzaran a surgir resistencias y, finalmente, que aparecieran también los efectos perversos de cada una de estas reformas.

Veamos, en primer lugar, la gran transformación económica, que empieza con el ingreso de México al Acuerdo General sobre Aranceles y Comercio (GATT) en 1985, y se acelera a partir de 1987 con los acuerdos celebrados con el Fondo Monetario Internacional (FMI) y el Banco Mundial para emprender reformas estructurales, y posteriormente con la llegada al poder de Carlos Salinas y la ratificación del Tratado de Libre Comercio de América del Norte (TLC). Si bien estos cambios, en su medida, fueron bastante dramáticos y pudieron llevarse a cabo sin grandes resistencias dentro del país, también es cierto que, de acuerdo con los parámetros de lo que se podía esperar, fueron hechos a medias. Por ejemplo, la privatización del sector público de la economía parece bastante radical si se contabiliza el número de empresas, pero si se considera su tamaño e importancia, entonces resulta que no se privatizaron aquellas (Petróleos Mexicanos, Comisión Federal de Electricidad) que llegan a representar hasta 60% del total. Independientemente de que sea deseable o no privatizarlas, se trata de una típica transformación a medias, es decir, no se va hasta el final del camino. No se ha aplicado enteramente la receta paradigmática de las reformas estructurales —tipo *consenso de Washington*— en lo que se refiere al sector público.

Lo mismo podríamos afirmar en lo que toca a la apertura de la economía en general: se han eliminado prácticamente todos los permisos previos —así como las restricciones cuantitativas y la mayoría de las arancelarias— y se han reducido los aranceles a niveles muy bajos. Pero ciertos renglones —el maíz, la industria automotriz, el frijol y, hasta el 2003, la leche— siguen protegidos a través de instrumentos diversos.

Incluso al negociarse el TLC, casi cinco años después de la primera reducción arancelaria, se mantiene este carácter excepcional para varios sectores de la industria, la agricultura y los servicios. Tenemos ahí, nuevamente, una especie de déficit paradigmático: la apertura comercial no se ha llevado hasta sus últimas consecuencias.

Casi lo mismo podría decirse de la inversión extranjera. En estos años de transformaciones se llega a una conclusión opuesta a la de los sexenios de Luis Echeverría y de José López Portillo, a saber, que la mejor manera de paliar la insuficiencia de ahorro interno con recursos del exterior ya no es el endeudamiento, sino la inversión extranjera directa (IED); una tesis discutible, pero tan válida como la otra. Se procede entonces a encontrar fórmulas para desregular o dejar de limitar la llegada de IED y se abren una serie de campos importantes, como por ejemplo la minería, pero de nuevo, las cosas se hacen a medias y se obvian sectores como la energía y la propiedad de la tierra. Hay incluso disposiciones un tanto folclóricas referentes a las playas y las fronteras: se mantiene lo que podríamos llamar la *ficción Baja California*, donde, para respetar la letra del artículo 27 constitucional, desde hace medio siglo se permite, violando el espíritu del mismo, que prácticamente toda la península esté en manos de propietarios norteamericanos a través de la engañosa figura de los fideicomisos, con todos los problemas que eso genera. De nuevo, restricciones muy claras planteadas para la llegada de inversión extranjera y, a la vez, ausencia de condiciones necesarias para la IED, como la existencia de un auténtico Estado de derecho, reglas claras de juego y una serie de mecanismos de *fair play* a la inglesa.

En el terreno económico podríamos seguir dando ejemplos. Quizás el más reciente, todavía en el gobierno de Vicente Fox, consiste en el manejo del déficit. Por un lado se acepta la ortodoxia *Maastricht plus* de un déficit del sector público de 0.65% del PIB, pero al mismo tiempo se sabe que el verdadero déficit es de más de 4% si se incluyen los pasivos contingentes del Fondo Bancario de Protección al Ahorro (FOBAPROA), del rescate carretero o incluso de algunos fondos de pensiones. Entonces, por un lado se acepta el criterio paradigmático de que, de ser posible, hay que tener unas finanzas públicas prácticamente superavitarias y, al mismo tiempo, en los hechos se mantiene un déficit del sector público mucho más elevado.

Esta insuficiencia del cambio en el ámbito económico nos deja en una situación entre dos aguas, a medias entre dos sillas. No llegamos a adoptar verdaderamente el nuevo paradigma por toda una serie de razones, pero al mismo tiempo no nos mantuvimos en el paradigma anterior. Así, redujimos la dimensión del sector público, [illegible] proteccionismo, mantuvimos cierto nivel de [illegible] externo y finalmente nos quedamos a medias. [illegible] no obtenemos todas las ventajas de ninguno de los dos sistemas, pero padecemos gran parte de los inconvenientes de cada uno de ellos. Esto ha hecho que los resultados económicos mexicanos hayan sido insuficientes.

En todo caso, al ocurrir este cambio de paradigmas en el ámbito internacional —como ya lo hemos dicho, resultado, entre otras cosas, de la extinción del socialismo real y la consecuente impugnación del Estado asistencial—, el modelo de las democracias representativas de Norteamérica y Europa occidental comienza a ocupar un lugar central en la nueva visión paradigmática y, con ello, el respeto a los derechos humanos en la acepción "occidental" del término. Paralelamente, se empieza también a generar una presión externa muy fuerte (el factor *externo* del cambio en México) para que nuestro país ajuste su sistema político interno —sus usos y costumbres políticos internos— a este cambio paradigmático internacional.

Del Estado de orden al limbo democrático

Esta coyuntura internacional —el nuevo paradigma mercado-democracia, donde los derechos humanos, el Estado de derecho y el imperio de la ley habrán de jugar un papel determinante— se conjuga efectivamente con un movimiento propio de la sociedad mexicana, que arranca desde 1968 y que llega a su expresión más fuerte, sin duda, con la campaña de Cárdenas en 1988. A lo largo de estos años, en efecto, se realizan diversas reformas. Es a partir de 1989, sin embargo, que las transformaciones —políticas, electorales— son más profundas y todo ello desemboca en la alternancia inicial de

.997 y, posteriormente, en la gran alternancia del año 2000. Nuevamente, se trata de un cambio que se da de una manera muy lenta y muy tardía, a diferencia de las transformaciones económicas, que ocurren de manera acelerada aunque incompleta, como ya hemos visto. Ocurre simplemente que se toman las mismas instituciones, la misma Constitución, los mismos partidos, los mismos medios de comunicación y se les pone a operar en un contexto diferente. No se cambia absolutamente nada, salvo lo estrictamente electoral. Todo lo demás permanece idéntico. Paradójicamente, se espera que las viejas instituciones y los viejos dispositivos políticos funcionen en el nuevo contexto democrático, lo cual obviamente establece una insuficiencia en el cambio político, a diferencia de lo que ha sucedido en casi todos los países que han pasado por transiciones democráticas como la nuestra. En el caso de España, por ejemplo, se elaboró una nueva Constitución en 1977 y lo mismo ocurrió en Sudáfrica (tras la liberación de Nelson Mandela), en Brasil (1986) y en Colombia (1991). Ahí donde en otros países se concluye que es indispensable adecuar el marco institucional al nuevo marco político, en el caso de México hay un nuevo marco político pero se considera que el marco institucional —salvo el electoral— es adecuado tal y como existe. Nuevamente, estamos hablando de un cambio que no es lo suficientemente drástico como para propiciar, pongamos por caso, un nuevo autoritarismo más moderno, más eficaz, más funcional (que probablemente sería insostenible en el mundo pero, bueno, pensemos en los casos de China o Vietnam) o, como sería realmente deseable, un aparato plenamente democrático, donde el conjunto de las instituciones, y no sólo las electorales, pudieran funcionar.

En México, a partir del debilitamiento del presidencialismo autoritario priísta, nos encontramos en una especie de limbo democrático: no gozamos de una eficacia democrática, pero ya no funciona la antigua eficacia autoritaria. Desde 1997, o incluso desde antes si se quiere, carecemos de lo que teníamos y no hemos logrado tener lo que queremos después. Hemos pasado de un Estado de orden a un Estado de derecho incompleto y disfuncional. Antes no había un Estado de derecho, pero sí había un Estado de orden que funcionaba: desde el mordelón de la esquina, que efectivamente te disuadía de pasarte el alto, las guardias blancas que protegían los latifundios de los terratenientes contra las tomas de tierras por los campesinos, hasta los guaruras de la CTM que impedían la libertad y la democracia sindicales. Todo esto ha ido desapareciendo paulatinamente —salvo excepciones locales indudables como en Chiapas— pero no ha sido sustituido por un auténtico Estado de derecho. Las cosas no funcionan porque haya leyes adecuadas y que éstas se apliquen, sino por otras razones. Y así, muchos conflictos se resuelven por la vía de los hechos, no por la vía legal, como hemos visto en el caso de San Salvador Atenco, o en el de los linchamientos ocasionales y localizados en varios estados de la república, entre otros.

Sin duda, una de las razones por las que no hubo esta ruptura institucional tan clara —como en España, en Sudáfrica, en Chile, en Brasil y en algunos países de Europa del este— es que el autoritarismo mexicano tuvo un carácter burocrático, benigno. No tenía la mano tan pesada, no entregaba tan malas cuentas y, consecuentemente, no levantó un rechazo tan poderoso en la sociedad como el que efectivamente tuvo lugar en otros casos. No hubo una presión tan fuerte para ajustar cuentas con el pasado. De ahí, justamente, la ambivalencia del gobierno de Fox sobre qué tan lejos había que ir y cómo había que proceder en la ruptura con el antiguo régimen, tanto en materia de derechos humanos como en asuntos de corrupción. Las fuerzas que se oponían a emprender esta "cacería de brujas" eran muy claras.

Para empezar el propio PRI e, inclusive, sectores importantes del gabinete y del mismo partido del presidente y, obviamente del empresariado y de la elite intelectual mexicana, sostenían que ir muy lejos por ese camino —instalar una comisión de la verdad, emprender investigaciones, entablar juicios— imposibilitaría acuerdos y negociaciones con el PRI en el Congreso para sacar adelante una serie de reformas y, además, contribuiría a un estado de ingobernabilidad. Se generarían problemas con los gobernadores, con los sindicatos y con una serie de factores de poder que todavía están en manos del PRI o del sistema priísta. Esta situación de ingobernabilidad, a su vez, nos llevaría a una inestabilidad social y política que, finalmente, habría de provocar la habitual crisis económica resultante de la transferencia del poder, como ha sucedido en los últimos treinta años. En el extremo opuesto, quienes propugnaban un auténtico ajuste de cuentas, una postura más radical —por ejemplo, llevar a cabo cruces de declaraciones patrimoniales, fiscales y de signos exteriores de riqueza—, se quedaron, por decirlo coloquialmente, colgados de la brocha o chiflando en la loma. La cuestión, de cualquier manera, es si existía una base social para proceder a tal ajuste de cuentas.

Es necesario señalar nuevamente que, en un primer momento, los cambios parecieron no generar grandes resistencias e incluso se pudieron dar de una manera relativamente fácil, indolora. Esto se debía probablemente a la vigencia del sistema autoritario que, a través de un mecanismo en parte consciente pero que ignoraba lo que realmente estaba haciendo, lograba sublimar las resistencias, lo cual no necesariamente implicaba que después, para usar una metáfora psicoanalítica, no habría un retorno de lo reprimido.

Pero luego ¿qué ocurrió? Los sucesivos gobiernos de Carlos Salinas, Ernesto Zedillo y Vicente Fox, en distintos ámbitos de los tres grandes rubros que hemos mencionado, fueron llevando a cabo las reformas pertinentes sin excesivas resistencias. Porque las resistencias no se veían de manera inmediata; estaban agazapadas, de alguna manera escondidas. Sin embargo, a las primeras de cambio volvieron por sus fueros; fueros de todo tipo, en función de la pasividad aparente con la que se hicieron los cambios. Por ejemplo, en su momento no pareció haber tenido lugar ninguna oposición mayor a la reprivatización de los bancos en 1990, al grado de que hubo diputados y personalidades políticas que habían votado por la nacionalización de la banca en 1982 y que no tuvieron ningún problema en aprobar la privatización años después. Lo mismo con las reformas a la relación Estado-Iglesia y las modificaciones al artículo 130 constitucional en 1992, las reformas al artículo 27, el TLC. Pero esas resistencias se iban conformando paulatinamente y no se mostrarían de manera evidente hasta más tarde y de formas distintas. Fue el caso de las reformas al artículo 27, que abrían la posibilidad de vender la tierra ejidal bajo determinadas condiciones de asociación entre ejidatarios y de reuniones de los consejos comunales. Pasaron diez años y el volumen de tierra enajenada de esa manera —o el volumen de tierra que se puso en el mercado en circulación— fue infinitamente pequeño. La resistencia no fue directa; simplemente no sucedió nada, no se aprovecharon los mecanismos. En el caso de las reformas al artículo 130, ocurrió una injerencia cada vez mayor de la Iglesia en actividades políticas que fue generando resistencias de otros. En el caso del TLC y del desmantelamiento del sistema de protección social, la resistencia fue el levantamiento en Chiapas. El *subcomandante Marcos* encontró ahí inclusive un eco ideológico en el país y en el mundo. Hubo resistencias que tomaron la forma de un castigo electoral; otras se expresaron bajo la forma de la pasividad, por así decirlo. La privatización del sector bancario llevó a que entraran en el escenario banqueros nuevos

—los podríamos llamar neobanqueros— que no resistieron la primera crisis porque realmente no estaban en eso. A final de cuentas, por la pasividad del empresariado mexicano, del gobierno y de otros sectores, resultó que a 7 u 8 años de la privatización, la banca terminó prácticamente en manos extrajeras. No era, desde luego, el efecto buscado, pero terminó equivaliendo a una especie de resistencia por parte del empresariado.

Con el tiempo, las resistencias han cobrado otra forma, es decir, se han dado ya más francamente en el Congreso, en el Senado, por parte de los gobernadores o en los sindicatos. De ahí la dificultad de cualquier cambio ulterior y los problemas que tuvo Zedillo al proponer las reformas en materia energética, o el bloqueo a los cambios que ha intentado hacer Fox. Una vez democratizado el sistema a partir de 1997, las resistencias sí aparecieron a la luz del día y resultaron mucho más poderosas de lo que parecían bajo el sistema autoritario. Salinas puede privatizar sin mayores problemas la banca y realizar grandes reformas en dos o tres años; posteriormente, ni Zedillo ni Fox pudieron hacer lo mismo con sectores menos importantes. El escenario político había cambiado y las resistencias, que en el fondo eran las mismas de antes, operaron ahora de manera distinta, abiertamente y a la luz del día.

En lo que se refiere al tema de los efectos perversos, era evidente que muchos de los cambios que se fueron dando iban a generar consecuencias no previstas ni deseadas. Quizá la más evidente fue que la democratización del sistema político sin un cambio de instituciones redundó en que se volvieran a crear las baronías, por llamarlas de alguna manera, del sistema feudal mexicano del siglo XIX. Cada gobernador fue adquiriendo una fuerza local tan grande que ya no respondía prácticamente al centro. Este proceso se da con otro cambio a medias y también con efectos perversos, que es la federalización del gasto. A partir del momento en que el sistema político se democratiza y las fuerzas centrífugas se desatan, los gobernadores tienen posibilidades financieras reales y los estados pueden independizarse, autonomizarse, alejarse del centro. De pronto, tienen dinero.

Se han ido generando efectos perversos también en otros aspectos. En el tema del gasto público, por ejemplo: al contar con los enormes recursos de las privatizaciones durante toda la década de los noventa, no se lleva a cabo ninguna reforma fiscal importante. Cuando se acaban las privatizaciones, el país se encuentra en la misma situación fiscal de antes. Ahora, sin embargo, tiene que tratar de lograr una reforma fiscal en un sistema democrático donde, dadas las circunstancias y en particular la naturaleza de nuestras instituciones, es ya sumamente difícil hacerlo. Hubiera sido más fácil llevarla a cabo al principio del proceso de reforma junto con los demás cambios.

Los cambios y nuestro entramado institucional

La agenda de transformaciones del país es muy amplia. México ha cambiado en estos últimos años, pero quedan muchas modificaciones por hacer. En primer lugar, debemos completar lo que ya se echó a andar y emprender cambios relacionados con el proceso de adaptación a un mundo que, a su vez, también se transforma de manera constante. Sobre la marcha, sin embargo, hemos también descubierto que debemos cambiar cosas que, en su momento, no creíamos necesario.

Quizás el mejor ejemplo resida en el entramado institucional mexicano: mientras no hubiera una plena democratización interna en México, era difícil saber qué partes de la estructura institucional eran funcionales a la democracia y qué partes no. Durante muchos años, casi desde la época de

Daniel Cosío Villegas, se pensaba que en México bastaba con "aplicar" la Constitución para que hubiera democracia y para que las cosas funcionaran. Ahora que hay democracia y se aplica estrictamente la Constitución en muchísimos aspectos, hemos descubierto que la Carta Magna tiene una serie de defectos. Antes no se veían porque, efectivamente... no se aplicaba. Uno de ellos es el régimen presidencial —calcado del norteamericano—, en el cual la separación de poderes se efectúa de tal manera que el poder queda compartido o dividido, como se le quiera llamar. Por un lado la Presidencia y por el otro el Congreso. El resultado, luego de tres elecciones que se desarrollaron democráticamente y dos presidentes, es que nuestro presidencialismo ha sido una receta para la parálisis. Antes, no necesariamente se hubiera pensado que esta estructura no era funcional para el país. Lo que pasaba es que bajo el régimen autoritario priísta no se aplicaban ni la letra ni el espíritu de la Constitución. Hoy, en un entorno de democracia que propicia, y de hecho prescribe, la aplicación entera de las leyes, hemos descubierto lo que no funciona.

Resumiendo: hay cambios pendientes por no haber terminado lo que se echó a andar, cambios de adaptación a un mundo que se transforma constantemente y cambios que recién hemos descubierto que hay que hacer. Esto significa que la agenda para la construcción del México de mañana es nutrida; sobre todo, que los avances en un ámbito pueden tener elementos contradictorios en otro. Buen ejemplo de esto es el federalismo y en general conferir más facultades a los poderes locales, que ha sido, justamente, una de las banderas de la democracia. Sin duda porque, en parte, el federalismo se halla en la Constitución, en los orígenes de la República, en la Independencia, y en parte también, porque la oposición democrática fue primero ganando espacios en los ámbitos municipales y sobre todo estatales. Entonces parecía que para la democratización del país, uno de los cambios necesarios era el federalismo en la educación, el gasto público, la seguridad, etcétera. Resultó que si bien eso traía muchas ventajas también surtía efectos contradictorios y generaba necesidades adicionales de mutación, en el uso de los recursos transferidos a los estados y municipios, por ejemplo. Porque, finalmente, muchos gobiernos municipales no utilizaron adecuadamente ni los recursos que les asignó el gobierno federal ni los propios, y más bien lo contrario: hubo más despilfarro y menos control.

De la misma manera, con las mayores atribuciones que disfrutaron los gobiernos estatales, lo que en un momento parecía muy positivo desde el punto de vista de la democracia tuvo consecuencias negativas en aspectos como el combate a la pobreza o la reforma educativa u otros renglones igualmente importantes. En la práctica, como resultado del también llamado federalismo fiscal, algunos estados simplemente dijeron "quiero quedarme con mi dinero", reclamando un principio que, a primera vista, parecería más o menos entendible, pero que de aplicarse a rajatabla, tendría un efecto nocivo para el país porque no habría entonces dinero para los estados pobres. Un ciudadano de Nuevo León puede perfectamente preguntarse por qué tiene que pagar para mejorar las escuelas de Chiapas. Que lo paguen otros, añadirá. Bueno, pero, ¿cuáles otros? No hay más. O, en todo caso, no hay muchos y los pocos que sí pueden pagar tampoco quieren. Y, como es obvio que en Chiapas no hay dinero, entonces si Nuevo León no contribuye sustancialmente a pagarlo, no lo paga nadie.

Seleccionar los cambios

La dificultad parece aún mayor si consideramos que, aun cuando la agenda de cambios es amplia y por demás compleja, la capacidad de una sociedad para digerirlos es ciertamente limitada. Esto es algo que el gobierno de Fox fue resintiendo al tratar de imponer la abarrotada agenda de transformaciones que el país requiere. Por lo tanto, hay que escoger. Una de las características de los regímenes de López Portillo y de Salinas fue haber escogido algunos temas centrales y haber centrado todos los esfuerzos, la atención y el capital político en ellos; es preciso reconocerlo. En el caso de López Portillo, fue la reforma política, el petróleo y quizá la reforma administrativa y fiscal. En el de Salinas, el TLC, las privatizaciones y las reformas a los artículos 27 y 130 constitucionales. En cambio, una de las debilidades del gobierno de Fox, aunque se explica perfectamente a partir de las buenas intenciones, es haber planteado una agenda demasiado ambiciosa de reformas.

Una de las obligaciones que debe imponerse cualquier gobierno con un proyecto de cambio para el país consiste en ser muy estricto en la selección de las metas que se quieren alcanzar (y esto, a sabiendas de que hemos postergado tanto las cosas que ello implica excluir cambios muy importantes). Escoger algunas transformaciones necesariamente implica desechar otras. Si se eligen todas, no se va a hacer nada. Es cierto que la exclusión de algunos asuntos pendientes de gran trascendencia puede entrañar costos reales para el país, pero si ya sabemos, independientemente de lo que se hable, que plantearse muchos objetivos lleva de manera inevitable a no alcanzar ninguno, entonces la definición de una agenda del mañana obliga a decidir cuáles son los grandes temas. Si esto no se acota de manera ordenada y más o menos precisa, es muy difícil avanzar en el proceso de las transformaciones.

El tema central que enfrenta México en los próximos años es obviamente el crecimiento económico, condición necesaria —no suficiente pero sí indispensable— para cambiar la calidad de vida de la gente. El gran dilema es cómo lograrlo, porque la economía mexicana lleva desde 1981 sin crecer de manera sostenida. Esto no significa que no haya habido algunos años buenos —en 2000 hubo una tasa de crecimiento de casi 7%; 1999 y 1998 fueron muy buenos años, así como 1990 y 1991, pero siempre seguidos de años de estancamiento—. El caso más reciente, justamente, es el de 2001, con un crecimiento negativo, por no hablar de la crisis de 1995 o del estancamiento de 1992 y 1993. A la vista de tales circunstancias, podemos afirmar que este país enfrenta un problema estructural de crecimiento, es decir, que hay restricciones no sólo financieras sino institucionales.

Durante una época se pensó que el problema se debía a una estructura económica fundamentalmente introvertida, con una industrialización dirigida a sustituir importaciones, un sector público demasiado grande, un déficit público excesivo, en fin, todo el recetario de males del *consenso de Washington*, a los cuales hubo de responderse con el respectivo recetario de remedios. Y en efecto, México hizo la tarea. Todo lo que se tenía que hacer se hizo. Es cierto que no se privatizaron Petróleos Mexicanos (Pemex) ni la Comisión Federal de Electricidad (CFE), pero realmente estas son sólo dos excepciones. En América Latina, México fue, junto con Argentina, el país donde se llegó más lejos en los años noventa (Chile ya lo había hecho). Pero esto no fue suficiente para detonar el crecimiento económico. Luego se pensó que la negociación de una serie de acuerdos internacionales, que darían certidumbre a estas reformas y paralelamente atraerían la inversión extranjera, sería la panacea que permitiría lograr ese crecimiento económico tan elusivo. Se firmaron tratados con Estados Unidos, Canadá, la Unión Europea, Chile, Costa Rica y se negocia ahora con Japón. Pero tampoco se obtuvieron los resultados esperados. Se pensó también que era un problema de democracia, derechos humanos, alternancia... Se logró la democracia, se logró la alternancia, y tampoco.

La agenda ciudadana para el México del siglo XXI

Más allá de la combinación precisa de medidas de política económica que puedan detonar el crecimiento en una coyuntura determinada —por ejemplo, un ligero aumento del déficit de cuenta corriente o una modificación del tipo de cambio, o incluso una mayor flexibilidad ante las variables inflacionarias—, son necesarios cambios de orden más general, que podríamos llamar *macropolíticos* y *macroinstitucionales*, indispensables para lograr ese crecimiento tan esquivo. En particular, hay dos transformaciones decisivas a corto y mediano plazo: lograr la seguridad jurídica y llevar a cabo una revolución educativa. Éstas son las dos grandes y primordiales metas nacionales. De ellas se derivan las demás: combate a la pobreza y la atención al campo, preservación del medio ambiente y la salud, las pensiones y la vivienda. Para alcanzarlas es absolutamente necesario poner en práctica, paralelamente, otros instrumentos; de ahí que debamos considerar también la reinvención de aspectos centrales del sistema político y, en lo que se refiere a los recursos para lograr tales objetivos, un aumento en las exportaciones de petróleo y una reforma fiscal. He aquí, enunciada en pocas palabras, una gran agenda del México de mañana.

En el terreno político, la transformación de las instituciones es el instrumento imprescindible para lograr las dos metas mencionadas. Es cierto que la agenda nacional está llena de otros asuntos, pero hemos hablado, justamente, de la necesidad de definir las grandes prioridades; no creo, por ejemplo, que la reforma eléctrica tenga la misma importancia que una verdadera revolución educativa, o que vaya a promover los cambios radicales que se alcanzarían con una verdadera seguridad jurídica. De cualquier manera, es importante señalar que lo que se haga en materia de cambios institucionales terminará reflejándose en otros ámbitos. Asimismo, una reforma fiscal dirigida, en un primer momento, a financiar la reforma educativa servirá luego para seguir alimentando los requerimientos de financiamiento del país en otros rubros.

Habiendo planteado las dos metas principales, es preciso reconocer que la exclusión de otros temas es un problema. El combate a la pobreza es fundamental para el país, pero sólo se puede dar eficazmente —no se trata sólo de aliviar las situaciones más dramáticas, sino de comenzar a erradicar la pobreza— en condiciones de seguridad jurídica y luego de haber emprendido una verdadera revolución educativa. Cada sector del país tiene demandas particulares, aparte de legítimas, en temas de enorme importancia que ya se han postergado demasiado, cuya resolución es urgente y que sin embargo revisten una trascendencia de otra magnitud.

La exclusión temporal de otros objetivos no significa en manera alguna que no sean importantes ni que deban postergarse indefinidamente; quiere decir, simplemente, que la voluntad política, el capital político, los recursos humanos y materiales, los esfuerzos del gobierno y de la sociedad deben centrarse en estas dos metas, porque sus consecuencias y sus efectos inciden en el conjunto de la sociedad y de la economía. Permiten que las demás metas se puedan ir alcanzando, al menos en parte, de manera paralela, gracias a los efectos de la seguridad jurídica sobre el conjunto de la vida social; o bien consecutiva, como resultado de los beneficios a corto, mediano y largo plazo de la reforma educativa. Esto significa que habría que seguir adelante con los proyectos ya establecidos por los gobiernos de Fox y de Zedillo. También implica que ciertas reformas muy puntuales —por ejemplo, una reforma fiscal o una reforma energética de gran alcance— seguramente se puedan lograr en el camino, en particular gracias a las eventuales transformaciones institucionales que se pongan en práctica con el propósito de alcanzar esas dos grandes metas. Pero no habría que distraer capital político, tiempo y esfuerzo del gobierno —y de la sociedad— para sacar adelante esas reformas mientras no se vaya avanzando en las dos grandes metas de largo plazo. En otros términos, en un país como México, el gobierno necesita fijar claramente no sólo lo que se quiere hacer en el corto plazo, sino definir el horizonte de los futuros sexenios para que la sociedad en su conjunto, las fuerzas políticas y los actores económicos tengan una idea más clara de hacia dónde se quiere ir.

Tomar decisiones sobre lo que habrá de definir la agenda nacional, por lo tanto, requiere de una visión de Estado exenta de populismos y otros elementos de demagogia. Las acciones a emprender no habrán de ser del gusto de todos ni estarán desprovistas de costos. La diferencia entre una conducción demagógica y un manejo estadista del poder consiste, justamente, en que en este último caso se dicen y se hacen cosas que no necesariamente quiere escuchar o ver todo el mundo. Este, lo repito, es un problema en un país como el nuestro, con una experiencia democrática incipiente. Lo obvio sería prometer todas las reformas al mismo tiempo, regalar dinero a todos los ancianos del país, hacer muchísimos distribuidores viales o también ofrecer changarros a todo el mundo. De manera que, así como cualquier persona que aspire a gobernar el país deberá obligadamente enfrentar el dilema de seleccionar prioridades, también la sociedad mexicana tiene que entender que las grandes promesas de solucionar todo no sólo están condenadas al fracaso sino que terminan teniendo costos excesivos, algo que ya hemos visto con Echeverría, con López Portillo y con Salinas. No ocurrió con De la Madrid ni con Zedillo porque les entregaron una situación tan adversa que apenas pudieron plantearse resolver los problemas más urgentes, algo que más o menos pudieron lograr.

Lo anterior implica que un político profesional —esto es, alguien que haya dedicado toda su vida a la política— difícilmente podrá asumir este tipo de liderazgo. La tentación de complacer a todo el mundo a toda costa es muy grande para aquellos que siempre se han dedicado precisamente a eso. Esto es más cierto en la democracia, donde se trata de ganar votos, de agradar a los electores, de conquistar voluntades, de crearse un electorado. Por el contrario, personas que no desconocemos las características propias de la política pero provenimos de otros horizontes —de la academia, de la vida económica o de la administración y no de la clase política— tenemos la experiencia y la comprensión de esta necesidad de acotar las metas, de concentrar los esfuerzos en algunos aspectos, a sabiendas de que eso deja afuera a otros. Sabemos que en la sociedad, en un primer momento, no todos se van a ver beneficiados y que esto tiene un costo político.

Lo importante son los objetivos

En vista de las consideraciones anteriores, la selección de fines y medios, la selección de la secuencia y la definición de los instrumentos para alcanzar determinados propósitos se vuelve decisiva. En el terreno económico, hay que modificar la selección de objetivos de largo plazo para lograr el crecimiento que no hemos alcanzado en todos estos años. Una cosa son los instrumentos estratégicos para conseguirlo y otra son las decisiones técnicas de política económica para reactivar en lo inmediato una economía estancada.

Como decía, todo indica que la seguridad jurídica y, por el otro lado, el tema del conocimiento y la educación son los dos grandes cuellos de botella que enfrenta la economía mexicana a mediano y largo plazo. Por ello es preciso definir el contenido de estas dos metas, porque los temas que tocan son los que han constituido los obstáculos más importantes al crecimiento económico en el país. Son transformaciones de fondo que producirán efectos profundos y durables, aunque en el corto plazo no necesariamente van a redundar en un mayor crecimiento económico. La razón de esto es que estos cambios transforman las condiciones mismas de la actividad económica, pero necesitan tiempo para efectuarse y para que sus efectos en la economía sean perceptibles. Una modificación del tipo de cambio surte un efecto casi inmediato en el curso de la economía, pero no afecta la estructura de ésta como el mejoramiento general de la calidad de la mano de obra o de las condiciones contractuales, los cuales sí cambian profundamente la economía de un país, aunque no incidan en su curso actual.

En lo que se refiere a la secuencia, uno podría pensar que primero hay que definir los medios con que se cuenta. Sin embargo, creo que en México —justamente por no contar con una definición clara del rumbo a mediano plazo, por no saber dónde está el horizonte— centrarse en los medios ha tendido a crear una confusión de objetivos, de rumbo, de estrategia y de táctica. Es preferible definir primero los objetivos y luego los medios para alcanzarlos y comprobar si están disponibles o no, y cómo hacerlos disponibles. De otra manera es muy difícil convencer y movilizar a la sociedad mexicana. Si bien es evidente que con las instituciones existentes es muy complejo impulsar reformas de gran envergadura, también es cierto que plantear los medios para lograrlas, sin definir previamente cuáles son estas reformas, no necesariamente va a ser comprendido por la sociedad o a resultarle atractivo. Por ejemplo, de proponer un aumento de las exportaciones de petróleo para financiar un mayor gasto en las tareas generales del Estado, o incluso para objetivos como educación, salud, combate a la pobreza o seguridad, este mero planteamiento, por razones de tipo cultural e históricas, despertaría toda clase de resistencias. Sólo va a ser posible convencer a la sociedad y romper sus inercias si se le dice claramente cuáles son los objetivos precisos —lo cual, nuevamente, excluye otros— y la razón por la que se van a hacer las cosas; esto es, si se informa muy explícitamente en qué se va a gastar el dinero. Si, en un primer momento, sólo se propone que hay que exportar más petróleo para tener más dinero, la gente no va a estar convencida. En gran medida porque un medio —la exportación de petróleo o la reforma fiscal— aparece como un fin en sí mismo. Aparece ante los ojos de los ciudadanos —ayudados por las fuerzas conservadoras— como el objetivo que se busca por sí mismo, y esto no puede menos que provocar rechazo generalizado. Este fenómeno se vio muy claramente con la reforma fiscal que proyectó Fox al comenzar su sexenio y al final del tercer año; quizá la gran debilidad de los planteamientos fue justamente el no haber sido lo suficientemente precisos y explícitos sobre el destino de los recursos que iban a llegar al Estado. Al no decirlo con claridad, resultó muy difícil crear una fuerza política, una base social y política en favor de una reforma en efecto dolorosa y posiblemente impopular.

Comenzar con los fines, con los objetivos, es probablemente la única forma de movilizar a la sociedad. Cuando están definidas esas grandes metas se puede plantear que para lograrlas se necesita tal medio, que consiste en tal o cual cambio institucional, fiscal, laboral o, en su caso, constitucional. Hemos visto que se intentó proceder a la inversa y no funcionó. No hay otra manera de romper el escepticismo natural de la sociedad mexicana, y tal vez de toda sociedad.

AUTOBIOGRAFÍA 1

En una vida de intelectual dedicada a entender ideas viejas y a tratar de concebir algunas nuevas, en una vida de profesor, dedicada a explicar ideas, y en una vida de activismo político, dedicada a tratar, con otros, de cambiar las cosas y "aplicar" ideas, escribir sobre mi vida, sobre mí mismo, no es a lo que me he dedicado nunca.

Por eso, tal vez sea mejor no comenzar por el principio, sino por algunos aspectos recientes de mi vida, lo que me permitirá introducir el primer tema de la agenda del México del futuro, la seguridad jurídica. En efecto, esta última se encuentra íntima e indisolublemente ligada a la democracia y a los derechos humanos, a cuya promoción he dedicado gran parte de mi vida. No me extenderé sobre los hechos relativos a mi actuación en la Cancillería tocantes a estos temas, sobre los cuales ya me he expresado en discursos y artículos, pero quisiera explicar un aspecto esencial, posiblemente menos visible, del cargo, y de paso, hablar de algunos momentos de mi vida en los que mi actuación política estuvo ligada a las relaciones —no sólo intergubernamentales— que México tiene y puede tener con el exterior.

Un secretario de Relaciones Exteriores, además de llevar y aplicar la política exterior propiamente dicha, constituye de cierta manera un interfase privilegiado entre el exterior y el interior de país. Conecta al uno con el otro. Es conducto de influencias hacia afuera, pero también filtra influencias hacia adentro. Este segundo aspecto es menos obvio y sin embargo siempre ha sido esencial en la vida de nuestro país —de todos los países, en realidad—, y por lo que me concierne, en los avances registrados en materia de democracia y derechos humanos.

En mi vida de intelectual comprometido con temas políticos, con suma frecuencia y desde luego en condiciones distintas que en la Cancillería, me he situado en ese tipo de interfase por muchas razones. La más evidente, sin duda, es que al ser hijo de un diplomático pasé, de niño y de joven, años fuera de México que me sensibilizaron a las diferencias nacionales. En segundo lugar, la propia visión y la profesión de mi padre me hizo especialmente sensible a este tipo de asuntos y a esta relación peculiar de México con el exterior. Y en tercero, ya de adulto, el haber pasado periodos en el exterior como profesor me hizo ver hasta qué punto lo que podríamos llamar el "factor externo" era crucial en la historia de México, en el presente de México y para el futuro de México. De todo esto se deriva una serie de posturas que, en compañía de varios compañeros, he adoptado en distintos momentos de la lucha por la democracia en México. Por ejemplo, en mi oposición al TLC tal como lo negoció Carlos Salinas. O, ya en el gobierno de Fox, en la búsqueda de un nuevo papel para México en el mundo, no sólo por el cometido en sí mismo sino también por los efectos internos que podría generar.

Debo decir sin, ambages, que el propio gobierno de Fox asumió la actitud de utilizar el factor externo —bien como palanca o bien como valladar en lo interno— a propósito de los derechos humanos. Fue muy clara su intención, por lo menos durante los primeros dos años y medio, de firmar convenios o ratificarlos, es decir, de invocar el tema desde afuera para promover los cambios adentro. Así fue como se produjeron las liberaciones tanto de los dos ecologistas de Guerrero, Rodolfo Montiel y Teodoro Cabrera, como la de José Francisco Gallardo. Este último caso fue especialmente claro cuando se planteó la inminente audiencia de la Comisión Interamericana de Derechos Humanos en Washington y en Costa Rica, donde el gobierno de México iba a ser cuestionado y denunciado. Se corría además el riesgo de que el asunto fuera llevado a la Corte Interamericana de Derechos Humanos. Este fue el argumento del que me serví para convencer a Santiago Creel, secretario de Gobernación, de la necesidad de liberar a Gallardo. De otra manera, el costo internacional para Fox iba a ser muy elevado. Y en lo interno también, porque el gobierno de Zedillo había vuelto vinculantes las recomendaciones de la Comisión Interamericana de Derechos Humanos.

Los antecedentes, por cierto, son los siguientes: desde 1980, por recomendación de mi padre, el presidente López Portillo suscribe y hace ratificar los convenios interamericanos sobre derechos humanos. Después, bajo el régimen de Zedillo, mi predecesora en Tlatelolco, Rosario Green, logra que se acepte el carácter vinculante de las resoluciones y recomendaciones de la Comisión Interamericana de Derechos Humanos. Con esos dos instrumentos, por la propia diligencia de la institución y dado el trabajo de la gente que ya había tomado el caso Gallardo en la Comisión Interamericana de Derechos Humanos en Washington, era evidente que el gobierno de Fox se iba a ver criticado, denunciado y finalmente condenado por no atender las recomendaciones de dicha Comisión. Y estaba claro que el costo iba a ser muy grande, en lo interno y en lo externo, porque si la Corte Interamericana daba entrada al caso, lo íbamos a perder. En esa eventualidad, íbamos a vernos obligados a liberar a Gallardo por exigencia de la Corte. De no hacerlo, negaríamos en los hechos el carácter vinculante de sus resoluciones, algo que ya había aceptado el régimen de Zedillo. El Ejército alegaba que esa aceptación no podía ser retroactiva porque se había producido después de los cargos hechos contra Gallardo. Pero tal tecnicismo, aun suponiendo que fuera válido desde un punto de vista jurídico, iba a resultar insostenible desde un punto de vista internacional o político interno. Fueron estos argumentos, que esgrimimos Creel y yo, los que convencieron finalmente al general Vega, secretario de la Defensa, de que tomara la decisión de liberar a Gallardo como una decisión propia del Ejército. El general lo entendió extraordinariamente bien y él mismo nos propuso a Creel y a mí, durante una junta en Gobernación, que se liberara a Gallardo sin que ello implicara absolución alguna. La única condición que puso es que no quedara absuelto de los delitos que se le imputaban, sino simplemente que se le soltara para evitar "lo que de otra manera puede suceder". Creel y yo, obviamente, nos dimos por muy bien servidos. Los primeros días hubo algunos cuestionamientos, justamente, sobre el asunto de su absolución y sobre la negativa a limpiar su hoja de servicios. Pero, al poco tiempo, realmente lo único que quedó para la historia fue que Fox liberó a Gallardo. Este episodio es el resultado de un proceso que, insisto, se remonta a principios de los años ochenta y que, tras los diferentes compromisos contraídos, culmina con una amenaza bien concreta de ser llevados a la Corte.

No siempre logré convencer a mis interlocutores en este tipo de situación. Lo lamento en el caso que voy a referir, porque hubiera permitido dar más congruencia al rechazo de México a la pena de muerte, así como a nuestros reclamos contra su existencia y aplicación a nuestros connacionales en los Estados Unidos. En agosto de 2002 habíamos reprogramado un viaje del presidente Fox a Texas, que se había pospuesto un mes antes por los problemas del agua con el gobierno de ese estado en la primavera. Al reprogramarlo sabíamos que podía producirse la ejecución de un mexicano poco antes de la visita del presidente, pero pensamos que sería factible obtener, por lo menos, la posposición de noventa días prácticamente automática de esa ejecución para que en caso de producirse no fuera por esas fechas. Conforme se acercó la fecha del viaje, en la Secretaría de Relaciones Exteriores nos fuimos percatando de que no había ninguna disposición del gobernador de Texas, Rick Perry, para posponer la aplicación de la pena de muerte a nuestro connacional. Cuando esto resultó patente y al mismo tiempo la visita era inminente, tomé la decisión de hablarle a Collin Powell y explicarle la situación. No hubo movimiento a pesar de que para entonces el presidente Bush había invitado al presidente Fox a su rancho de Crawford. Le hice saber al secretario Powell, en términos muy claros, que de no posponerse la ejecución resultaría imposible políticamente el viaje del presidente Fox a Texas. Al no haber respuesta, pocos días antes de la ejecución y de la visita, el propio presidente Fox conversó telefónicamente con el presidente Bush para pedirle que se revisara el caso del mexicano, y en toda hipótesis, posponer la ejecución. Tampoco fue posible lograrlo, y pocos días después Javier Suárez Medina fue ejecutado mediante inyección letal. Inmediatamente le propuse al presidente Fox cancelar su visita, y hacerlo mediante un anuncio solemne ante la nación explicando los motivos de la cancelación.

Nos reunimos en Los Pinos funcionarios de las secretarías de Gobernación y de Relaciones Exteriores, el responsable de Comunicación Social de la Presidencia, Rodolfo Elizondo, y el propio presidente para redactar su mensaje a la nación cancelando la visita a Texas. En ese momento, los funcionarios de la Cancillería me propusieron que le sugiriera al presidente incluir en su discurso el envío de una iniciativa de ley al Congreso aboliendo la pena de muerte en México —que todavía existía y existe para el fuero militar en casos de traición a la patria—. El hecho de que esa pena no se haya aplicado en México desde 1942 no significa que no esté vigente y que no pudiera ser aplicada. La Cancillería argumentó que nos daría mucho más fuerza moral y crédito internacional anunciar la cancelación del viaje y al mismo tiempo buscar abolir la pena de muerte para el fuero militar. El presidente consultó con el secretario de Gobernación y supongo con el secretario de Defensa, y tomó la decisión de no incluir ese anuncio en su mensaje. Lo lamenté, porque efectivamente nos hubiera dado una mayor estatura en Estados Unidos y el mundo cancelar la visita y en los días siguientes aparecieron muchos artículos en la prensa internacional sobre la cancelación del viaje, con menciones de que en México continuaba vigente la pena de muerte.

En parte por el fracaso de nuestras gestiones para posponer esa ejecución —que contrastaba con éxitos que habíamos logrado en el caso de otras, en particular en el Estado de Oklahoma—, en parte gracias a la ratificación por el Senado de instrumentos jurídicos internacionales que nos permitían actuar con mayor libertad en el ámbito jurídico internacional, tomamos la decisión en la SRE, definitiva en ese momento, de seguir adelante con una idea audaz y valiente que el consultor jurídico Juan Manuel Gómez Robledo y el equipo de la SRE me habían sugerido meses antes: demandar a Estados Unidos ante la Corte Internacional de Justicia en La Haya por incumplimiento del artículo 36 de la Convención de Viena sobre asuntos consulares, que prevé la obligación para todos los Estados parte de la Convención de notificar al consulado de un país determinado sobre la detención de cualquiera de sus ciudadanos para que pueda brindar ayuda legal y estar en comunicación con el detenido.

Esa decisión fue efectivamente de una gran audacia por dos razones: en primer lugar, porque jamás México había demandado a Estados Unidos ante la Corte Internacional de Justicia, siendo que se habían producido innumerables casos donde esa era una de las opciones; en segundo lugar, porque si bien Estados Unidos es parte tanto de la Convención de Viena como de la Corte Internacional de Justicia, de la que ya ha aceptado jurisdicción en el pasado, era evidente que plantear la demanda nos pondría en un curso de colisión con el gobierno de Bush o con cualquier gobierno americano, ya que lo último que deseaba el gobierno de Estados Unidos era ser colocado en un fuego cruzado entre una instancia internacional que fallara en su contra y los gobiernos de los estados, que indudablemente iban a rechazar cualquier fallo de una institución multilateral como la Corte. Ya el gobernador Perry lo había dicho anteriormente: Texas no ha firmado ninguna Convención de ninguna Viena. Para poder dar consenso a la propuesta que le llevaríamos al presidente Fox, consulté con mis predecesores en el cargo, en particular con Rosario Green, Ángel Gurría, Fernando Solana, Manuel Tello y Bernardo Sepúlveda. Con una excepción que no era categórica, todos comunicaron por escrito su apoyo a la posibilidad de la demanda. También consulté a los líderes de los partidos en ambas cámaras para recabar su punto de vista y, en el caso de tomarse la decisión, contar con su apoyo. Al terminar el proceso de consulta y preparación de la demanda, de obtener el acuerdo de Bernardo Sepúlveda Amor de ser el juez *ad hoc* mexicano en la Corte, y de obtener el apoyo *pro bono* de los mejores abogados internacionales de Nueva York y de París, le llevé la propuesta al presidente Fox en los últimos meses de 2002 para que tomara la decisión; con la misma audacia, valentía y claridad de visión con las que tomó las principales decisiones de política exterior durante sus dos primeros años de gestión, decidió que sí, que adelante. Todavía durante la primera semana de enero de 2003, poco antes de mi salida de la Secretaría, le volví a plantear el asunto al presidente para que lo volviera a considerar y tuviera la certeza de que eso era lo que quería hacer; horas antes de mi salida de la Secretaría de Relaciones Exteriores, reiteró su decisión de ir adelante, y en mi último acto sustantivo en la SRE firmé la demanda que presentarían días después ante la Corte el embajador de México en La Haya, Santiago Oñate, y el consultor jurídico Juan Manuel Gómez Robledo. De las muchas acciones que me enorgullece haber podido realizar en la SRE, esta es una de las principales, no sólo porque fue por consenso, no sólo porque constituya un paso audaz y sustantivo del gobierno de Fox en un tema inevitablemente espinoso como es el de la pena de muerte de nuestros conciudadanos en Estados Unidos, sino porque estaba seguro de que a la larga triunfaríamos.

El 31 de marzo de 2004, quince meses después de mi salida de Relaciones Exteriores, la Corte Internacional de Justicia en La Haya falló en favor de México, dándonos el respaldo que necesitábamos y colocando el tema de la pena de muerte de nuestros conciudadanos en Estados Unidos en un plano cualitativamente diferente.

En el caso de la democracia y los derechos humanos, hace muchos años, desde comienzos de la década de los ochenta, yo ya era un partidario de la presencia de observadores internacionales en las elecciones mexicanas. Siempre me pareció, y así lo planteé tanto en distintos escritos como en foros en México y en el extranjero, que para romper el círculo vicioso de fraude, denuncia, ilegitimidad y crisis política, desembocando en crisis económicas que hundían a millones de mexicanos en la pobreza, era indispensable no sólo que hubiera elecciones "limpias", sino que fueran *vistas* como limpias y que todo ello fuera certificado por gente con credibilidad, que pudiera decir efectivamente "la verdad". Porque, en las condiciones que vivía México en los años ochenta y noventa, los observadores electorales extranjeros poseían mayor fuerza y legitimidad —tanto como denunciantes de un fraude que como avales de la limpieza electoral— que cualquier instancia electoral mexicana, inmersa necesariamente en la contienda política doméstica. Uno puede inclusive recordar el papel que jugó James Carter en las elecciones de 2000: a pesar de la furia de Ernesto Zedillo con mi amigo Robert Pastor por cuestionar, la víspera del voto, algunos procedimientos, el contacto estrecho que varios integrantes del equipo de Fox mantuvimos con Carter y su gente durante la jornada electoral representó uno de los muchos factores que impidieron un fraude el 2 de julio del año 2000. Siempre pugné por estos observadores internacionales, pensando que era importante traerlos.

Recuerdo la larga polémica con Carlos Salinas y Carlos Fuentes en casa de este último el 22 de diciembre de 1993, una semana antes del alzamiento en Chiapas, cuando Fuentes y yo convencimos a Salinas de que aceptara la presencia de observadores internacionales en las elecciones de agosto de 1994. Durante una comida que duró hasta las 10 de la noche, Fuentes y yo alegamos por horas en favor de los observadores. La discusión resultó ociosa a la postre, porque la misma revuelta zapatista y el posterior asesinato de Colosio hicieron prácticamente obligatoria la presencia de observadores internacionales y el propio Salinas se volvió, de alguna manera, el principal partidario de su presencia. Pero en ese momento, antes de estos acontecimientos, todavía se resistía enormemente, tal como lo había hecho a lo largo de todo su mandato, lo mismo que Miguel de la Madrid en el sexenio anterior. Finalmente, Fuentes y yo logramos convencerlo y a partir de ese momento fue mucho más receptivo a la idea.

Otra toma de posición se refiere a lo que, más tarde, terminó siendo la cláusula democrática incluida en el tratado con la Unión Europea. Durante todo el periodo de negociación y discusión del TLCAN en Estados Unidos, en 1991 y 1992, fuimos varios —entre ellos la ex subsecretaria de Relaciones Exteriores Marie Claire Acosta, lo mismo que Adolfo

Aguilar Zínser, Carlos Heredia, Miguel Basáñez y muchos otros— a plantear, repetidamente, la necesidad de incluir en el tratado algo como la mencionada cláusula democrática o, en todo caso, un apartado referente a los derechos humanos. Recurrimos a foros del Congreso norteamericano donde se discutía la aprobación del Tratado para plantear esta exigencia. Esto fue sumamente criticado en México en el ámbito político. Aunque, en diferentes ocasiones, Cuauhtémoc Cárdenas y el PRD mantuvieron posiciones cercanas a las nuestras, nunca fueron tan lejos como nosotros en el planteamiento de esta exigencia y en la denuncia, en el exterior, de la ausencia de democracia y respeto a los derechos humanos en México. Utilizamos varios foros en Estados Unidos. Muy concretamente, en octubre de 1993, pocas semanas antes de la aprobación del TLC en el Congreso de Estados Unidos, se organizó una serie de videoconferencias en las que Marie Claire Acosta, Amalia García y yo habríamos de dar nuestro testimonio ante un subcomité de la Cámara de Representantes de Estados Unidos. La transmisión se iba a hacer desde las instalaciones de Televisa porque sólo esta empresa tenía el equipo técnico para hacerlo. La transmisión, sin embargo, se cortó a medio camino. Por vía de audio lo denunciamos ante el Congreso de Estados Unidos. Esa noche, Jacobo Zabludovsky dedicó la mitad de su noticiero a una crítica violentísima contra Amalia, contra Miguel Basáñez y contra mí. Nos presentó como malos mexicanos que íbamos al Congreso de Estados Unidos a criticar el TLC y, sobre todo, a denunciar a Televisa por haber cortado la transmisión. Fue un escándalo mayúsculo con la televisora. Posteriormente se llevó a cabo una negociación muy compleja: ellos querían que yo fuera al programa de Jacobo para eximirlos de culpa, para decir que no habían cortado la transmisión. A cambio, me darían tiempo en la televisión para exponer mis posiciones. Finalmente preferí no entrar en ese mercadeo, pero llegué a tener dos o tres reuniones con Guillermo Ortega, enviado por Zabludovsky con la aprobación de Emilio Azcárraga Milmo, para llevar a cabo una negociación que finalmente nunca prosperó.

El anterior episodio es muy sintomático del tipo de tensiones que generaba una posición que, en aquellos años, sólo teníamos algunos de nosotros. Con el pasar del tiempo, se volvió la postura de prácticamente todos: el gobierno de Salinas terminó aceptando al final la presencia de observadores extranjeros; Zedillo dio su visto bueno, en el tratado con la Unión Europea, a una cláusula democrática vinculada a derechos humanos que Salinas nunca hubiera permitido que figurara en el TLC; Fox, al adherirse a la Carta Democrática Interamericana, reconoció el compromiso con la democracia representativa como condición de pertenencia a la comunidad interamericana, y muchos otros convenios internacionales sobre derechos humanos los aceptó el propio PRI cuando Fox los envió al Senado. El caso más claro al respecto, a pesar de una reserva cuya importancia no soslayó, fue la ratificación, en 2001, de la Convención Internacional sobre la Imprescriptibilidad de los Crímenes de Lesa Humanidad, que data de 1968 y que México firmó en 1969. Finalmente, la ratificación fue aceptada y el PRI, el PRD y el PAN la aprobaron por unanimidad en el Congreso en diciembre del 2001. Lo mismo se puede decir de la decisión del gobierno y la aceptación por parte del Ejército de los cambios constitucionales necesarios a la eventual ratificación del Estatuto de Roma para formar parte de la Corte Penal Internacional.

En su momento pensé que el TLC debía impulsar nuestros compromisos de democracia y derechos humanos, y de hecho, en el caso de las negociaciones con la Unión Europea, al ser incluida la cláusula democrática, las cosas funcionaron de otra manera: ellos presionaron, pero en el gobierno de México había ya un sector abierto y dispuesto a los cambios. La misma sociedad mexicana los veía con buenos ojos.

De cualquier manera, esta fue una evolución que se dio en un espacio de cinco años.

No se trataba en todos estos asuntos, desde luego, de promover algo que no estaba en la agenda nacional. La intención era consolidar tendencias que de todas maneras se estaban dando. En México no se van a respetar los derechos humanos tan sólo porque haya convenios internacionales que lo estipulen. Se van a respetar, en primer lugar, porque hay una tendencia interna de lucha por la defensa de esos derechos en la sociedad mexicana. Pero si esta defensa se inserta además dentro de un compromiso internacional, entonces queda claro que cualquier eventual infracción tendrá un costo aún mayor.

Quedan pocas cosas por construir en estos ámbitos: ya está el TLC con Estados Unidos y Canadá, ya está el tratado con la Unión Europea y prácticamente están firmados todos los convenios internacionales. Falta el Estatuto de Roma y México no es todavía miembro de la Corte Penal Internacional.

Yo di una pelea muy fuerte durante los dos años que estuve en el gobierno para tratar de lograr, en primer lugar, una reforma constitucional que permitiera la vigencia, sobre la legislación mexicana, de las instituciones internacionales como la Corte Penal Internacional o como la Corte Interamericana de Derechos Humanos. Se logró finalmente una modificación constitucional en el Senado, que si bien no es perfecta basta para poder ratificar el Estatuto. No se ha mandado todavía a la Cámara. Luego de su aprobación en la Cámara, tendría que obtener las dos terceras partes del voto en las legislaturas estatales y sólo después se podría mandar al Senado el Estatuto de Roma para que lo ratificase. Pero, con esa excepción, prácticamente todo el andamiaje está más o menos construido. En mi opinión ahora se trata de empujar los cambios internos para que México pueda aprovechar mejor la relación internacional que ya tiene, que ya ha construido.

Es decir, que seamos más competitivos, más seguros, más atractivos para la inversión mexicana y extranjera y, al mismo tiempo, que podamos sacarle más provecho a estas instituciones internacionales —o a esta institucionalidad internacional que hemos construido—. De ahí, justamente, la participación en el Consejo de Seguridad. De ahí, también, la lógica de sacarle más provecho a la Organización Mundial de Comercio (OMC) y de participar más activamente en ella, como en otros organismos internacionales. De ahí, finalmente, la lógica de las candidaturas a distintos puestos en dichos organismos.

Todo esto requiere de un manejo cuidadoso porque el equilibrio es muy delicado. Si se va demasiado lejos, surgen resistencias dentro del país a lo que algunos ven como un abandono de soberanía, otros como injerencias externas excesivas y otros más como ambiciones desmedidas con costos excesivos. Si no se va lo suficientemente lejos, se rezaga el país en relación a otros, que es lo que nos está pasando con Brasil desde el tiempo de Cardoso. ¿Qué está sucediendo? Que los brasileños retomaron ese impulso externo al que nosotros no dimos seguimiento. Ahora son ellos los que están atrayendo más inversión; son ellos los que están ocupando un papel más destacado en las negociaciones en foros internacionales. En este sentido debemos reconocer el carácter cambiante del entorno internacional, lo cual, en sí, representa un reto formidable. El resto del mundo no se está quieto; es decir, no respeta, por ejemplo, la decisión de la sociedad mexicana de no querer seguir globalizándose. Pero por lo pronto podemos seguir teniendo una decidida presencia en el ámbito internacional para lograr objetivos muy puntuales. Uno de ellos es el acuerdo migratorio con Estados Unidos. Se trata de algo que va a tomar tiempo, que no se va a lograr de la noche a la mañana. Sin embargo, si marcamos una postura clara en materia de derechos humanos y en defensa de la democracia, tendremos una mayor posibilidad de lograrlo.

Debemos luchar por el tratado migratorio en Estados Unidos, que es donde hay que entablar las negociaciones, pero con una mayor autoridad moral obtenida, justamente, de nuestros compromisos con los valores de la democracia. Si tenemos una postura clara de participación activa en foros internacionales —discrepando con Estados Unidos o estando de acuerdo cuando haya que estarlo— ganaremos prestigio en la sociedad norteamericana, ante el Congreso y sobre todo con el gobierno. No hay otra manera de lograr un objetivo que depende estrictamente de un pacto interno con ellos.

El tratado migratorio es fundamental para el bienestar de millones de mexicanos que trabajan en Estados Unidos: se trata de que no haya muertes en la frontera, de que los traten mejor, de que ganen más, de que manden más dinero a sus familias con menos costos, etcétera. Todo esto, que redunda directamente en el bienestar de las familias en México, tiene que ver con la manera en que nuestro país es visto internacionalmente. Porque, justamente de ahí se deriva nuestra capacidad de negociación con Estados Unidos *en* Estados Unidos.

Este es el esquema que hay que seguir, aceptando que el punto de equilibrio siempre es precario, que se puede caer de un lado o del otro. No es sencillo explicarle todo esto a la sociedad mexicana y atraerla, con todo y sus elites, hacia esta postura. Pero no hay más remedio que hacerlo. Porque, si no se hace, los demás países *sí* lo hacen. La lección de todos estos años es justamente esa: el resto del mundo no actúa en función de nuestros estados de ánimo. No le interesan. El resto del mundo camina. O caminamos junto con él o nos rezagamos. El problema es que, al rezagarnos, perdemos oportunidades —empleos, inversiones, mercados— que tienen que ver directamente con el bienestar de los ciudadanos de México.

2. La seguridad jurídica

La economía de mercado no puede funcionar sin un Estado de derecho. Hay una seguridad jurídica propia del capitalismo, con todo lo que ello implica. Existe un debate desde el siglo XVIII, que prosigue hasta la fecha, sobre qué viene primero, si el capitalismo o el Estado de derecho. Es como la vieja historia del huevo y la gallina: ¿qué vino primero? Sabemos ahora que fue otro tipo de huevo o un ave un poco diferente de la gallina. Lo mismo con el Estado de derecho capitalista. La realidad, en todo caso, es que es inconcebible el uno sin el otro.

Ahora bien, en determinadas condiciones políticas, pueden surgir, si no sucedáneos, por lo menos matices o modalidades diferentes del Estado de derecho compatibles con el funcionamiento de la economía de mercado. Es bien conocida la coexistencia de regímenes políticos autoritarios con la economía de mercado, algo que se ha producido en distintos países a lo largo de los siglos, aunque más bien de manera coyuntural. Los países donde el capitalismo ha florecido y perdurado han terminado por adquirir regímenes políticos democráticos, pero sobre todo regímenes jurídicos propios del Estado de derecho, con reglas claras aplicadas de manera universal con determinados grados de transparencia. Ciertamente en la Alemania nazi, entre 1933 y 1945, no imperó propiamente un Estado de derecho, pero también podemos afirmar que fue un periodo breve que desembocó en la Segunda Guerra Mundial y la posterior derrota de Alemania. Hay que decir que en Japón sólo se establece un régimen más o menos democrático y un Estado de derecho al estilo occidental después de su respectiva capitulación en esa guerra y tras la ocupación de las tropas de Estados Unidos al mando del general Douglas Mac Arthur. Hay también otras excepciones; por ejemplo, algunos países asiáticos como Corea del Sur o Singapur. Es evidente también que ciertas formas de funcionamiento de la economía de mercado son compatibles con un régimen político como el de la República Popular China.

Pero lo que es común a todas estas excepciones es que, de alguna manera, el Estado de derecho propio del capitalismo democrático liberal se ve sustituido por un Estado de orden, donde determinadas reglas en realidad sí se aplican. Hay discrecionalidad, hay excepciones, hay abusos, es cierto. Pero hay también cierta lógica, un nivel de consistencia y muchas reglas previsibles que dan un mínimo de seguridad a las empresas, las personas, los contratos y los bienes. Es más, en determinadas ocasiones los regímenes autoritarios pueden asegurar la vigencia de este Estado de orden con más eficiencia y eficacia que los regímenes más plenamente democráticos. Lo esencial, sin embargo, es que haya reglas claras aplicables de manera más o menos universal para que todo el mundo —empresas nacionales, personas de escasos recursos, gobierno, inversionistas extranjeros— pueda actuar en función de ciertas coordenadas. Esto es lo que explica, por ejemplo, que China, hoy, sea uno de los países con mayor inversión extranjera directa en el mundo. La ausencia de un Estado de derecho, en el sentido occidental del término, se ve paliada por otras estructuras que aseguran el cumplimiento de los contratos, por una gran disciplina laboral y por una serie de reglas claras, fijadas por el Estado, que dan certeza a los inversionistas, a los individuos particulares y a los empresarios.

El Estado de orden en México

Lo que no funciona es la carencia de un Estado de orden y un Estado de derecho. Lo que no resulta es la ausencia de reglas claras, generales y aplicables a todos los que se encuentren en el mismo caso. Y, justamente, lo que ha sucedido en México es que el anterior Estado de orden se ha ido desbaratando poco a poco y al mismo tiempo no hemos terminado todavía de construir un Estado de derecho competitivo en el sentido pleno, moderno y democrático de la palabra.

¿En qué consistía ese Estado de orden mexicano? En lo que se refiere a las reglas, relativamente claras para los actores, aunque formalmente ambiguas, éstas no dependían realmente del Código Penal, del derecho civil, del derecho comercial, aunque algunas de ellas constaban en los códigos; su aplicación no dependía realmente de los tribunales, cuyo funcionamiento estaba falseado por el autoritarismo por arriba y la corrupción por abajo. Sin embargo, en la práctica, el Estado mexicano garantizaba su aplicación a través de la amenaza del uso de la fuerza, o bien por la utilización de la fuerza. No se seguían innumerables leyes, ni gran parte de la Constitución ni los reglamentos escritos, pero existían reglas no escritas, tradiciones, usos y costumbres que sí se respetaban y que sí eran previsibles.

Por ejemplo, la Ley Federal del Trabajo era en gran medida ignorada, pero los inversionistas nacionales y extranjeros sabían, desde 1948 y con los charrazos de Miguel Alemán, que habría disciplina laboral y que las relaciones obrero-patronales serían reguladas, impuestas y aseguradas por la fuerza del Estado. Lo mismo se puede afirmar en lo que toca a la tenencia de la tierra. Se sabía, por ejemplo, que determinados grupos de campesinos y ejidatarios hubieran podido plantear ciertas reivindicaciones —y que legalmente tal vez pudieran tener la razón— sobre tierras consideradas de pequeña propiedad. Llegado el momento, estas tierras hubieran debido ser expropiadas o repartidas. Pero los dueños de esas propiedades tenían la certeza de que si alguien trataba de invadirlos sería reprimido violentamente por el Estado. Se salvaguardaba así, en los hechos, la tenencia real de la tierra, aunque no correspondiera necesariamente a la jurídica y, en consecuencia, los pequeños propietarios podían seguir invirtiendo en irrigación, fertilización y mejoramiento de sus cultivos. De ahí toda la simulación de los arrendamientos de parcelas ejidales y de pequeñas propiedades que, finalmente, no eran tan pequeñas. Esta realidad no correspondía a la ley, pero podía mantenerse gracias a la fuerza y la injerencia del Estado. Parecidos fenómenos se observaban también en muchos otros ámbitos: en lo que tocaba a los contratos y compromisos asumidos por el Estado mexicano con inversionistas y empresarios nacionales, en las zonas urbanas, en los derechos de vía o derechos de paso para la construcción de obras de infraestructura, con los llamados prestanombres, para los inversionistas extranjeros.

Estos mecanismos funcionaron más o menos bien hasta finales de los años setenta, cuando culminó la época del llamado *desarrollo estabilizador* o "milagro mexicano". La fuerza del Estado era indiscutida e indiscutible. Todo el mundo sabía que lo que hiciera el Estado era por una buena razón y que su comportamiento iba a ser previsible, lógico y racional, por lo menos de acuerdo con las reglas básicas establecidas desde los años cuarenta, es decir, desde el fin del periodo cardenista y la posterior estabilización política con Manuel Ávila Camacho y, sobre todo, con Miguel Alemán. De ahí que pudieran subsistir ficciones jurídicas absolutamente delirantes como, por ejemplo, los fideicomisos para la virtual propiedad por extranjeros de casas en la playa. El caso de Baja California es el extremo: la Constitución prohibe expresamente dicha propiedad, pero en los hechos, prácticamente toda la península está llena de casas y hoteles de ciudadanos estadounidenses. Lo más extraño, sin embargo, no es sólo que en México lo permitamos. Lo asombroso es que los propios norteamericanos lo acepten como bueno, es decir, que haya alguien dispuesto a pagar un terreno, construir una casa y comprometer sus vacaciones por generaciones enteras sin tener un título de propiedad como el que normalmente se exige en Estados Unidos. Y, sin embargo, la confianza en el Estado mexicano parecía ser tal que bastaba con su compromiso (cuyo valor jurídico era bastante reducido, si no es que nulo) para que efectivamente muchísimos inversionistas americanos aceptaran celebrar ese tipo de acuerdo, no sólo en Baja California sino también en otros lugares como Cuernavaca, Chapala o San Miguel de Allende (aunque no estamos hablando aquí del mismo régimen jurídico que el del litoral, es una situación comparable en lo legal). Este caso, que es en efecto el extremo, muestra cómo durante todo ese periodo el Estado de orden mexicano fue suficiente, entre otras cosas, para mantener ciertos niveles de inversión extranjera directa en México (que no eran demasiado importantes), para que quienes invadieran predios en las grandes zonas urbanas pudieran incluso considerarse dueños sin necesidad de tener títulos de propiedad, para que el Estado pudiera efectivamente construir las grandes obras de infraestructura en todo el país —presas, carreteras, aeropuertos, canales de riego— de manera suficientemente rentable y, sobre todo, para que hubiera compatibilidad entre el Estado de derecho vigente, el régimen político y un tipo de economía que, gracias a estas condiciones, creció a lo largo de todo este periodo.

El fin de una funcionalidad discrecional

Pero, ¿qué empieza a suceder a partir de finales de los años setenta? Pues, por lo pronto, que con la expropiación de las tierras de los valles del Mayo y del Yaqui a finales del sexenio de Echeverría, en 1976, el comportamiento del Estado deja de ser previsible y racional de acuerdo con las expectativas del sector privado interno y externo. No hablamos aquí del proyecto nacional, ni de la Constitución, ni de las necesidades del pueblo, ni de ninguno de estos criterios; nos referimos a las expectativas de algunos actores importantes, como los empresarios agrícolas mexicanos de Sonora y de Sinaloa, o los inversionistas extranjeros. Al enfrentar el Estado crecientes dificultades para financiar las obras de infraestructura y para entregar los servicios necesarios, su comportamiento deja también de ser previsible en las zonas urbanas y en las regiones necesitadas de obra pública. Ya no es posible, por ejemplo, satisfacer las necesidades de una gran cantidad de gente que comienza a establecerse en la periferia de las grandes ciudades en condiciones de propiedad totalmente irregulares y a la cual hay que proporcionar servicios urbanos. Los números empiezan a rebasar la capacidad del Estado de orden. Por otro lado, la necesidad de encontrar distintas formas de financiamiento para infraestructura empieza también a introducir cambios en los mecanismos tradicionales. Finalmente, al agotarse paralelamente los modelos político y económico, se rompe la racionalidad existente y el Estado se vuelve, en gran medida, impredecible.

El Estado de orden que empieza a resquebrajarse en esas fechas se desbarata todavía más en 1982, con la nacionalización de la banca. De acuerdo con la inercia y la lógica existentes, su comportamiento es ahora irracional, sobre todo en relación con las expectativas que había creado. La nacionalización es desde luego una facultad constitucional del Estado, pero rompe las reglas claras —sus propias reglas, de ahí la gravedad del caso— a partir de las cuales ese Estado había funcionado durante cuarenta años.

¿Es necesario añadir que, conforme empieza la democratización del país y se abre la economía, el Estado de orden se vuelve cada vez más disfuncional? Por ejemplo, ya no puede recurrir a la represión para imponer el respeto a determinadas reglas no escritas. La coerción en México siempre había sido selectiva y relativamente benigna porque su amenaza era altamente creíble, aparte de que, llegada la necesidad de ponerla en práctica, los métodos eran precisos y eficaces. Cuando el Estado mexicano amenazaba a alguien con ser detenido, o hasta asesinado, nadie ponía en duda que eso pudiera suceder. Además, sólo serían reprimidos, encarcelados o asesinados quienes fueran los blancos y los objetivos de la represión. Esa capacidad, tanto de reprimir selectivamente como de amenazar de manera verosímil con el espantajo de la represión, comienza también a desaparecer o a reducirse de manera dramática a partir de los cambios que empiezan en los años ochenta. ¿Las razones? En primer lugar el debilitamiento del Estado a raíz de las crisis económicas, en segundo lugar la apertura de la economía, y en tercer lugar la democratización del sistema político. La amenaza de la represión pierde mucho de su credibilidad (y, por cierto, se recurre cada vez menos a ella).

En el lapso descrito, la década de los años ochenta y comienzos de los noventa, se derrumba el Estado de orden. Supuestamente, habría de ir siendo sustituido por un Estado de derecho que existía en el papel, pero que jamás había tenido vigencia ni había sido aplicado. En esas condiciones, ¿qué sucede? La norma en vigor no funciona. Y no funciona porque no estaba hecha para funcionar. Estaba hecha para disimular o disfrazar el Estado de orden. En el México de estas últimas décadas, sin embargo, las circunstancias son diferentes. Porque no es lo mismo tener y aplicar reglas claras para una economía de escala relativamente reducida, con presencia de algunas grandes corporaciones extranjeras, que regular con esas mismas reglas la actividad de un enorme número de pequeñas, medianas y grandes empresas nacionales y del exterior. No es lo mismo amenazar con el desalojo a algunos deudores hipotecarios en pequeñas unidades habitacionales, que negociar con los cientos de miles de compradores insolventes que dejó la quiebra generalizada de 1995 y a los que, por las condiciones que impone una democracia, no se puede expulsar de sus casas. No es lo mismo reprimir, en un régimen autoritario, a un pequeño número de campesinos invasores de tierras, que reducirlos ante las cámaras de la televisión. Ocurre entonces la paradoja de que ya no se puede imponer el Estado de derecho que supuestamente existe, pero tampoco se puede recurrir al Estado de orden anterior.

La ingobernabilidad, en este caso, no sólo es un asunto del Estado, a causa de su alarmante impotencia. También afecta las relaciones contractuales entre particulares. En los años cincuenta, si un proveedor violaba un contrato, el comprador tenía a su alcance toda una serie de instrumentos extralegales: podía contratar a un matón, sobornar a un juez para que lo sancionara, contratar a un policía o utilizar sus influencias para que inspectores de la Secretaría de Hacienda le cerraran el negocio. La vía era corrupta, a veces violenta, pero expedita y eficaz. No se podía acudir a los tribunales para que determinaran las sanciones correspondientes, pero para efectos prácticos sí había consecuencias reales por violar un contrato. Por lo tanto, había un incentivo para cumplir con los documentos pactados. Y, habitualmente, los tratos se respetaban.

Un cambio de escala

Otras cuestiones tampoco tenían la dimensión que han cobrado con la apertura de la economía. Para mayores señas, el asunto del trato diferenciado a extranjeros y mexicanos no era un gran problema porque, después de todo, ¿quiénes eran los extranjeros, cuántos había en México? Y, con muy pocas empresas multinacionales, si alguien se atrevía a violar un contrato con la Ford o la General Motors, el director simplemente le hablaba al propio presidente de la República o al secretario de Hacienda y así se sancionaba al infractor. No existía el problema de medio millón de ciudadanos norteamericanos que han comprado casas en México; y no había tampoco la necesidad de regular las condiciones de un sinnúmero de pequeñas y medianas empresas ya no sólo americanas, sino japonesas, alemanas o españolas, que no pueden ni quieren recurrir a los instrumentos extralegales y que exigen reglas claras como las que acostumbran en sus países o, en todo caso, como las de un país, como China, donde el Estado de orden sí es eficaz. En el caso de este país, e incluso en el de Cuba, los gobiernos están dispuestos a pagar el costo de recurrir a prácticas que no son aceptables en regímenes democráticos ni para la comunidad internacional en su conjunto y que, por una u otra razón, se lo pueden permitir. En lo que a México se refiere, los mecanismos discrecionales y los típicos instrumentos del antiguo Estado de orden han dejado de ser factibles en todos los ámbitos, inclusive en las relaciones entre particulares, por no hablar de los trámites y las formalidades. Llega un momento, efectivamente, en que la discrecionalidad del Estado en lo que toca a los diversos trámites que exige resulta ser inaceptable para los particulares nacionales y extranjeros.

En épocas anteriores, los intereses supuestamente colectivos y generales afectaban en realidad a un determinado número de personas, de allí su funcionalidad. La presión sobre la tenencia de la tierra estaba circunscrita a ciertas áreas, y en las ciudades, a los que ocupaban terrenos ilegalmente se les podía todavía proporcionar luz, agua, alcantarillado o teléfono. La funcionalidad operaba, por ejemplo, con los llamados ejidatarios *nylon* de Sinaloa, o con una docena de grandes empresas transnacionales, o con el gran *agri-business* de Sinaloa, Sonora o Tamaulipas, donde se podía operar a través de la simulación de arrendamiento de las parcelas ejidales o mediante prestanombres para conformar "pequeñas" propiedades de miles y miles de hectáreas. La funcionalidad operaba porque el número de la "colectividad" era relativamente reducido y la naturaleza de "todos" era relativamente homogénea. Cuando cambian esas coordenadas —ya son "muchos" y son de "otro tipo", mucho más numerosos y más heterogéneos—, las cosas dejan de funcionar. Lo que es funcional para algunos ejidatarios en particular deja de serlo para todos los demás; el sistema es funcional para unos grandes empresarios agrícolas pero no para otros, para ciertos inversionistas extranjeros nada más, para algunos sindicatos pero no para todos. Por ejemplo, los sindicatos charros de la CTM a los que estaban afiliadas las grandes empresas paraestatales pudieron perfectamente perpetrar toda clase de violaciones a la Ley Federal del Trabajo mientras hubo capacidad de aumentar regularmente los salarios reales y las prestaciones. Por ello, también, se toleró el surgimiento de una aristocracia de líderes obreros. Pero luego de treinta años, cuando el gobierno comienza a dejar de cumplir con sus promesas, la justificación que había para no respetar las leyes escritas tiende a desaparecer.

Cuando termina la era del bienestar obrero la gente comienza a reclamar sus derechos, justamente aquellos que, por ejemplo, figuran en la Ley Federal del Trabajo (poder elegir libremente un sindicato, recibir un pago por horas extra, reducir la semana laboral a cuarenta horas, etcétera). En los buenos tiempos del Estado de orden, los dirigentes sindicales podían decir: "Todas esas leyes escritas no valen, ni se respetan, ni existen, pero a cambio sí vamos a conseguir aumentos salariales, uniformes, leche para los niños, casas para todos, etcétera. Así que no armen broncas." Cuando dejan de cumplir, esta explicación se viene abajo. No es posible afirmar que "no valen las leyes, pero tampoco te voy a dar nada". Es ahí cuando surge la exigencia de que se empiecen a respetar las reglas y ello se ve reflejado en las grandes huelgas de los años setenta que, ciertamente, son por la democracia sindical, pero también el resultado de un agotamiento del anterior modelo de relaciones obrero-patronales. El antiguo Estado de orden simplemente dejó de funcionar y, a partir de la apertura económica y de la democratización del sistema político, se creó una situación un tanto caótica y prácticamente insostenible.

Las leyes que existían ciertamente no se aplicaban, pero no eran hechas para aplicarse. Es decir, su objetivo no era ser usadas. Su objetivo era existir en papel para disimular o encubrir el Estado de orden, no para ser reglas claras, transparentes y universalmente utilizables. El caso más evidente es la incorporación paulatina a la Constitución de una serie de derechos sociales que obviamente nunca se iban a cumplir y que sin embargo se añadían como una especie de recompensa simbólica a determinados grupos sociales a los que no se podía retribuir en los hechos. Se les premiaba con un derecho constitucional: el derecho a la salud, el derecho a la vivienda, el derecho al salario... todos totalmente inexigibles e imposibles de cumplir. Pero la existencia de tantas disposiciones en la Constitución, no aplicadas ni aplicables, mostraba que inclusive el fin mismo de lo que debía haber sido el Estado de derecho no era ser aplicado sino otro.

De todo esto se deriva un enorme reto. Los problemas comienzan, justamente, cuando lo que funcionaba —el Estado de orden que ocultaba la ausencia del Estado de derecho— deja de funcionar y no es sustituido por otra cosa. Por poner un ejemplo, en Hong Kong hay un cabal Estado de derecho inglés. En China, mientras tanto, existe el Estado de orden. Ambos han sido más o menos compatibles en territorios distintos, pero habrá un enorme problema si desaparece el Estado de derecho en Hong Kong (como parecen desearlo las autoridades chinas) sin poder sustituirlo por un Estado de orden (no pueden reprimir abiertamente en Hong Kong como lo hacen en el territorio continental) o, a la inversa, si desaparece el Estado de orden en China, pero no lo sustituyen con un Estado de derecho a la inglesa.

La razón por la cual conviene otorgar a la seguridad jurídica la máxima prioridad en las grandes metas de cambio en México es porque se trata de una reforma que realmente condiciona muchas otras e impacta directamente en diferentes ámbitos. De hecho, se ha vuelto la condición *sine qua non* tanto para el desarrollo económico como para mejorar la calidad de vida de los mexicanos. La seguridad jurídica abarca la seguridad pública, un tema central para todos los mexicanos hoy, pero no se limita a ella. Como tampoco se reduce al tema de la titulación de activos de personas de menores recursos, ni al buen funcionamiento de la economía de mercado, ni a la cuestión de la inversión extranjera y de la inserción de México en la economía globalizada. Las reformas que conforman el catálogo de medidas necesarias para construir un Estado de derecho se refieren a todos estos puntos y a varios más. Plantean la seguridad jurídica para las personas, los bienes y las transacciones, tres aspectos diferentes vinculados a un conjunto de razones por las cuales es indispensable y primordial construir dicho Estado de derecho en México.

La seguridad jurídica para las personas

Es obvio que, en primer lugar, nos referimos a la seguridad pública, es decir, la seguridad de las personas. Hablamos de poder vivir en paz para ir a la escuela, al trabajo, a ver a los familiares, para disfrutar las horas de ocio y entretenimiento, practicar deportes, viajar libremente por la República y hacer todo esto sin temer por la seguridad personal. Es el aspecto más esencial de la seguridad jurídica, y al mismo tiempo el más evidente. Todo el mundo lo comprende y todo el mundo aspira a hacer de la seguridad pública una realidad plena y permanente.

Todo indica que para ello se necesitan diversas reformas. La seguridad jurídica de las personas se relaciona, en primer lugar y ante todo, con la seguridad de la gente de menores recursos, que es la más desprotegida y la más frágil desde este punto de vista, ya que es en los barrios y en los pueblos de menor nivel de desarrollo donde tiene lugar la mayor violencia. La agresión ocurre dentro de las familias, entre las personas y sobre todo a raíz de los excesos de autoridad por parte de los cuerpos de seguridad del Estado.

Pero es evidente que la seguridad jurídica para las personas reviste características particulares para cada clase social. Así, la clase media mexicana fue la que más disfrutó del Estado de orden anterior y, en cierto sentido, es la que más padece el cambio procedente de su desmantelamiento y su no sustitución por un Estado de derecho. Y, sin duda, la seguridad jurídica para las personas también abarca el asunto de la seguridad de los extranjeros en México que, siendo un tema aparte, es un problema real. En lo que se refiere a ejecutivos y empleados de empresas internacionales, la inseguridad ha provocado, en algunos casos, reticencias de venir a instalarse en México, o ha sido razón para salir de México. Se han producido múltiples episodios de secuestros y asaltos a ejecutivos europeos, japoneses y norteamericanos en plazas como la Ciudad de México, Guadalajara o Tijuana. Pero también han sido afectados los turistas y los residentes extranjeros. México es un país que recibe más de veinte millones de turistas al año, una enorme cantidad de gente (y una enorme cantidad de dinero, a saber, una de las tres principales fuentes de divisas del país junto con las remesas de los emigrantes y los ingresos del petróleo). Finalmente, el eventual desmoronamiento de la seguridad jurídica de las personas podría afectar a casi medio millón de ciudadanos norteamericanos (muchos de ellos jubilados) que residen en ciudades como Cuernavaca, San Miguel de Allende y otras —sin hablar, por supuesto, de Baja California— y cada posible incidente provocaría efectos devastadores en la imagen internacional del país.

La seguridad jurídica para las personas, como vemos, afecta a todos los ámbitos de la sociedad y tiene múltiples ramificaciones. Para un país es fundamental alcanzarla. Pero aunque el papel de la seguridad pública es básico, es sólo parte de un universo mucho más amplio de certezas jurídicas. De la misma manera que hay un contraste entre Estado de derecho y Estado de orden, un régimen autoritario puede perfectamente garantizar la seguridad pública de un país pero no la seguridad jurídica. Esta última depende, en primer lugar, de un universo de reglas que estipulen muy claramente los derechos y obligaciones de las personas, la situación legal de los extranjeros, el papel del ciudadano frente al Estado y, entre muchas otras cosas, los mecanismos que habrán de evitar los posibles excesos y arbitrariedades de la autoridad. De hecho, la seguridad jurídica es la garantía de los derechos humanos: derecho de circular; derecho al respeto de la integridad física y moral de cada persona; derecho de reunión, de expresión y de asociación con seguridad.

La seguridad jurídica para los bienes o propiedad

La certeza jurídica sobre los bienes podría ser asimilada a los simples derechos de propiedad. Pero no se limita a ellos, ya que también abarca aspectos como la propiedad estatal. Es bien sabido que la economía de mercado no funciona sin reglas claras que establezcan los derechos de propiedad. En México, este es un tema especialmente complicado, dados los diversos regímenes de tenencia de la tierra que existen en el campo, por la irregularidad de los asentamientos humanos en las grandes ciudades y la situación caótica ocurrida cuando, al derrumbarse el antiguo Estado de orden, gran número de asuntos cayó en una especie de limbo jurídico. Un ejemplo especialmente notorio de las nefastas consecuencias de la ausencia de seguridad jurídica para los bienes es el problema de la vivienda en México. En nuestro país, la situación de la vivienda constituye uno de los grandes rezagos sociales. Ha sido extremadamente difícil dar vivienda a todas las personas que la necesitan. Los esfuerzos del INFONAVIT o el FOVISSSTE han sido insuficientes, en el mejor de los casos, o francamente contraproducentes.

Es evidente que, a largo plazo, la única manera de superar el rezago habitacional es utilizando los mecanismos de mercado y, en particular, el crédito hipotecario para financiar la construcción de la llamada *vivienda de interés social.* Las condiciones deben ser aceptables tanto para los futuros dueños de esas viviendas como para los que las financian y los que las construyen. Sin embargo, recurrir al financiamiento privado para este propósito implica crear un verdadero mercado de crédito hipotecario. Es decir, que el mecanismo de otorgamiento de hipotecas funcione, ya sea directamente a través del sector privado, o bien mediante vías creadas por el Estado para acceder a los créditos hipotecarios, o bien gracias a instrumentos legales que permitan contar al mismo tiempo con los recursos privados y las garantías del sector público. En Estados Unidos, el banco le presta dinero a un particular para comprar una casa, pero hay una institución del gobierno que garantiza el crédito. Cuando el comprador deja de pagar, esta institución se encarga de que el deudor cumpla con sus obligaciones y, llegado el caso, puede inclusive darle la casa a alguien más. Se trata de un sistema en que el Estado garantiza los créditos privados y que ha funcionado bastante bien desde los tiempos del presidente Roosevelt. No es un subsidio en sentido estricto, pero su función es casi la misma porque la garantía del Estado permite bajar el costo de la hipoteca. Es como un FOBAPROA para hipotecas que asegura el crédito de los hipotecarios.

El anterior mecanismo puede funcionar en todas partes, pero en principio debe existir toda una serie de condiciones: las instituciones bancarias deben otorgar préstamos a tasas de interés accesibles, estos créditos deben generar una demanda que, a su vez, garantice a las constructoras la venta de sus viviendas, el buró de crédito debe poder investigar adecuadamente a los eventuales compradores y, de la misma manera, debe haber leyes de garantías y quiebras para asegurar que quienes no puedan cumplir con sus obligaciones entreguen la vivienda que les fue financiada, así como seguros para poder seguir pagando una hipoteca en caso de desempleo o enfermedad o muerte y, finalmente, instituciones del gobierno que hagan efectivas todas las regulaciones correspondientes. Ninguna de estas cosas funciona en el calamitoso México de hoy: las instituciones bancarias no quieren prestar, los burós de crédito casi no existen o no son confiables, las compañías de seguros difícilmente se comprometen a cubrir estos riesgos y, en lo que toca al papel del Estado, éste no es capaz de brindar las suficientes garantías porque, debido a los costos políticos que suponen, las autoridades no se arriesgan a hacer efectivas las recientemente modernizadas leyes de garantías, quiebras y bancarrotas.

Es la típica disyuntiva entre "paz social" y Estado de derecho. Muchos alcaldes y gobernadores prefieren evitar los incidentes derivados de los desalojos de deudores, pero con ello están contribuyendo a que el mercado hipotecario se siga estrechando. Porque, en efecto, ¿cómo van a prestar dinero los bancos si, en el caso de un incumplimiento de las obligaciones estipuladas en el contrato, no tienen la certeza de recuperar sus recursos? La consecuencia es que, para fines prácticos, no funciona el mercado hipotecario en México, ya que las condiciones draconianas que imponen los bancos ahuyentan a los eventuales tomadores de los créditos.

A la inversa, al aplicar las leyes del Estado de derecho y proceder a los desalojos, se generan en un primer momento tensiones y problemas sociales. A la larga, sin embargo, se contribuye, ahí sí, a la paz social porque se fomenta la construcción y adquisición de vivienda por parte de los sectores de la población que carecen de medios. A corto plazo, la paz social lograda a costa de una renuncia de autoridad parece ser un objetivo más atractivo. Es una falsa disyuntiva porque, en el largo plazo, la única manera de lograr una paz social sólida, en un régimen democrático, es a través del Estado de derecho. O sea, que hay que proceder a la aplicación inmediata de las leyes en todos los casos, a pesar de las tensiones sociales que ello pueda generar. Repetimos, la alternativa no es entre paz social o Estado de derecho: es la paz social *gracias* al Estado de derecho.

El tema de los derechos de propiedad no se limita a la mera titulación de los activos de la gente de menores recursos. Es algo que influye también en el comportamiento social de las personas y en su actitud ante la legalidad. Como se sabe, el economista peruano Hernando de Soto ha realizado varios estudios sobre la falta de titulación de los activos de los pobres, por ejemplo, en la ciudad de El Cairo, en Egipto. Luego de haber dejado la Presidencia de Estados Unidos, Bill Clinton le ha dado también una enorme importancia a este tema. La teoría de De Soto, reforzada por Clinton, es que si la gente de menores recursos titula sus activos —el changarro, el negocio, el automóvil, la motocicleta, lo que fuere, no necesariamente la propiedad inmobiliaria— esa titulación, además de que abre todo tipo de posibilidades de inversión —de obtención de crédito, de seguro y de mejoramiento—, tiene la consecuencia de cambiar la actitud del titular frente a la vida. El hecho de contar con títulos de propiedad ayuda a construir verdaderos ciudadanos insertados en una red de legalidad —con una conexión eléctrica legal, un acceso al alcantarillado también legal, etcétera—, en vez de individuos sometidos a todo tipo de irregularidades. Esto demuestra, entre otras cosas, por qué las leyes son importantes.

Pero además, el proceso de titulación asegura que las personas de menores recursos puedan invertir sus bienes, por ejemplo, para mejorar la casa, construir un segundo piso, establecer el tallercito o el puesto de quesadillas. Justamente, si un negocio de esta naturaleza está titulado y con un permiso de vender alimentos, entonces comienza a operar la lógica de que el pequeño negocio tiene una autorización de Salubridad, de que las quesadillas se venden en las condiciones adecuadas de higiene, de que se pagan unos impuestos que conviene solventar para seguir estando en orden.

Finalmente, la titulación de estos bienes puede propiciar una mejoría en la calidad de vida de las personas de escasos recursos. Existe, desde luego, el riesgo de que, por ejemplo, una persona que titula su casa y posteriormente la hipoteca para comprarse un taxi y luego poner un negocio, al fracasar este último se quede sin negocio, sin taxi y sin vivienda. Pero también es cierto que la existencia de activos titulados permite a muchas personas disponer de oportunidades que, de otra manera, no tendrían. La existencia de la seguridad jurídica para los bienes ayuda directamente a mejorar la situación de las personas de menores recursos en las ciudades, sin hablar de la situación en el campo.

El abigarrado mosaico de zonas de tenencia de la tierra en el campo mexicano sin duda contribuyó a construir la paz social indispensable para la época posrevolucionaria y la época de la industrialización. Sin embargo, esta relación de costo-beneficio se ha invertido. Los intentos de Salinas por modificar la estructura jurídica en el campo no resultaron y ahora es enormemente difícil poner en circulación la buena tierra que queda, ampliar la frontera de irrigación en el campo y atraer inversión mexicana o extranjera con la actual estructura jurídica. Al mismo tiempo, los problemas de paz social no son ya de la magnitud anterior. La estructura "jurídica" de la tenencia de la tierra anterior siempre tuvo un componente extra-legal. Los esquemas correspondientes pudieron ser funcionales en otro momento de la historia de México, en una época en que la estructura de la economía mexicana implicaba una relación diferente con el mundo.

Hoy día, México no puede ser competitivo bajo estos esquemas, con reglas escritas totalmente heterodoxas y con otras no escritas irreconocibles e incomprensibles no sólo para los posibles inversionistas extranjeros, sino para los empresarios mexicanos de las nuevas generaciones. Pero además, esta estructura entra en conflicto directo con una serie de fenómenos que tienen que ver con la propiedad de la tierra y los derechos del Estado. En temas como el derecho de paso, en los últimos años se han construido muchas carreteras sin pagar dichos derechos que, además, nunca se reglamentaron ni se oficializaron. La consecuencia es que hoy se podrían interponer demandas multimillonarias contra el Estado que, por su parte, sigue teniendo la necesidad de emprender diversas obras de infraestructura, desde el aeropuerto de Texcoco hasta las carreteras en Chiapas. Anteriormente, no era necesario ni indispensable proceder de acuerdo con la ley porque los objetivos del Estado en materia de infraestructura —puertos, presas, carreteras, aeropuertos— se lograban por la vía de los hechos y por la fuerza. En las actuales condiciones, cuando ya no impera el Estado de orden, no se puede utilizar la fuerza. Pero tampoco rige un auténtico Estado de derecho, de manera que, con el estorbo adicional de la anterior estructura "jurídica", se ha vuelto casi imposible la construcción de las obras de infraestructura indispensables para el país. Las condiciones políticas de la democracia dificultan enormemente el recurso a la fuerza por parte del Estado y, además, estamos rompiendo con un régimen que la utilizó en exceso. Hay además una sensibilidad especial de la opinión pública hacia el uso de la fuerza contra los campesinos de México. Pero, inclusive suponiendo que todo esto se pudiera superar y que en determinados casos imperaran las condiciones políticas que permitieran el uso de la fuerza, el problema es que, con la legalidad existente, en muchas ocasiones el derecho no está del lado del Estado. Y no lo está porque no es funcional dentro de las estructuras actuales de la economía y del sistema político en México. Es lo que ocurrió en San Salvador Atenco el día de la elecciones del 6 de julio de 2003. Los sectores más radicales de la población, los que imposibilitaron la construcción del aeropuerto de Texcoco, trataron de impedir la celebración de estos comicios. Al consultar el presidente de la República con el secretario de Gobernación sobre las posibles medidas para resolver el problema, éste le contestó que no se podía enviar a la Policía Federal Preventiva (PFP), por tratarse de un tema electoral y que no era conveniente utilizar al Ejército, por las implicaciones de imagen internacional.

Tampoco se podía pedir la intervención de las autoridades estatales; en parte era una elección federal y, en todo caso, el gobernador Montiel no iba a prestarse a ello. En cuanto a las autoridades municipales, justamente el problema tenía que ver con ellas. De manera que, por una u otra razón, no fue posible el uso de la fuerza para defender un derecho fundamental de los ciudadanos mexicanos. Ocurrió a sólo 50 kilómetros del zócalo de la Ciudad de México.

Este fenómeno de ausencia de condiciones jurídicas va a seguir limitando la actuación del Estado en lo que se refiere a obras de infraestructura en el campo. Concretamente, hay dos problemas: por un lado, la situación jurídica —ambigua, confusa, obsoleta y que además se presta a una infinidad de interpretaciones—; y por el otro, como lo hemos visto en San Salvador Atenco, hay dificultades reales para la toma de decisiones políticas necesarias para aplicar el Estado de derecho existente. Ambos problemas suelen juntarse y el resultado es una parálisis en las intervenciones del Estado. Lo mismo ocurre en otros ámbitos: por ejemplo, la riqueza del subsuelo ha originado una serie de controversias constitucionales interpuestas formalmente, o litigadas en los medios, que también han paralizado al país. Para mayores señas, la figura de los contratos de servicios múltiples que quiere utilizar Pemex para la exploración de gas natural en la cuenca de Burgos, en el noreste del país, no se ha podido utilizar en los hechos a casi ya tres años de haberse iniciado el sexenio, porque no se ha terminado de blindarla jurídicamente para defenderla de la controversia constitucional que pueden interponer algunos senadores del PRI y del PRD en su contra. La parálisis es completa porque no se hace ni una cosa ni la otra, es decir, ni se decide que estos contratos *no* son constitucionales (en cuyo caso se tendrían que cambiar las leyes para buscar formas de asociar el capital privado para la exploración de gas natural) ni tampoco se determina que *sí* son constitucionales y se puede proceder a la exploración. Independientemente de las razones del momento, a saber: los problemas políticos o las simples inercias de siempre para avanzar; es un hecho que la ambigüedad jurídica existente en relación con las propiedades del Estado representa un verdadero obstáculo para el pleno funcionamiento de la economía de mercado.

La seguridad jurídica para las transacciones

No podemos continuar con la incertidumbre jurídica en lo que a las transacciones se refiere. Entendemos por transacciones, básicamente, los contratos celebrados entre las partes y las relaciones entre los particulares y el Estado.

En cualquier país del mundo regido por la economía de mercado, los contratos tienen que cumplirse y, cuando no es el caso, debe haber sanciones expeditas y transparentes. Para poder mantener este principio fundamental, el costo de incumplir un contrato debe ser superior al de su acatamiento. Si no es el caso, se crean incentivos para el incumplimiento y, en efecto, hay muchos contratos que no se respetan. ¿Cuál es el problema en México? Por lo pronto, muchísimos contratos sí se cumplen, probablemente la gran mayoría. Pero, al mismo tiempo, el número de convenios que no se observan es lo suficientemente grande como para poner en riesgo a muchos. Este fenómeno ha comenzado, justamente, en la era de la globalización y, vistos los niveles de competencia a los que hay que enfrentarse en el mundo, se ha convertido ya en un obstáculo real para la inversión, la generación de empleos, el crecimiento, el pago de impuestos, etcétera.

En todos los ámbitos —en la celebración de acuerdos internos, en los tratos con inversionistas extranjeros e inclusive en el sector informal—, es muy difícil que funcione la economía de mercado sin esta obligación de cumplir los contratos. La economía informal, en todo caso, se aprovecha del incumplimiento: es más barato, finalmente, operar sin pagar impuestos, sin cumplir normas y sin satisfacer una serie de requisitos de toda clase. En las transacciones celebradas en este tipo de economía, por definición, no hay contratos. Esto no significa que los acuerdos no se cumplan; quiere decir simplemente que la manera de hacer respetar estos tratos se rige bajo una especie de Estado de orden, no un Estado de derecho; es decir, hay represalias, extorsiones, exclusiones, venganzas y estos son los mecanismos que garantizan, mal que bien, la viabilidad de las transacciones. Pero el daño para la sociedad es muy grande porque, en su conjunto, no se beneficia del trabajo, la energía y la creatividad que, hay que decirlo, sí imperan en un sector que, sin embargo, no genera impuestos ni empleos estables ni calidad para los usuarios. Y que compite en situación ventajosa con el sector que sí respeta sus obligaciones legales.

México es un país que ya ha atraído la inversión extranjera directa de las grandes empresas, de las grandes multinacionales. Muchas de ellas están en el país desde hace casi un siglo o en todo caso desde los años cuarenta y, a estas alturas, es difícil que aumenten su volumen de participación; tal vez no se ha llegado al límite pero no hay tampoco tanto en qué avanzar. En cambio, donde sí se puede atraer más dinero, generar más empleos, traer más *know how* y más tecnología es con miles de pequeñas y medianas empresas extranjeras que tienen fábricas o industrias con 50, 100 o 200 trabajadores, pero para las cuales el cumplimiento de los contratos es un asunto de vida o de muerte. Nadie se atreve a violar un acuerdo con la Volkswagen o con Procter & Gamble o con Colgate-Palmolive porque la desigualdad frente a ellas es tal que es muy probable que el incumplimiento sea fuertemente sancionado. Estas grandes empresas cuentan con ejércitos de abogados, contadores, lobbystas y gestores de todo tipo, aparte de relaciones con los gobiernos e incluso maneras de entendérselas con los tribunales. Pero una pequeña o mediana empresa italiana o austriaca o de Singapur o de Hong Kong o de Brasil que viene a México, no quiere —ni puede— asumir el costo enorme de dicho ejército para asegurarse de que efectivamente se cumplan los contratos con sus proveedores y con sus clientes, o con el propio Estado. De allí la disyuntiva: establecerse o no en México en estas condiciones. La decisión es más bien negativa. Así las cosas, le está resultando muy difícil al país rebasar el tope de los 12 o 13 mil millones de dólares de inversión extranjera directa al año, porque no llega a atraer a las miles de pequeñas y medianas empresas extranjeras que son las que podrían elevar de manera significativa esta inversión. Una de las principales razones de ello, justamente, es esta inseguridad jurídica para las transacciones, es decir, la dificultad de hacer respetar los contratos a través de sanciones expeditas, transparentes y económicas. El estudio del Banco Mundial, "Haciendo negocios 2004", encontró que de 133 economías, México es el país más complejo en trámites legales, por encima de países como Camerún, Bolivia o Panamá, lo cual se debe a los 47 procedimientos que se necesitan para hacer cumplir contratos en litigios con un plazo promedio de 325 días. Esto se refiere no sólo a los contratos entre particulares, sino también a las transacciones entre los individuos y el Estado, lo que podríamos llamar los trámites y todo lo que afecta la relación del ciudadano con una autoridad que se comporta de manera discrecional y que puede cambiar a su antojo los requisitos para determinados trámites, permisos, licencias y procedimientos. La única defensa de la que dispone un ciudadano particular contra esa discrecionalidad es el recurso de amparo que, en los hechos, es prácticamente imposible de aplicar en México a pesar de que se considera el gran aporte mexicano al derecho. Pero además existe el abuso de la autoridad para fines de corrupción. Así, ella misma crea una agobiante carga de requisitos adicionales, que utiliza para practicar diferentes formas de extorsión con el mero propósito de obtener dinero del ciudadano. Y esto también disuade enormemente no sólo a la inversión extranjera, sino a la inversión privada mexicana. Hay una gran contradicción, una gran paradoja, entre el esfuerzo que han desarrollado varios gobiernos por regularizar la economía informal —a través de su incorporación al fisco, a la salud pública, a los derechos laborales— y el hecho de que, al ocurrir esta integración, los participantes de la economía informal van a estar sujetos a estas prácticas.

La inseguridad genera economía informal, discrecionalidad, corrupción e impunidad. Es imperativo entonces construir mecanismos de defensa del ciudadano y de los particulares frente a la autoridad. Insisto: la economía de mercado, en un mundo globalizado, difícilmente puede funcionar en situaciones de excepción. Nunca habrá un mercado ideal, pero hay un límite a las imperfecciones o a las distorsiones que se le pueden introducir. Si se opta por *no* tener una economía de libre mercado, se pueden hacer muchas cosas. Pero si la decisión es conjugar una economía de mercado con un Estado de orden como el que existía anteriormente en México, es una situación diferente que los mexicanos, con nuestra clara opción por la democracia, hemos decidido clausurar. Por ello, lo que no se puede hacer es pensar que en este país podemos mantener una situación como en China.

Reformas

El Ministerio Público. La tarea es inmensa. Pero ciertas reformas son posibles desde ahora. Entre ellas se puede destacar —quizá sea la primera y la más importante— la llamada autonomía o independencia del Ministerio Público (MP), a saber, su separación tajante, legalmente y en los hechos, de la Procuraduría General de la República, a nivel federal y de ser posible también a nivel de los estados.

Hoy día, el Ministerio Público en México, aunque formalmente puede revestir cierta independencia, en realidad está totalmente subordinado al Poder Ejecutivo. Una elevadísima proporción —hasta el 90%— de las averiguaciones previas consignadas por el MP ante el juez derivan en actos de formal prisión por parte de ese juez. El hecho de que esas averiguaciones correspondan a las denuncias hechas por personas y que esas denuncias sean una pequeña fracción del total de posibles delitos cometidos en la sociedad, no altera la conclusión de que, en los hechos, el MP funge como juez en México. Los jueces no son juzgadores en vista de que dan por buenas prácticamente todas las averiguaciones previas consignadas ante ellos por el MP. Por otro lado, que estas averiguaciones e inclusive los actos de formal prisión no deriven posteriormente en sentencias tampoco altera el hecho de que el primer juzgador en México es el MP y no el juez. Esto significa que es el Ejecutivo el que juzga en los hechos y no el Poder Judicial. Pero además ese Ejecutivo no está sujeto a ninguna fiscalización autónoma y a ninguna vigilancia, excepto las que llevan a cabo la propia PGR o las procuradurías de justicia de los estados y del Distrito Federal.

Junto a esta autonomía o independencia o separación del MP del Poder Ejecutivo, habría que establecer agentes de fiscalización verdaderamente autónomos (tipo INEGI, IFE, Banco de México) del MP, lo que permitiría ir avanzando hacia su transparencia, honestidad y eficacia. Mientras sea parte de la PGR, es imposible que sea fiscalizado y, en consecuencia, no hay rendición de cuentas. Esta es una primera reforma indispensable. El MP sería entonces una figura también autónoma como el Banco de México o el IFE; constituiría una especie de fiscalía de la nación a la española. Fox planteó esta reforma pero no la pudo llevar a cabo porque se opusieron los procuradores estatales, los gobernadores y un sector importante de los juristas. Se trata de una demanda que muchos sectores en México han hecho suya, desde grupos de la sociedad civil hasta la COPARMEX, pero que no ha sido posible poner en práctica. Es una reforma absolutamente indispensable para limpiar la procuración de justicia en México.

La creación de demasiados organismos autónomos levanta ciertas inquietudes en algunos sectores, pero para la construcción de la democracia es necesario contar con entes más fiscalizados, más transparentes y más sensibles a la rendición de cuentas. Esta es una tesis que desarrollé hace muchos años como parte de un proyecto político en América Latina, porque la fuerza aplastante del Estado y la confusión entre Estado y gobierno han sido tan perennes y presentes en nuestro subcontinente, que quizá la única manera de dar más fuerza a la sociedad civil —y de imponer, justamente, una mayor separación entre Estado y gobierno— sea la creación de entes autónomos. Es un fenómeno que ha ocurrido en muchas partes del mundo: abarca a bancos centrales, institutos de estadística, juntas electorales y otras instituciones, que poco a poco se han ido creando (*ombudsman*, centros de protección de los derechos humanos). Por lo pronto —vistas nuestras enormes dificultades para crear un Estado de derecho y tener una justicia imparcial, transparente, expedita, económica, no subordinada al Ejecutivo, no corrupta— hay que dotar a los organismos impartidores de justicia de cierta autonomía frente al gobierno, si no es que frente al Estado también. Después, a la larga, podremos volver a situaciones menos radicales. Pero esta es una tendencia en todos los países, y probablemente sea una tendencia sana para las naciones de América Latina, donde ha imperado durante tanto tiempo un Estado que aunaba un enorme poder a esta indistinción entre Estado y gobierno. Esta reforma implica por lo menos dos modificaciones constitucionales (a los artículos 21 y 102); no por ello es imposible, como veremos más adelante. Falta combatir también el carácter del Ministerio Público de inquisitorio a puramente acusatorio: Cada vez se hace más necesario independizar el Ministerio Público para convertirlo en un organismo de Estado separado de los tres poderes, que se profesionalice y que abandone el esquema inquisitorial con que sigue funcionando, propuesta que viene acompañada de la de instaurar un sistema acusatorio que remonte la duplicidad de funciones del Ministerio Público como juez y parte y que, además, reestablezca la figura del juez de instrucción.

Juicios orales. La segunda reforma sería la sustitución de los juicios escritos por los juicios orales. Paradójicamente, en un país como México donde imperó el analfabetismo durante décadas y décadas, todos los juicios son escritos. Las comparecencias son escritas, los testimonios son escritos, las declaraciones son escritas, los fallos son escritos, el desahogo de pruebas es escrito; prácticamente todo es escrito.

El procedimiento de juicios escritos significa que quien hace el trabajo son los secretarios de los juzgados, no los jueces. Y si, como hemos visto, el Ministerio Público es, en los hechos, el primer organismo juzgador, resulta que es prácticamente imposible determinar en qué medida los jueces son realmente juzgadores, porque quien hace el trabajo, cuando todo tiene que ser por escrito, son los secretarios de los juzgados. Son ellos quienes toman las declaraciones, pasan todo a máquina; quienes escriben y escriben hojas y hojas, esas "48,000 fojas" que tanto citan los periodistas. Hay que cambiar este estado de cosas.

En la práctica, hemos visto, los jueces no juzgan y de ahí se deriva buena parte de los enormes desafíos que enfrenta el Poder Judicial en México. Pero además, los juicios escritos, por definición, son menos transparentes, menos expeditos y menos económicos, con lo cual se violan justamente los criterios básicos de cualquier justicia moderna y equitativa. En dichos juicios la víctima y el acusado no comparecen simultáneamente. De hecho, prácticamente no comparecen ante el juez porque todo se hace por escrito. Existe la figura del careo, pero es excepcional, no una figura constante, no es un dado del juicio. La mayoría de los juicios se hacen sin careo y el careo, a su vez, es una confrontación, no es la comparecencia conjunta de la víctima y del acusado, sino simplemente un cotejo que en ocasiones sucede y en otras no. En cambio, la presencia de la víctima y del acusado frente a un juez que emite su fallo ante el público, delante de los que quieran estar, tiene automáticamente un carácter más transparente. Según el país, puede haber jurado o no. En el derecho anglosajón o en el francés, en general, hay jurado. Pero el jurado no es lo fundamental, sino la comparecencia simultánea, pública y abierta de la víctima, el acusado y el juez.

En el juicio escrito se pierde la posibilidad de que los acusados, sus víctimas y los familiares de los unos y de los otros comprendan el proceso a que son sometidos. Se pierde la lección de civismo que debe ser un proceso judicial. Se oblitera además la participación simbólica de la ciudadanía en la administración de justicia, que tan necesaria es para la cohesión social y el desarrollo de una idea de justicia. Esto es aún más importante ahora que antes, porque el público mexicano está impregnado de una cultura popular —en el cine y la televisión de Estados Unidos— donde ve, y no sólo en ficciones, sino en juicios reales, algunos de ellos históricos, a hombres y mujeres juzgados en situaciones de transparencia. Y esos juicios revisten características ausentes en una justicia abandonada a los procesos burocráticos del juicio escrito. Para atestiguar sobre la realidad de esta necesidad de dar sentido a la justicia, basta el ejemplo del programa radiofónico *La Tremenda Corte* que a 40 o 45 años de haber sido grabado se sigue escuchando en nuestro país. Pero, al mismo tiempo, en México no se puede dar la figura de *Tres Patines* ni de la *Tremenda Corte*. Esa transparencia de la Corte, donde cualquier persona del público puede ir a ver si efectivamente es cierto que tal o cual persona le robó a la otra, no existe. Ese sentido que cobra la justicia pública no existe aquí, y por eso la adhesión de la gente a su justicia es tan escasa como frágil. Durante los últimos 15 años, en América Latina la administración de justicia pública y oral (tanto en lo civil como en lo penal) ha sido esgrimida como el arma más eficaz para barrer muchos de los males que se atribuyen a los sistemas judiciales de la región. Esta idea ha tenido que vencer las barreras de un sistema jurídico plagado de excesivos formalismos, heredados de la tradición del derecho romano y del napoleónico.

El creciente desarrollo de las economías de la región dejó en evidencia rápidamente que un posible obstáculo para la consolidación del modelo de apertura y competitividad económica son las debilidades institucionales y, fundamentalmente, las trabas que implica un sistema de justicia arcaico y lento, que en buena medida genera inestabilidad en las relaciones jurídicas y, por ende, el aumento de los costos y riesgos de transacción. Sin embargo, el sistema judicial es percibido por la ciudadanía como lejano, parcial, injusto, corrupto, clientelar y, sobre todo, lento y tremendamente ineficiente.

Con la introducción de la oralidad en América Latina se ha buscado y, en buena medida, logrado la celeridad, eficacia, independencia, predictibilidad y transparencia en la administración de la justicia, conduciendo a un aumento en el control ciudadano de las decisiones judiciales, sin que necesariamente ello implique el establecimiento de jurados populares. En los juicios penales, la oralidad por sí misma no es el nudo gordiano de la justicia, sino el sistema previo, el inquisitivo. Aparte del gremio de abogados, otro sector de resistencia ha sido la policía, que en el sistema escriturado inquisitivo posee un grado de poder y autonomía inadmisible en un sistema acusatorio oral. Para que haya éxito se necesita de voluntad política para dotar con recursos suficientes al nuevo sistema, así como aparejar la reforma a la oralidad con el tránsito de procedimientos inquisitivos a acusatorios.

La cuna del movimiento oralista fue Argentina, donde el derecho sustantivo es nacional y el procesal es provincial (además de una jurisdicción federal). En el régimen de Alfonsín se estableció el sistema acusatorio, que da además derecho a los imputados a elegir el sistema por el cual desean ser juzgados. En dos años, se logró duplicar el número de casos sentenciados. La reforma de 1992 prevé la total autonomía del Ministerio Público, que era designado y podía recibir instrucciones del Ejecutivo, aunque presupuestalmente dependía del Poder Judicial. Desde la adopción del sistema oral civil en Uruguay (como en Argentina), hubo fuertes oposiciones del gremio de los abogados (no de los magistrados), que vieron amenazado su sistema de trabajo y su capacidad de manejar una gran cartera de juicios. Iniciaron incluso una campaña pública intensa con predicciones catastróficas sobre lo que se avecinaba, pero poco a poco esos temores fueron diluyéndose y ninguno de los desastres anunciados ocurrió. Desafortunadamente, en ese país no se extendió el sistema al ámbito penal, donde persiste uno de carácter fuertemente inquisitivo y escriturado, siendo éste el que más fuertemente afecta cotidianamente a los ciudadanos. En Uruguay la celeridad promedio en juicios orales civiles se redujo primero a ocho meses, concluyendo muchos de ellos por transacción (antes eran de 864 días en la primera instancia y de 455 en la segunda). Las principales reformas recientes en Colombia se dan en el ámbito penal, a partir de la nueva Constitución de 1991, que estableció la Fiscalía General de la Nación, dependiente del Poder Judicial, aunque cuenta con autonomía administrativa y presupuestaria. Sin embargo, en los hechos el sistema mantiene la estructura inquisitorial y el grado de oralidad es limitado, por lo que no ha permitido superar el retraso judicial. Guatemala es el único país de la región con sistema acusatorio oral puro, a partir de una reforma de 1992. El Ministerio Público fue recreado, y se estableció un Servicio Público de Defensa Penal. La oralidad llegó a Nicaragua con ayuda del USAID, a partir de reformas de 2002, enfatizando que la presentación de pruebas se haga de manera pública y transparente. En Venezuela (1987) se cuenta con una oralidad parcial (pues empieza por demanda escrita con pruebas documentales, así como defensas previas y de fondo por escrito) para juicios civiles y mercantiles (a elección del Ejecutivo), pero a la fecha no se ha aplicado. Finalmente, en el año 2000 Chile reemplazó el sistema tradicional, inquisitivo, secreto y escrito, por uno acusatorio oral, público y de mayor transparencia. El Ministerio Público está en el Poder Judicial, donde se separa la función jurisdiccional de la función investigadora. El sistema acusatorio previsto en el nuevo Código de Procedimiento Penal rescata del colapso al anticuado sistema chileno y moderniza la justicia, tanto en beneficio del inculpado como de las víctimas, asegurando que las pruebas se rindan delante de los jueces en audiencia oral, con lo cual se asegura además el principio de publicidad, porque tanto los jueces como los abogados, los testigos y los peritos estarán bajo el escrutinio público, reemplazando la secrecía del sistema inquisitivo. En el caso de este país, el establecimiento de jurados fue considerado pero descartado, no sólo por implicar la erogación de cuantiosos recursos, sino además por la dificultad de asegurar la disponibilidad de ciudadanos aptos para la tarea, sobre todo en las poblaciones menores.

Es cierto que esta transformación no se puede hacer de la noche a la mañana: hay que contar con cierto tipo de jueces, son necesarios otros procedimientos y diferentes prácticas en el ejercicio de los abogados defensores. Pero en América Latina, desde hace más de 15 años, se empezó a generalizar el proceso de sustitución de juicios escritos por juicios orales y, hoy día, el país más rezagado es México. En Chile, en Colombia, en Brasil se ha empezado a avanzar en esto. Hay también toda una campaña del Banco Mundial y del BID para financiar esta transformación que, sin embargo, en México no ha empezado. ¿Por qué? Por los intereses creados en el Poder Judicial. Algunos grupos de jueces y abogados son auténticas mafias en este país y, con la complicidad de ciertas escuelas de derecho, no permiten unas transformaciones que, por lo pronto, obligarían a los jueces a trabajar y quitarían trabajo a muchos de los abogados. Pero hay que cambiar toda la estructura del derecho mexicano. Esta es una enorme reforma indispensable.

Una policía nacional. Habría otras dos: una se refiere a la federalización o nacionalización de los distintos instrumentos para prevenir, investigar e impedir distintos delitos y diversas formas de inseguridad. Reviste varios aspectos. El primero es el fortalecimiento de la Policía Federal Preventiva, volviéndola una policía nacional con recursos, efectivos, equipo y formación. El segundo, la fusión de la nueva Agencia Federal de Investigaciones, como única policía investigadora federal, con dicha policía nacional. El tercero, el establecimiento de las condiciones legales y políticas para que exista un claro dominio, o incluso exclusividad, de la policía nacional, por encima de las policías estatales y municipales, sustituyéndolas plenamente, salvo en funciones tipo control de tránsito.

La Policía Federal Preventiva —creada por Franciso Labastida y fortalecida al ser trasladada de Gobernación a la Secretaría de Seguridad Pública (SSP) de Alejandro Gertz Manero— de todas maneras se encuentra en una situación de extrema precariedad: en primer lugar porque el origen de su financiamiento sigue dependiendo 100% del presupuesto de la Secretaría de la Defensa Nacional (SEDENA). Los 3,500 efectivos reales de la PFP son en realidad tropa y el presupuesto de uniformes, gasolina, armamento, parque y transporte proviene de la SEDENA. Como arreglo provisional no está mal, pero no puede ser duradero si se trata de crear una policía nacional. En un país de 100 millones de habitantes, no es serio que haya sólo 3,500 efectivos en esta fuerza. Su dependencia de la SEDENA se explica porque, cuando se creó en la época de Zedillo, no había de dónde sacar un número suficiente de personas que supieran manejar armas, y que poseyeran el nivel de instrucción y las características morales y psicológicas requeridas. El único que podía proveerlas era el Ejército. De ahí provinieron entonces los efectivos: se les uniformó de gris en vez de verde, pero siguen dependiendo presupuestalmente de la SEDENA. El general Vega, secretario de Defensa, salvo en algunos momentos muy puntuales, ha tenido una actitud muy noble: aunque su secretaría aporta los recursos y la estructura institucional lo permitiría, no se mete. Pero ello coloca un techo presupuestal a la PFP ya que debe limitarse a los recursos con que cuenta la SEDENA. Por lo tanto, si la Secretaría de la Defensa estima tener otras prioridades en materia de erogaciones, o si el Congreso asigna esos fondos para otras cosas, ahí se terminó el asunto. La mejor prueba de ello es que no han aumentado los efectivos de PFP en los tres años del gobierno de Fox.

En lo que respecta a la antigua Policía Judicial Federal, ya no existe; para todos efectos prácticos, ha sido sustituida por la PFP y la AFI. Las plazas se mantienen, pero su papel es desempeñado por las subprocuradurías especiales.

Las cuentas no salen. Es decir, una policía nacional de 3,500 efectivos no funciona. El número de policías estatales y municipales en México es de 360 mil. En el caso de una policía verdaderamente nacional los números deberían estar invertidos. Es decir, estamos hablando de una fuerza que debe crecer. ¿Cómo? Por lo pronto al ritmo que se pueda, tomando de las policías estatales lo que sirve, tomando más efectivos del Ejército y, posteriormente, aumentando el presupuesto. Esto cuesta mucho dinero, pero lo importante aquí es tener muy claro que lo que quiere la gente es una policía que pueda ejercer sus funciones sobre la totalidad del territorio nacional, una fuerza que existe en la mayoría de los demás países, salvo Estados Unidos y en alguna medida en Brasil. Sólo México reprodujo de alguna manera esta versión norteamericana de las policías estatales y municipales, cuando en nuestro país lo que existe es un falso federalismo; es decir, tenemos lo peor de ambos mundos. Nuestros estados y municipios no tienen los recursos, no tienen la fuerza política, no tienen nada de lo que caracteriza a estas entidades en un autentico régimen federal. México es un país altamente centralizado de toda la vida, pero paradójicamente el federalismo ficticio y formal impide la centralización formal y legal. Entonces no podemos tener una policía nacional como los Carabineros en Chile, la Gendarmería o la policía nacional en Francia, la Guardia Civil en España o Scotland Yard, la policía nacional inglesa, o la RCMP en Canadá. Nosotros somos federales, pero a la vez nuestros estados tampoco tienen la fuerza —recaudatoria, política, de autonomía— de los estados en Brasil o en Estados Unidos, donde cada entidad federativa cuenta con policías dotados de los medios que les permiten realizar la función para la que fueron designados: vehículos equipados, armas poderosas, computadoras, efectivos entrenados, etcétera. Un régimen federal no es necesariamente mejor que un unitario. Algunos países tienen estados y otros son altamente centralizados, como Francia. Lo que no funciona son las ficciones: en nuestro país no funciona una ficción federalista cuando lo que en realidad ocurre es la centralización. El ejemplo más dramático es Ciudad Juárez, donde a finales de 2003 se intentó un operativo federal para aclarar el asunto trágico y doloroso de los asesinatos de un sinnúmero de mujeres. Dicho operativo, muy loable desde el punto de vista de las intenciones, incluyó a 350 efectivos de la PFP enviados durante tres semanas a una ciudad de un millón y medio de habitantes. No cuadran los números.

Existe también un problema con la AFI, que se mantiene dentro de la PGR —donde además está el MP— y separada de la PFP. Se crea ahí una situación un tanto esquizofrénica y al mismo tiempo una inevitable complicidad con el MP. La lógica señalaría que la AFI se situara en la Secretaría de Seguridad Pública con la PFP, pero nuevamente que contara con amplios recursos humanos, tecnológicos y presupuestales, para poder ser realmente una agencia nacional de investigación, tipo FBI. Este estatuto jurídico ambiguo genera otro problema. Lo vimos ya en el caso de los incidentes durante las elecciones en San Salvador Atenco. El propio Vicente Fox me explicó que, según Santiago Creel, no se podía mandar a la PFP porque en su decreto constitutivo dice que no se puede involucrar en asuntos electorales. Habría que ver si impedir el ejercicio del derecho al voto es un delito electoral o de otro tipo. Si alguien mata a un individuo en una casilla electoral, por ejemplo, no está cometiendo un delito electoral, sino un delito a secas.

Las implicaciones político-jurídicas de la preponderancia de la policía nacional sobre las policías estatales y municipales durante el periodo de transición es asunto complejo. La subordinación de estas últimas debe ser una realidad que no se resuelve a través de la figura de la atracción, ni a la PGR ni a la SSP, porque esta figura, además de ser aleatoria, es discrecional y las razones para ello son muy complejas y dependen de muchas consideraciones. Cuando ocurrió el asesinato de Colosio, el procurador Diego Valadez fue enviado de inmediato a Tijuana para que desde allí ejerciera la facultad de atracción. Se determinó que se trataba de un magnicidio, pero ¿quién decide si es un magnicidio? ¿Qué porcentaje de preferencia electoral es preciso tener en las encuestas para que se ejerza la atracción? ¿Si se trata de un candidato a la Presidencia sí se ejerce, pero en el caso de un aspirante a gobernador no?

Además, en muchos casos se enreda esto con otro tipo de consideraciones; por ejemplo en Ciudad Juárez, donde ni la PGR ni el gobierno federal han podido plenamente ejercer la facultad de atracción porque el procurador de Justicia del Estado de Chihuahua no lo desea y porque el gobernador también se resiste (las razones son de política interna: el gobernador intenta así que el presidente municipal de Ciudad Juárez, que es del PAN, siga pagando los costos políticos; el gobierno federal también es del PAN y la procuraduría estatal no quiere que investigue su trabajo y no quiere tampoco que las autoridades municipales le exijan cuentas). Algo parecido ha ocurrido en el caso de Digna Ochoa. ¿Por qué no se ejerció la atracción? Porque los familiares no quisieron que se ejerciera y la misma postura fue adoptada por el gobierno federal, que prefirió dejar el asunto en manos del PRD y de López Obrador luego de saber que se trataba de un suicidio. El Estado mexicano es pobre y las entidades federativas lo son aún más. Por ello, la figura de la atracción debe funcionar en automático. La competencia federal debe abarcar todos los delitos donde se requieren medios cuantiosos y métodos sofisticados de inteligencia y de policía científica, así como personal numeroso y calificado. Debe cubrir todos los delitos en los cuales la falta de medios y personal propicia que la imbricación de los poderes y/o de las fidelidades partidarias, o incluso las idiosincrasias locales, obstaculicen las investigaciones; debe incluir todos los delitos que, gracias a la estructura federal, quedan impunes: secuestros, crímenes en serie, crímenes de masa, crímenes racistas, feminicidios y crímenes homófobos, entre otros.

Uno de los casos más aberrantes, por su violencia y su frecuencia, es el de los secuestros: salvo en algunos estados —como Chihuahua y Coahuila— donde se crearon fuerzas muy especializadas para combatirlos, las policías estatales prácticamente no funcionan en este rubro. En algunos casos como en Morelos, la policía estatal no sólo no evitaba los secuestros sino que los llevaba a cabo. El delito de secuestro no es un delito federal en México, es del fuero común a menos de que se lleve a cabo con armas de uso exclusivo del Ejército y que participen más de tres personas. Pero, ¿cómo demonios se sabe si fueron más de tres y qué tipo de armas usaron? Se tiene que federalizar este tipo de crimen para que la AFI *ex oficio*, lo persiga; no a solicitud de las víctimas o de sus familiares, o del gobierno municipal o estatal. Para propiciar este ascendiente político-jurídico de la policía nacional, tiene que ocurrir una federalización de la mayoría de los delitos, y por lo tanto, una unificación del Código Penal y de los códigos de procedimientos. Sin esta unificación, se seguirá teniendo un caos legal en el país.

La unificación del Código Penal y el de procedimiento. Por todo lo anterior, es necesario llevar a cabo una reforma estrictamente jurídica para uniformar los códigos estatales de procedimientos y hacer un solo Código Penal: una reforma de fondo del federalismo mexicano que ponga al día la realidad mexicana con las figuras jurídicas y borre el desfase entre la intencionalidad federal y la realidad centralista. Fox planteó una reforma parecida en el periodo de transición, pero como tantas otras se quedó en el camino y seguimos con el mismo desorden. Esta reforma es absolutamente primordial, junto con la necesidad de separar al Ministerio Público de la Procuraduría General de la República.

Para emprender estas reformas se necesita el acuerdo de la Legislatura y, vista la parálisis de los últimos tiempos, son necesarias ahí también varias transformaciones: las reformas institucionales de las que hablaremos más tarde. Curiosamente, la composición del escenario político actual sería propicia a estas transformaciones, ya que los gobiernos estatales se hallan más o menos repartidos entre los tres grandes partidos y, a la vez, cualquiera de éstos está en posibilidades de ganar la elección presidencial. Un político racional de alguno de esos partidos debiera pensar que —al contar sólo con la tercera parte de los gobiernos estatales, cuando mucho, pero estar al mismo tiempo en posibilidades de ganar la Presidencia de la República— no existe una razón imperiosa para que su partido se considere el defensor de los gobiernos de los estados contra el gobierno federal. Pero eso no es lo que ocurre: siete u ocho estados de la Federación, en manos de un partido, pueden bloquear cualquier intento de reforma. Por ello es preciso crear un mecanismo de reforma constitucional que no pueda ser confiscada por uno u otro partido. La aprobación de reformas que alteran la relación entre poderes no se puede dejar en manos de los poderes. Se requiere una instancia superior. ¿Cuál es la instancia superior? El pueblo.

Dos propuestas más. Conviene ampliar la propuesta relativa al MP. Un elemento complementario de las tres reformas mencionadas consiste en un órgano autónomo de fiscalización tanto del Ministerio Público como de la Policía Federal

Preventiva, de la Agencia Federal de Investigaciones y del Poder Judicial en su conjunto. El Consejo de la Judicatura, creado hace unos años por Ernesto Zedillo, reviste la aberración de incluir a representantes de los poderes Legislativo y Ejecutivo, para supervisar al Poder Judicial. Probablemente es anticonstitucional (el terreno está abierto para quien quiera promover una controversia constitucional), pero además es ineficaz porque está todo imbricado. Se necesita un órgano fiscalizador verdaderamente autónomo, al estilo del IFE, del INEGI o del Banco de México. Se trata ciertamente de una estructura compleja, pero dadas las condiciones reales del país, probablemente sea la estructura más eficaz.

En segundo lugar persiste el tema de la reforma al derecho de amparo, que en su versión mexicana es la supuesta gran contribución del derecho mexicano al derecho romano y al napoleónico. Sin embargo, su vigencia implica que los mexicanos nos veamos más desprotegidos ante eventuales violaciones de nuestros derechos constitucionales que bajo otros regímenes, a causa de la serie de formas propias del amparo. Éste sólo es pertinente para el amparado, ya que para que cree jurisprudencia se necesita cumplir con una serie de condiciones muy difíciles de reunir. En particular, si la Suprema Corte declara inconstitucional un determinado acto de la autoridad en contra de un ciudadano, ello no implica que automáticamente todos los actos de ese tipo de la autoridad sean anti-constitucionales contra todos los demás. De hecho, aunque un acto haya sido declarado anti-constitucional en contra de alguien, no lo es en contra de los demás hasta que se amparen también o se cumplan otros requisitos. Una ley, aunque sea anti-constitucional, permanece en los códigos como parte del derecho, aunque la Suprema Corte ya haya declarado la anti-constitucionalidad del acto de la autoridad basado en esa ley. El derecho de amparo encierra muchos otros defectos de ese tipo, que en los hechos hacen que los recursos de los ciudadanos contra los abusos de autoridad del Estado sean muy acotados. Una reforma en esta materia se antoja imprescindible para establecer la seguridad jurídica en México. Sin embargo, no es seguro que se pueda lograr tanto en un primer paquete de reformas. La separación del Ministerio Público del Poder Ejecutivo, la transformación de su carácter inquisitivo y acusatorio en una función limitada a lo segundo, la sustitución de juicios escritos por juicios orales, la unificación del Código Penal y de procedimiento y la creación de una sola policía nacional, preventiva y de investigaciones, constituyen ya un conjunto muy ambicioso. La seguridad jurídica obviamente beneficia a todos los habitantes del país, y de hecho, a todos los que se encuentran en su territorio o que tienen relaciones contractuales con mexicanos. Primero, porque todos podemos ser víctimas de la delincuencia y de la inseguridad pública. En segundo lugar, porque todos los mexicanos, desde los habitantes de los Altos de Chiapas hasta los magnates de Monterrey, nos vemos afectados por la inseguridad jurídica en lo que se refiere a nuestras propiedades, minúsculas o monumentales. En tercer lugar, porque todos los ciudadanos estamos sujetos a contratos, a trámites, a una relación con la autoridad. El beneficio se observa también en el caso de los interlocutores o socios internacionales de México y en renglones como el turismo o la inversión extranjera. La seguridad jurídica garantiza las obligaciones internacionales que México ha asumido y se refleja en temas como los derechos humanos, los arbitrajes internacionales, el medio ambiente, y otros. La conclusión de todo ello es que las reformas para lograr la seguridad jurídica, lejos de ser de derecha, van a beneficiar a toda la gente, pero sobre todo a las personas de menos recursos. Cuando Ernesto Zedillo envió al Ejército a Iztapalapa para imponer orden y seguridad, la gente que más lo aplaudió fue la de menores recursos. Y fue también esa gente la que más lamentó su salida, por decisión de Cuauhtémoc Cárdenas. Hoy día, según las encuestas, la población de menores recursos es la que pide una mayor presencia de la PFP. De igual modo, ¿qué gente puede beneficiarse más de juicios orales? Pues la que tiene menos práctica de lo escrito. Aunque ya se haya reducido el analfabetismo en México, de todos modos no se ha abatido a ese grado. También la gente más expuesta a las extorsiones, abusos y excesos del Ministerio Público es la que cuenta con menores medios económicos. Es la población que más se beneficiaría de la autonomía y fiscalización del Ministerio Público.

La seguridad jurídica beneficia más a los que menos tienen, que habitualmente son los menos amparados contra los estragos que la falta de certidumbre genera en sus personas, en sus bienes y en sus transacciones. En sus personas, porque no pueden tener guardaespaldas ni viven en barrios cerrados a la circulación exterior, no pueden pagar los servicios de una compañía de seguridad privada ni tienen el poder de armar el escándalo público suficiente como para contar con la presencia de la PFP u otras fuerzas de elite. Padecen también una mayor incapacidad de denunciar asaltos, violaciones, robos, y secuestros, y sus condiciones de vida les impiden defenderse adecuadamente. Están más expuestos porque viajan en el transporte público, caminan en calles inseguras, y viven una existencia menos protegida y menos amparada.

De la misma manera, necesitan de la seguridad jurídica para las escasas posesiones con que cuentan: la vivienda, el terreno, la parcela, el pequeño negocio, la tiendita, la bicicleta, la moto, el coche, el local en el mercado. La propiedad de bajos recursos es más frágil, más precaria y más vulnerable a las vicisitudes de la ausencia de seguridad jurídica. Y, por supuesto, en lo que se refiere a las transacciones, la gente más desamparada es la gente pobre; cuando no cumple un contrato puede estar sujeta a represalias mucho más violentas y excesivas que las que aplica la ley. Por otro lado, cuando a una persona de escasos recursos no le respetan un contrato, carece por completo de recursos para imponer su cumplimiento. Lo mismo ocurre con los trámites: los pobres son los más expuestos a la discrecionalidad de la autoridad en materia de trámites, de transacciones. El rico, o el integrante de la clase media, consigue coyotes o goza de conexiones con el poder o reparte sobornos y así resuelve los asuntos. El pobre no tiene acceso a estos caminos. La existencia de reglas claras, de un Estado de derecho con plena seguridad jurídica beneficia más a la gente pobre y los pobres son los más perjudicados por la ausencia de seguridad jurídica.

Ausencia de una cultura del Estado de derecho

El establecimiento del Estado de derecho, es decir, la creación de esta seguridad jurídica para las personas, los bienes y las transacciones, es algo que, obviamente, va a requerir de mucho tiempo. En primer lugar, hay que emprender una serie de reformas a la estructura política y jurídica mexicana. En segundo lugar, tienen que ocurrir varios cambios culturales. Quizá lo más difícil y lo más tardado justamente sea este cambio interno de las personas. Según varias encuestas sobre valores, los mexicanos tienden a creer que las leyes sólo deben respetarse si son justas. Si no, no. Por ejemplo, la Encuesta nacional sobre creencias, actitudes y valores entre maestros del nivel básico que llevó a cabo la Fundación *Este País* en enero de 2003 indicó que sólo el 29% de ellos menciona como obligación ciudadana el respeto a la ley, y 18% el respeto al derecho ajeno; además, sólo 41% de los maestros considera que el pueblo debe obedecer siempre las leyes.

Esto evidencia un sentimiento generalizado de ilegitimidad de las leyes. Lo cual no es sorprendente, después de casi dos siglos de asonadas y revoluciones y leyes elaboradas bajo regímenes autoritarios, donde los legisladores no representaban realmente a los ciudadanos. Una legislación sin representación legislativa es una injusticia y se resiente como tal. Muchos mexicanos viven desde hace demasiado tiempo con la impresión de estar permanentemente sometidos a la arbitrariedad. Y es que la democracia es un hecho nuevo en México, por lo que tardará algún tiempo en implantarse la idea de que las leyes son votadas por los representantes de la ciudadanía y que por lo tanto ésta puede, si así lo considera conveniente, incidir en una modificación de las leyes. Por lo general, en las democracias los ciudadanos consideran que las leyes son legítimas. Pero saben además que esas leyes han sido votadas por sus representantes, obedecen a ciertos principios generales del derecho, que garantizan su "justicia", entre otros, la igualdad de todos ante la ley, lo cual desde luego implica su obligatoriedad, ya que de otra manera habría una desigualdad flagrante. La idea que debemos inculcar a nuestros conciudadanos es que, si queremos "buenas leyes", la ley debe ser obligatoria, es decir, ser respetada simplemente porque es la ley.

Otro aspecto fundamental que contribuye al sentimiento de legitimidad de las leyes es saber que éstas no pueden, aun siendo votadas por los representantes legítimos, violar los derechos humanos. Aquí aparece la incidencia fundamental de estos derechos en el Estado de derecho. Son, para decirlo simplemente, su piedra angular. Fue una de las razones esenciales por las que, durante todo mi desempeño en la Cancillería, puse un énfasis particular en contribuir a llevar la legislación sobre los derechos humanos, y los mecanismos que aseguren su respeto, a los más altos estándares internacionales. Esta lucha forma parte de mi vida desde antes de participar en el gobierno. Es un aspecto donde vi, desde hace mucho tiempo, la importancia de lo que se ha llamado la “mirada exterior”, que sobre todo en un régimen no democrático es fundamental para el respeto de los derechos humanos. Por ello, desde el punto de vista del Estado de derecho, es indispensable continuar la lucha por hacer de los derechos humanos una realidad a todo lo largo del territorio nacional. Su no respeto socava gravemente la seguridad jurídica en nuestro país.

Esto tomará mucho tiempo, sin embargo; comprender el cambio radical implica un régimen legislativo más democrático. Sobre todo si nuestras cámaras legislativas continúan dando un espectáculo en el que los ciudadanos no pueden reconocerse, en el que no se puede encontrar la fuente de legitimidad de las leyes que rigen su vida. Sobre todo si altas personalidades de todos los ámbitos impugnan cualquier decisión de justicia que no cuadra con sus convicciones íntimas. No obstante, como no podemos dejar para mañana la instauración de la seguridad jurídica, debemos desde ahora mantener sin ambages el principio de que “la ley se respeta porque es la ley”. En efecto, si bien es indispensable en la escuela y en el hogar, desde la más temprana edad, enseñar a los niños la importancia y las implicaciones de la democracia para las leyes, si dicha importancia y dichas implicaciones deben de ser constantemente divulgadas por todos los medios de comunicación y en todos los foros ciudadanos, es también indispensable que los niños aprendan, que los medios difundan, que los foros afirmen que la ley se respeta porque es la ley, y punto.

También muchos mexicanos opinan que las normas deben servir para generar y aumentar la justicia social o para dar satisfacción a agravios sociales o para suprimir desigualdades sociales flagrantes. En este caso es evidente que al sentimiento de ilegitimidad de la ley se añade un sentimiento de injusticia inevitable en México: la desigualdad social es extrema y la pobreza, generalizada. Por lo mismo, muchos estiman que la legitimidad de ley sólo se origina en su capacidad de restablecer la balanza. Sin embargo, hay que reiterar y tratar de hacer comprender que la igualdad de las condiciones socioeconómicas es algo que la ley no puede establecer. La igualdad social no se decreta. Ello no es una verdad únicamente teórica; los que vivimos en el siglo veinte sabemos sobre qué tipo de realidades han desembocado todas las tentativas de legislar la igualdad de las condiciones económicas. Esto no implica de ninguna manera que haya que resignarse a la desigualdad. Los ciudadanos cuyo ámbito de acción sea la sociedad civil o el Estado deben actuar en el marco de la ley, generalizando y mejorando la educación y todo tipo de programas de carácter social, para hacer que nuestra sociedad sea cada vez menos injusta desde el punto de vista de las condiciones socioeconómicas.

Otro de los obstáculos a la instauración de un verdadero Estado de derecho en México es la impunidad de que goza un sinnúmero de "movimientos sociales" que reúnen algunos centenares de personas. La permisividad en estos casos no sólo no ayuda las eventuales causas legítimas de estas acciones, sino que promueve el desorden y alimenta la injusticia. En estos casos también debe imponerse el derecho. Claro está que, si se debe hacer gala de rigor, incluso algunas veces de severidad, el Estado debe siempre mostrarse capaz de humanidad. Hay que evitar el falso dilema que identifica el mantenimiento del orden con la represión sangrienta y hasta sanguinaria. Hay que dotarse de los medios para imponer el respeto de la ley con un mínimo de acción física, lo que es posible si se dispone del personal —inclusive de inteligencia— y del material indicado. No hay que confundir tampoco un movimiento de rechazo, por intereses particulares o sectoriales, de una acción pública basada en alguna razón de interés general, y un movimiento como el de Chiapas, que por sus características no pertenece al ámbito del mantenimiento del orden propiamente dicho, sino al de la acción política.

En lo que toca a muchos de los movimientos sociales en México, habría que empezar por impedir que los políticos utilicen estos tipos de grupos para obtener ventajas tácticas o estratégicas. Es muy difícil exigir de los ciudadanos un respeto a la ley cuando un gobernador, por ejemplo, utiliza algún gremio o asociación para subvertir gravemente el orden público, en particular en la Ciudad de México. Es un ejemplo más de la manera en que la clase política contribuye, incluso deliberadamente, a debilitar el Estado de derecho

A la larga será también necesario pasar de una Constitución programática a una normativa, porque es muy difícil instaurar un Estado de derecho cuando subsiste una brecha tal entre la letra y la realidad a la cual se refiere. Hay una tendencia creciente en el mundo a que las Constituciones sean de tipo normativo, es decir, que sólo estipulen lo referente a las relaciones entre individuos —y entre individuos y el Estado—, mas no una serie de prescripciones para el futuro o un descriptivo para una sociedad ideal. El hecho de que en México impere un enorme abismo entre la vivencia cotidiana de la gente y lo que dice la Constitución es un factor más de disolución que socava la vigencia del Estado de derecho. Hay una inmensa cantidad de leyes escritas que no se aplican y que, en consecuencia, conducen al desprestigio de la ley.

Por todo lo anterior, es evidente que en México no existe una cultura del Estado de derecho y que en muchos ámbitos rige una verdadera cultura de la ilegalidad que se puede verificar todos los días en acontecimientos cotidianos individuales, políticos o colectivos, desde las marchas de la CNTE en la Ciudad de México a los tenis Nike de contrabando, pasando por la piratería en los barrios más opulentos de la Ciudad de México donde se establecen tianguis que venden películas y discos piratas —a esos tianguis lo mismo asisten familiares de los directores o productores de cine— al lado de la policía que está ahí patrullando tranquilamente.

La transformación jurídica será una tarea titánica. Pero hay que comenzar en alguna parte y ciertas reformas se pueden realizar ya. A su vez, la ausencia de cultura del Estado de derecho sólo se puede ir resolviendo a través de la renovación jurídica, del perfeccionamiento de nuestra democracia, del respeto de los derechos humanos y de la educación. Es un reto enorme y difícil de realizar en el corto plazo, pero hay que empezar ya.

AUTOBIOGRAFÍA 2

Dicen que los pueblos felices no tienen historia; los niños amados por sus padres tampoco. Sin duda es por ello que de mi infancia, por lo que respecta a mi vida en el seno familiar, no tengo gran cosa que contar, sólo que tuve el amor de mis padres y hermanos, y que desde el punto de vista material mi existencia transcurrió inmersa en el sentimiento de seguridad y bienestar que daba una vida de clase media en los años cincuenta y principios de los sesenta. Mi padre fue un diplomático y un mexicano eminente. Mi madre conoció muy joven la amenaza de la persecución y el exilio. Amaba a este país más que muchos mexicanos, como sólo aquellos a quienes México acoge y proporciona la oportunidad de realizar plenamente su vida lo aman. Ambos me dieron su amor y me dejaron su ejemplo.

Cuando nací, mi padre era funcionario de la Secretaría de Relaciones Exteriores (SRE) y mi madre trabajaba para las Naciones Unidas en Nueva York. Por nuestra clase social, hubiera yo debido crecer un tanto apartado de los sectores más desfavorecidos de aquella época. Pero, por una serie de circunstancias completamente aleatorias, tuve justamente la oportunidad de entrar en contacto y convivir con grupos de la sociedad mexicana que normalmente no hubiera frecuentado. A finales de la década del cincuenta, mis padres compraron un terreno en el barrio de Actipan, en la colonia Del Valle. Allí, en 1959, construyeron su primera casa. Las dos calles transversales, Actipan y Tigre, no estaban todavía pavimentadas, con todo y que distaban unos cincuenta metros de la avenida Insurgentes. El corazón del barrio estaba en Santo Tomás, y los vecinos eran gente de muy pocos recursos. Con el tiempo esas calles sin pavimento se volverían una zona de clase media —sobre todo a partir de 1964, cuando se construye, a dos manzanas, un almacén de El Puerto de Liverpool—, pero en aquella época el barrio exhibía sin tapujos la pobreza urbana de México.

Desde muy niño pasaba buena parte del tiempo en la calle y me hice amigo de mis vecinos de la manzana. Quizás uno de los primeros recuerdos que tengo de la vida en aquella casa es del 12 de marzo de 1958, cuando fui a la fiesta del barrio a la que sigo yendo, si no cada año cada dos o tres años por lo menos. Fui con mi padre una noche a ver los castillos y junto con los otros niños de la cuadra festejamos el día de Santo Tomás, patrono del barrio. Ese recuerdo y esa noche servirían años después para reanudar una relación, no, una amistad, que nació de niños y fue creciendo y madurando con los años.

Sin embargo, en 1962 mi padre fue nombrado embajador en Egipto, y allá fuimos a vivir. Permanecimos allí tres años y, lo mismo que en mi barrio de la Ciudad de México, entablé inevitablemente contacto con la pobreza que, en este caso, era mucho más extrema que la que había visto en mi país. Llevaba, es cierto, la existencia enclaustrada de los que residen en una embajada, pero en una ciudad como El Cairo, parecida a la capital mexicana en el sentido de que los sectores sociales están todos integrados en un mosaico sin la segregación que existe en otras ciudades del mundo, seguí cobrando conciencia de las terribles carencias que padecía la mayor parte de la gente. Para mí la existencia de la pobreza nunca fue algo desconocido, a pesar de mis orígenes. Simplemente, con la falta de prejuicios y la inconsciencia propias de mi edad, tuve contacto con ella. Pero además de la pobreza, quizás el recuerdo más intenso que conservo de esos años en El Cairo fue el sentido de injusticia que me suscitaba la sociedad egipcia, aunque en aquel momento el régimen de Gamal Abdel Nasser supuestamente buscaba reducir la desigualdad y combatir la pobreza, que conocía bien a causa de su origen popular. Sí, la injusticia mostraba muchos rostros desde la sobrevivencia, en medio de una pobreza extrema, de los miembros del "antiguo régimen", es decir las grandes familias que pertenecieron a la época del rey Farouk y que conservaban sus residencias, sus cuentas de banco y sus limousinas, la blancura de su piel, lo occidental de sus costumbres, hasta la nueva injusticia que se trasminaba de la actitud de los pocos extranjeros que aún se encontraban en El Cairo y siempre manifestaban un desprecio racista y de clase frente a quienes llamaban los *sufraguis*: la gente que trabajaba en el servicio de las embajadas, de las residencias de las clases opulentas, o los *rag heads*, "cabezas de harapos", como les decían los americanos a los egipcios que en esa época portaban todavía en gran número turbantes y galabiyas. Era imposible vivir en El Cairo a principios de los años sesenta sin vislumbrar, incluso a una temprana edad, los abismos que separaban a la gente de recursos, unos pocos, de la inmensa mayoría de la población todavía rural en su gran mayoría, y de la injusticia que imperaba en un país que, a pesar de la Revolución de los Coroneles de 1953, seguía siendo un país escindido entre ricos y pobres, entre campo y ciudad, entre blancos y morenos, entre extranjeros y nacionales. La herencia colonial o neocolonial egipcia no iba a desaparecer únicamente gracias a algunos años del régimen pan-árabe de Nasser, después de la nacionalización del Canal de Suez.

Al regresar a México, a los doce años de edad, el barrio había cambiado un poco. Las calles habían sido pavimentadas y el nivel de vida de la zona había mejorado ligeramente.

Pero seguía siendo un típico barrio pobre de la Ciudad de México. La mayoría de las personas vivía todavía en vecindades, en condiciones de privaciones y exigüidad. Mi escuela quedaba lejos de la casa y, por ello, allí prácticamente no hice amigos sino que me fui juntando con la gente de la colonia. Pasé toda mi adolescencia, de los 12 a los 17 años, con los chavos del barrio: compartimos las cascaritas, armamos un equipo de futbol, jugamos en la liga llanera Regional del Sur... y claro, nos comprábamos de vez en cuando una caguama, que bebíamos frente a la tiendita. Historias de chamacos. Algunos de mis amigos iban a la escuela, a la secundaria o a la prepa, pero la mayoría de ellos ya se habían metido a trabajar. Era un medio de pobreza urbana, no era la extrema pobreza de Iztapalapa y otras zonas de la ciudad, pero a mediados de la década del sesenta había una tremenda disparidad entre mis vecinos y, por ejemplo, la gente de clase media. Aparte del accidente geográfico de la escuela distante, otra curiosa casualidad propició mi contacto con ellos: mis padres eran enemigos de la televisión. En Egipto simplemente no había tele, así que no pude siquiera caer en el vicio de mirarla durante tardes enteras. De vuelta en México, mis padres imaginaron que yo habría de seguir por tal camino de virtud y, durante dos larguísimos años, no tuvimos televisor en casa. A mí, sin embargo, me interesaban algunos programas y, sobre todo, los partidos de futbol, de manera que me iba por las tardes a la vecindad de enfrente, a mirar la tele en casa de unos cuates. Y allí también comía o desayunaba. Debo decir que fue toda una revelación para mí que hubiera familias con cinco, seis o siete personas viviendo en un cuarto. O que, por ejemplo, en los baños se usara el "combustible", una especie de paquetito de leña que había que comprar para el calentador de agua, porque no había gas. En algunas casas no había ni agua corriente. Y esto en el corazón de la Ciudad de México, hace apenas unos 40 años.

Toda mi adolescencia y la primera juventud la pasé con mis amigos del barrio. Juntos conocimos a las primeras mujeres, que no eran precisamente amigas de nuestra edad; juntos tuvimos las primeras diversiones y, claro, las primeras parrandas; juntos estuvimos también en las manifestaciones del 68, cuando yo tenía quince años y mi casa estaba todavía por ahí, a unos pasos de Insurgentes. Y es que, junto con la percepción de la desigualdad que inevitablemente surgía de la vida cotidiana, de la realidad que vivía yo de manera permanente, me invadía en ocasiones de nuevo un sentimiento de injusticia al ver los abusos contra la gente de las vecindades, en sus trabajos donde ganaban una miseria y donde padecían los excesos del autoritarismo priísta sindical de aquellos años, al ver la injusticia de la policía que con toda arbitrariedad mordía a los jóvenes y no tan jóvenes de las colonias populares de la Ciudad de México, injusticia también por la constancia de que unos tuvieran tantas oportunidades y otros prácticamente ninguna. Y esto en la época quizás de mayor movilidad social en la historia moderna de México. Porque el hecho es que mis amigos hoy, casi cuarenta años después, son parte de una clase media, no acomodada pero sí con niveles de vida que jamás hubieran soñado sus padres o sus abuelos: automóviles, aparatos electrónicos, sus hijos yendo a la universidad, viajes a Estados Unidos en Semana Santa o en Navidad; una clase media de ingresos bajos, venida a menos en muchos casos por las recurrentes crisis de la economía mexicana, pero clase media al fin. Ese sentimiento de injusticia palpable en cada instante de la vida cotidiana, en el vestir, en el hablar, en la cultura y la educación, en el color de la piel y la salud física, fue algo que me permitió con el tiempo ir transformando un sentimiento puramente impresionista, puramente reactivo y pasional, en una postura política. Recuerdo bien cómo, en 1969, poco tiempo después de los acontecimientos del 68 en México y en Francia, con un pequeño grupo de compañeros armamos un movimiento estudiantil en la escuela francesa de la Ciudad de México, el Liceo Franco-Mexicano de Polanco. En realidad, muchos de los estudiantes éramos especialmente sensibles a esas protestas, e inspirado por ellas, encabecé el movimiento por la democratización de la escuela. Pero el asunto se complicó y fui expulsado. Hubieron de interceder un alto funcionario de la SRE y el embajador de Francia, porque mi expulsión iba a ser una situación muy incómoda para el gobierno de México. También es cierto que tenían pavor, tanto los unos como los otros, de que el ejemplo francés siguiera cundiendo en México. Para no hacer el cuento largo, fuimos sometidos a un juicio disciplinario en la escuela. Recuerdo que la profesora que pude escoger como mi defensora —ya que era un juicio aun entonces democrático en el sistema educativo francés— evocó en mi defensa la vez que me había encontrado justamente en la fiesta del Barrio de Actipan, un 12 de marzo, con todos mis amigos de la colonia, y arguyó que alguien que tuviera ese contacto con sectores desfavorecidos de la sociedad mexicana inevitablemente tenía que transformar esa situación amistosa y social en una postura política como la que se había reflejado en el movimiento que tratamos de crear en la escuela. Finalmente sólo me suspendieron de clases una semana, no pasó a mayores el incidente, pero fue quizás el primer momento en que una postura social impresionista, en el fondo más pasional que otra cosa, se transformó para mí en una postura política. El episodio muestra simplemente que ya había dado los primeros pasos en el camino que decidí tomar: un sendero de izquierda, de protesta, de contestación, de cuestionamiento del sistema, la pobreza y la injusticia.

Ese contacto con mis amigos y sus familias, si no me creó realmente una conciencia social en ese momento, por lo menos me permitió la exposición directa —muy personal y muy existencial— a lo que era la pobreza en México. Pero, también, una aguda percepción de los contrastes entre los diferentes mundos. Porque yo, finalmente, nunca dejé de ser el güerito riquillo y, en no pocas ocasiones, el burgués ingenuo al que había que sacarle el mayor provecho posible, lo cual, además, era absolutamente lógico y comprensible. De cualquier manera, construí amistades que duran hasta la fecha. Sigo viendo a tres de los cuatro grandes cuates que tenía, Lalo, el *Gota* y el *Seco* (Polo, mi compadre, murió prematuramente hace como diez años). Uno consiguió una chamba en Veracruz relacionada con la administración de puertos; Lalo vive en Guadalajara y trabaja en Liconsa; otro vive en la Ciudad de México. Los sigo viendo con relativa frecuencia, casi 40 años después, y son la gente de mayor confianza que tengo en mi alrededor. Pero no he dejado de ver el tamaño de la brecha que existía y sigue existiendo entre la gente en México. Porque una cosa era la amistad —salir en la noche, ir a los toros, a jugar futbol los domingos allá en los llanos de Tulyehualco— y otra muy distinta el resto de la existencia. Lalo, por ejemplo, entró a trabajar como *cerillo* en el Aurrerá de Parroquia y Universidad cuando tenía 15 o 16 años. Yo, a los 17, me fui a estudiar a una de las mejores y más caras universidades de Estados Unidos.

Mis padres eran intelectuales progresistas, personas profundamente interesadas en su país y en la cuestión social. Desde muy joven me formé en gran parte gracias a sus ideas y las de su medio social. Entre los amigos más cercanos de mi padre en aquellos tiempos figuraban Pablo González Casanova, Víctor Flores Olea, Luis Cardoza y Aragón, Antonia González de León, por ejemplo, que compartían sus posiciones de izquierda. Sin embargo, creo que fueron esos años, esas amistades y esas experiencias de mi primer barrio los momentos fundamentales de formación para mí, que me dieron una particular cercanía con la vida de la calle en México y me hicieron comprender el drama de la pobreza y la injusta desigualdad de condiciones y de destinos.

En principio hubiera debido seguir una carrera en una universidad privada de México, como el ITAM o el Tecnológico de Monterrey, para después ir a hacer un doctorado de economía en Yale, Harvard, Stanford o Chicago, para volver a México y trabajar en el gobierno o en la iniciativa privada, con prácticamente todo el camino ya marcado. El país costeó la formación de la tecnocracia desde los años cuarenta y ello le confirió la posibilidad de contar con una administración pública, en términos generales, mucho más competente, y eficaz que la del resto de América Latina; todo esto gracias a las becas de la Secretaría de Hacienda de Suárez de los años cuarenta y del Banco de México de Rodrigo Gómez a principio de los cincuenta.

La contrapartida de eso, por supuesto, fue que la clase política mexicana fue en muchos sentidos de menor calidad que la del resto de América Latina; somos un poco el espejo invertido de la situación en América Latina. Dicha tecnocracia fue convirtiéndose en uno de los logros más notables de la educación mexicana, de la modernización del país y del sistema político, ya que además de ser técnicamente muy competente y socialmente homogénea, también se ponía la camiseta, se identificaba con el régimen priísta porque este régimen les conseguía la entrada a la universidad, las becas en las universidades norteamericanas y el regreso a México; quizás el mejor ejemplo de esto es Ernesto Zedillo: un joven de clase media baja de Mexicali que viene a la Ciudad de México, donde vive una existencia que no tiene nada de aterciopelada, que tuvo una formación de economía en México en el Politécnico a principios de los años setenta, y que sin embargo, gracias a la beca del Banco de México que obtiene, por distintos caminos puede ir a una de las mejores universidades del mundo, obtener su doctorado, y regresar a México con un empleo asegurado en la institución que lo apoyó, donde irá haciendo carrera poco a poco hasta llegar al lugar al que llegó.

Mi caso era aún más evidente. Simplemente, siguiendo el ejemplo de mi padre y dado el nivel de puesto que tenía en el gobierno federal, hubiera debido seguir la trayectoria típica —y lógica— de la aristocracia política mexicana. Hubiera podido, incluso, militar en el PRI para luego ser parte del mismo gobierno y del sistema. Yo tenía 15 años en el 68, y los estudiantes de 20, 21, 22 años de esa época se politizaron en extremo, participaron en el movimiento y luego siguieron un camino de activismo, de izquierda. Justamente por el contacto con la pobreza en México y por el espíritu de protesta y cuestionamiento que se desarrollaba en esa época en el mundo entero, y en particular en escuelas y comunidades afectadas por el mayo 68 francés y el octubre 68 en México, seguí un camino diferente al que me hubiera tocado: salí a estudiar fuera, me radicalicé hacia la izquierda, comencé a entrar rápidamente en contacto con América Latina, y me alejé años luz de cualquier destino priísta o gubernamental tecnocrático. En 1973, al terminar la universidad en Estados Unidos, algunos de mis cuates de aquí y otros amigos norteamericanos realizamos durante cinco meses, un viaje en automóvil de ida y vuelta de México a Brasil. Y, en esta ocasión, pude iniciar casi el mismo contacto con la pobreza latinoamericana, con la desigualdad que impera en el subcontinente, una experiencia fundamental que no necesariamente podía compartir con colegas o amigos de aquella época de círculos semejantes al mío en México.

El haber dado clases durante 25 años en Ciudad Universitaria y en varias universidades en Estados Unidos y en Europa, pero también el haber conocido la educación francesa, norteamericana e indirectamente mexicana, me despertó una curiosidad aguda en todo lo tocante a los temas educativos. No soy, y nunca he sido, un perito en la materia; soy más bien alguien que siguió distintos procesos educativos de cerca, o como educando o como educador. Esta experiencia personal es una de las razones que me han llevado a concluir con muchos otros en México, que el reto más importante que enfrenta el país para su competitividad de mediano y largo plazo es el de la educación.

Si bien en las páginas que siguen propondré algunas reformas generales, mi propio itinerario me ha llevado a reflexionar sobre algunos aspectos que no derivan directamente en esas reformas, pero que deben ser objeto de debate y discusión. El haber hecho mis estudios de secundaria y preparatoria en el sistema educativo francés me permitió conocer a la vez sus fortalezas y debilidades. Entre las primeras se cuenta el énfasis en la redacción y en la capacidad de síntesis; las matemáticas, la disciplina intelectual, la vinculación entre la posibilidad de pensar algo claramente y expresarlo con no menos claridad, así como la división de la enseñanza, por distintos caminos a partir del décimo año de la educación, o ya por el lado de las ciencias o el de la economía, o bien por el de la filosofía y la literatura; su alto grado de centralización y la existencia de un examen final al término de los doce años, que es a la vez certificado de fin de estudios y condición de ingreso a la universidad. Entre los defectos de la educación francesa pre-universitaria hay que mencionar: la ausencia radical de deportes, la ausencia radical de música, la ausencia relativa de idiomas. No es ninguna casualidad que, aun a estas alturas, la población francesa exhiba grandes dificultades para dominar cualquiera de los idiomas del resto de la Unión Europea, el inglés, el alemán o el español.

El tiempo que estuve en Estados Unidos en la universidad, o posteriormente con mi familia y mis hijos en ese país, me permitió comprender también el sistema educativo americano con sus fortalezas y debilidades. De entre las primeras: la enorme disponibilidad de recursos en las universidades privadas o públicas de elite, el énfasis en los deportes y las actividades llamadas extracurriculares, y la existencia de la división entre escuelas y universidades de elites y generales, pero con un elevado grado de movilidad social en las de elite, sin duda mayor que en Inglaterra o que en Francia. Las debilidades de esta educación americana también son claras: la incapacidad de redactar, los niveles más bajos entre los países industrializados en muchos aspectos, sobre todo en la primaria y la secundaria, lo cual empieza a cambiar en la universidad, y el carácter altamente descentralizado estatal e incluso municipal, que evita la homogeneización de la enseñanza y la educación en todo el país.

El sistema mexicano, incluso el privado elitista, para no hablar del público de masas, encierra muchas de las desventajas hoy de ambos sistemas: del sistema francés obligar a los jóvenes de 18 años, al término de su educación media superior, a tomar decisiones de vida que difícilmente se encuentran en condiciones de poder tomar: decidir en ese momento qué van a hacer en la vida, si entrar a la facultad de derecho, de medicina, de ingeniería, de odontología, o de filosofía, para ser abogados, médicos, ingenieros, dentistas o filósofos. Tal vez en algún momento sea necesario en México ir avanzando hacia un sistema más a la americana, en esta materia por lo menos, es decir, permitirle a los jóvenes que transcurran dos o tres años después de terminar la preparatoria para poder decidir qué quieren estudiar o hacer en la vida. Ya es por cierto el caso en algunas universidades privadas en México, a través de un tronco común de mayor espectro y mayor duración. De la misma manera, pero a la inversa, es probable que la descentralización educativa que se puso en práctica en México desde 1992, y que refleja en gran medida el esquema norteamericano, sea algo que con el tiempo debamos rectificar, pues la descentralización norteamericana agudiza las desigualdades entre distintas regiones de la República, mientras que la centralización francesa tiende a garantizar una mayor homogeneidad o, por lo menos, el intento de la misma hacia el futuro.

Lo que sí puedo destacar con el paso del tiempo es que la educación francesa me entregó, como toda educación, activos y pasivos, sin duda, pero sobre todo una capacidad de síntesis, de redacción, expresión de un pensamiento claro, en una medida muy superior a lo que proporciona una educación americana o de otras partes del mundo. El cartesianismo francés, las repetidas pruebas de redacción o de disertación obligan a aprender a escribir bien, breve y claro. Los pasivos de la educación francesa también los he arrastrado a lo largo de la vida: las interminables discusiones, en ocasiones hasta talmúdicas sobre distintos puntos, donde es más importante discutir los pros y contras, las ventajas y desventajas, los distintos aspectos de una cuestión, que llegar a una solución o a una postura clara. Mi tendencia al debate infinito, mi tendencia al análisis por encima de la propuesta clara, mi proclividad por discusiones bizantinas sobre temas en ocasiones insignificantes, sin duda reflejan mi propio carácter pero también la educación francesa que recibí de joven. De la educación americana recibí una visión más amplia del mundo, el liberalismo que sólo los anglosajones pueden transmitirle a los demás, pero también una cierta dosis de superficialidad propia de la educación de los Estados Unidos. El mismo sistema del *college*, e incluso las lecturas exageradas de distintos autores, de distintas épocas y de distintos temas, garantizan un conocimiento amplio pero superficial de demasiadas cosas, y en esto llevo también la huella de esa educación.

3. La segunda gran reforma: la educación

Una reforma estratégica

México necesita grandes reformas, pero el ámbito educativo es prioritario. Obviamente, en nuestro país destacan numerosos problemas sociales cuya solución es verdaderamente apremiante y cuya atención debe ser mejorada. Pero por dramáticas que sean las consecuencias de los rezagos en materia de salud, de vivienda o la propia pobreza, las mejoras obtenidas en estos frentes no surten el impacto de los posibles avances en la educación sobre el conjunto de la sociedad. Dada la evolución técnica y económica a nivel mundial, con cada año que pasa nuestro rezago en educación se agrava; esto significa que todos nuestros problemas se agudizan porque, cada vez más, la educación está en el centro de todo y es más decisiva para el presente y el futuro.

Para México la educación es estratégica. Encierra incidencias cruciales en todos los aspectos sociales y cívicos; en todos los procesos económicos; en la realización personal de cada mexicano, nos permite acceder a mejores oportunidades, comprendernos mejor a nosotros mismos y a los demás; nos abre las puertas de la cultura universal. Es indispensable para que mejoremos los niveles de salud y de vivienda, y si no logramos progresar en materia de educación, no resolveremos el inmenso y doloroso problema de la pobreza. Sin un sistema educativo moderno y funcional es imposible reconquistar la movilidad social que México llegó a tener durante tres décadas a partir de los años cincuenta y que posteriormente comenzó a perder a causa de las recurrentes crisis económicas de las que, hasta la fecha, no se ha recuperado. Sin reformar la educación es imposible que la totalidad del país sea competitiva, lo cual implica el riesgo de que pierda su unidad, de que se fragmente en distintos países —uno integrado a la economía de Estados Unidos, otro de desarrollo medio ligado al narcotráfico, y otro más, en el sur, inmerso en el subdesarrollo—. Y, de hecho, la seguridad jurídica, cuya importancia en la vida nacional se acaba de subrayar, no puede ser realizada completamente sin mejorar el nivel general de educación.

Aspectos del problema

Nadie ignora que México padece un gran rezago educativo, tanto en lo que se refiere a las necesidades sociales y económicas del país como con otros países de desarrollo comparable al nuestro que, en principio, no debieran gozar de un nivel educativo superior y que sin embargo lo tienen.

Además, el rezago educativo mexicano reviste una significación diferente dependiendo de con quién nos comparamos. Si es con Estados Unidos y Canadá, que concentran más del 90% de nuestro comercio exterior, el reto es inmenso, el rezago es altísimo aunque el nivel educativo de Estados Unidos no es especialmente elevado dentro del mundo desarrollado. Si nos comparamos con los países de la OCDE, estamos siempre en el último lugar, lo cual es lógico porque somos el único país no rico dentro de ésta y, por cierto, sabemos que estamos ahí únicamente porque Carlos Salinas trató, con medios como ese, de convencernos de que gracias a su administración ya no éramos un país pobre.

Pero aun cuando la OCDE ha realizado comparaciones internacionales como el Programa Internacional de Evaluación de Estudiantes (PISA por sus siglas en inglés) ampliando el número de países en sus estudios, el hecho es que México llega en un lugar muy bajo, sobre todo si se examinan las cosas más allá del resultado aparente. Por ejemplo, si comparamos la situación educativa de los jóvenes mexicanos y chilenos de 15 años, México alcanza un resultado un poco mejor en matemáticas, lectura y ciencias, pero en Chile la cobertura de la secundaria es dos o tres veces superior a la cobertura en México. Aparentemente la comparación no es mala para México, pero el problema es que de 100 niños que salen de la primaria, sólo 90 entran a secundaria, de los cuales entre el 40% y el 50% no la terminan.

En muchos casos, la comparación de PISA con los países latinoamericanos no es con los de punta en materia de educación como Cuba, Costa Rica y Uruguay; o no se toma en cuenta la superioridad económica mexicana frente a países con quienes compartimos más o menos el mismo nivel educativo. Tenemos el cuarto lugar de ingreso per cápita en América Latina, pero el octavo o noveno lugar en casi todos los índices educativos de la región. Como lo demuestra Eduardo Andere (*La educación en México: ¿Un fracaso monumental?*, 2003) a partir de las comparaciones de la UNESCO realizadas en 1997, países como Cuba, Argentina, Chile, Brasil y Colombia, nos superan en resultados globales para lenguaje y matemáticas. No tenemos los niveles educativos que corresponden a nuestros socios comerciales, al grupo de países al que decidimos pertenecer o al grupo de países de desarrollo comparable al nuestro; he allí el tamaño del reto que enfrentamos.

Causas. El origen del dilema educativo de México yace en muchos factores, algunos de ellos relativamente bien conocidos. En 1960, la educación promedio del mexicano era de menos de tres años de escolaridad. La necesidad de alfabetizar a la población y dotarla de instrumentos educativos básicos hizo que durante los años sesenta, setenta y ochenta se enfatizara el aprendizaje de ciertas técnicas básicas —leer, escribir, sumar, restar— y de algunas fechas históricas y datos geográficos fundamentales. A principios de la década de los ochenta, sin embargo, se siguió haciendo lo mismo siendo que era ya necesario desplegar esfuerzos diferentes. Es cierto que no había ya tampoco la capacidad presupuestal, ni social, ni técnica, para operar los cambios necesarios. Pero el resultado está ahí; esta situación fue uno de los factores del empobrecimiento educativo a largo plazo.

El segundo factor, sin duda el más importante, es la enorme carga demográfica. La educación se masifica cuando, a partir de 1960, empiezan a llegar a la edad escolar los niños y jóvenes de lo que podríamos llamar el *baby boom* mexicano de los años cincuenta y sesenta. El país hizo un enorme esfuerzo para incorporar a todos ellos a los diferentes niveles educativos —primaria, secundaria, preparatoria y universidad— y hubo la capacidad, en parte, de contratar maestros, así como de construir escuelas y universidades. Pero no había manera de masificar y de aumentar la calidad a la vez. Era una cosa o la otra. La carga demográfica era superior a lo que cualquier sistema podía soportar: fue la consecuencia de tasas de crecimiento demográfico superiores al 3% anual desde 1950; sólo hacia finales de los años setenta empieza a declinar la tasa.

Lo anterior nos recuerda que es indispensable ajustar constantemente nuestros métodos y criterios para la educación, porque los parámetros fundamentales de México —y de nuestra relación con el resto del mundo— en materia de educación se hallan siempre en rápida evolución. La lentitud de nuestra adaptación se paga con rezagos suplementarios.

Las comparaciones con el pasado son difíciles, pero existen motivos para pensar que el aprendizaje, los conocimientos, la asimilación y los instrumentos educativos de los niños y jóvenes en el México de hoy, aunque se hayan registrado progresos y aunque sean superiores a los de hace treinta años, no nos han llevado a un nivel suficiente; por ejemplo, los contenidos de los programas de los distintos niveles educativos, pero en particular los de educación básica, no reflejan el cambio tan dinámico que ha experimentado el contexto que vivimos.

Y efectos. En relación con las necesidades del país, hay un rezago evidente: sabemos que no existe una oferta de mano de obra adecuada para cubrir la cantidad de puestos vacantes tanto en el sector privado como en el gobierno. Las empresas, las tiendas, los bancos y los organismos gubernamentales buscan personal y no encuentran gente calificada (en todo caso, con los salarios que pueden pagar, lo cual indica que si la hay es sumamente escasa). Al mismo tiempo, sabemos que hay una gran cantidad de gente que sale de las universidades y de las escuelas preparatorias y no encuentra empleo. Son esos famosos "desempleados con diploma" que, en el fondo, nos están enviando la señal de alarma de que carecemos de un sistema educativo adecuado a lo que el país necesita. Este fenómeno se observa en todos los ámbitos, en los niveles salariales bajos y en la mala calidad de los servicios. En una palabra, hay mucho desempleo y mucha oferta de trabajo que no encuentra personal adecuado: la peor de las situaciones.

Esto es especialmente evidente. Un ejemplo que todos conocemos reside en esa gran dificultad en los restaurantes para que nos cobren con la misma rapidez que en otros países. En México el mesero trae la cuenta, la deja, se va, vuelve para llevarse la tarjeta y se va nuevamente a pedir la autorización, regresa nuevamente para que uno firme el voucher y se marcha una vez más, luego retorna por el papel firmado y se vuelve a ir, en principio para comparar la firma con la de la tarjeta y, al cabo de cuatro o cinco idas y venidas, regresa finalmente para devolver la tarjeta. No hay prisa para cobrar rápido, y ello no sólo es asunto de que no hay un segundo turno en la comida o la cena, o de que el restaurante no está lleno, sino sobre todo de una deficiencia en la educación que dificulta al mesero ya no digamos hacer las cosas de un tirón, sino atender cinco, seis o diez mesas como sucede en Alemania o en Francia, donde no hay ni lejanamente veinte personas para atender un restaurante. También es cierta la insistencia por parte de los restauranteros por vender más alcohol mientras la gente espera. La baja calidad de los servicios en México —en la banca, la restaurantería, la hotelería, el comercio departamental— y en el ejercicio de oficios como la plomería, la mecánica, la electricidad y otros tiene muchísimo que ver con la calidad de la educación.

La situación es diferente en la industria. En el trabajo de las fábricas se observa una inmensa destreza y capacidad de aprender. Los industriales mexicanos han entendido que es importante retener y capacitar constantemente a los trabajadores para conservarlos. El trabajador industrial mexicano alcanza niveles de productividad más elevados que los de sus contrapartes en Estados Unidos, Europa o en otros países, a diferencia de los prestadores de servicios, porque para su trabajo no depende tanto de la educación formal sino de la capacitación, del aprendizaje directo en el puesto, así como de la destreza individual y otras características. En cambio, el trabajador de servicios depende efectivamente de cierto nivel educativo, de saber sumar y restar rápidamente, de saber organizar sus tiempos sin supervisión de alguien más. Su contacto con el público también requiere una mejor educación formal para ser realmente eficaz. El encuadramiento y la disciplina de trabajo en la fábrica es muy distinto al de un hotel, al de un banco o al de una tienda departamental.

Inequidad. Los problemas educativos en México no tienen solución inmediata porque son tan vastos que sería muy difícil resolverlos con una medida única; subsiste un problema de cobertura y de inequidad, es decir las escuelas en las regiones, los estados, las ciudades y los barrios pobres son mucho peores que las escuelas en las regiones, los estados, las ciudades ricas. Las escuelas públicas de Nuevo León, si bien no son escuelas públicas de primer mundo, son escuelas públicas aceptables. Las escuelas públicas en Chiapas, no. Esta diferencia es el reflejo de una característica de nuestro sistema educativo y que para muchos es el más grave, a saber, la inequidad. Las políticas educativas no sólo no han eliminado los rezagos de amplios sectores de la sociedad, sino que han permitido que, con el crecimiento de la matrícula escolar, estos rezagos se desarrollen y las desigualdades se amplíen: entre escuela pública y escuela privada, entre escuelas del norte y escuelas del sur, entre escuelas de la ciudad y escuelas del campo.

Pero la inequidad no sólo se debe a disparidades regionales. En México, la primaria y la secundaria tienden a encontrarse relativamente cerca del domicilio; eso permite que hasta los primeros años de secundaria, pero sobre todo en la primaria, los niños mantengan un cierto arraigo geográfico y se muevan menos, que haya menos problemas de transporte escolar y se requiera menos tiempo para ir y venir de la escuela, y que los estudiantes sean parte de su comunidad, que se encuentren en su escuela a sus vecinos. Pero como la población en ninguna ciudad se halla repartida equitativamente por niveles socioeconómicos, este fenómeno provoca ciertamente una discriminación o segregación, donde, por ejemplo, los habitantes de las zonas ricas tienden a tener mejores escuelas públicas que los habitantes de las zonas medias o pobres. Si se pauperiza una zona, las escuelas públicas en ella bajan de calidad. En México esto es especialmente flagrante. Sólo una política que busque sistemáticamente esquemas financieros y de dotación de personal para compensar las diferencias sociales, puede comenzar a resolver este problema.

La inequidad del sistema educativo reviste diversas manifestaciones: agravación del desequilibrio regional, desatención de los grupos más débiles (indígenas, rurales, mujeres, discapacitados), baja calidad en los servicios destinados a estos sectores, reprobación, deserción, desatención de factores sociales y económicos que inciden en las posibilidades de escolarización de niños pobres, nula pertinencia, baja participación de la mujer en grupos débiles, pocas oportunidades de educación preescolar e inicial, entre otros.

No hay panaceas. No hay ninguna medida que por sí sola pueda transformar la educación en México y radicalmente superar el rezago. Ninguna medida única, y sobre todo no el dinero por sí solo. El problema presupuestal es real. La disminución del gasto en todos los rubros de la educación durante los ochenta —presupuesto, salarios de los maestros, gasto por alumno, aportaciones de estados y municipios, y los altibajos en el financiamiento público— es factor del deterioro educativo. Sin embargo, el problema es menor hoy porque hay una mayor proporción del presupuesto y del gasto dedicada a la educación que en el pasado, y ese mayor presupuesto ya alcanza niveles que permiten tener una calidad educativa mejor, a pesar de las cantaletas en el sentido opuesto. La izquierda tradicional, por ejemplo, afirma que la meta es llegar a asignar 8% del PIB a la educación y esgrime esta cifra como una condición necesaria para avanzar. En México estamos cercanos al 7%, si consideramos el gasto privado y público. Pero hay que evitar el fetichismo de los porcentajes del PIB, que con frecuencia sirven como una excusa para no actuar. Desde luego, hay que asignar a la educación los fondos más cuantiosos que sea posible. Pero no basta.

Se puede incluso pensar en otros tipos de financiamiento. Por ejemplo, en muchos países hay algún tipo de financiamiento local de la educación, básicamente a través del predial, que es el impuesto municipal por excelencia. Esto es especialmente cierto en Estados Unidos, en Chile y en Brasil. Elevar el impuesto predial, que en México representa un porcentaje ínfimo del PIB, el 0.2%, y en proporción es la décima parte de lo que acumula Chile, es una decisión que presenta problemas pero también ventajas, si se quiere financiar la educación así. Permite establecer un vínculo entre lo que se paga y lo que se recibe: se paga un impuesto predial alto y se dispone de una escuela de calidad para los hijos a cambio. La problemática de sufragar la educación a nivel federal y de cómo actualmente los estados administran el gasto es que este vínculo no se percibe. Y con el vínculo se pierde parte de la preocupación ciudadana y de los padres de familia por mejorar la educación.

Es indispensable entender que no hay soluciones únicas, hay que atacar en varios frentes. No basta sacar la constancia de las carencias. Aunque se hizo mucho por la educación en el siglo pasado cada vez que se le consideró una prioridad, y aunque cada candidato y cada presidente han prometido que lo será, el hecho es que dejó de serlo hace varios decenios. A pesar de las declaraciones, la educación no se asume como prioridad aunque no es frágil la convicción del papel central que desempeña. Se considera como fundamental, pero siempre se encuentran tareas más urgentes y se continúa sacrificando el mediano plazo al corto plazo, con el resultado de que nunca salimos de dificultades.

Lo primero que hay que hacer si buscamos un sistema educativo capaz de sacar al país de sus predicamentos actuales, es ver la educación como una prioridad nacional. Esto significa que el gobierno ponga el dedo en ese renglón de manera permanente, que lo privilegie respecto de otras tareas que también son esenciales, que lo privilegie empujado por la convicción de que si no, nunca saldremos de la urgencia. Se trata de dar a toda la administración de la educación el apoyo y el reconocimiento que merece; se trata de poner a todas la secretarías en sinergia con la de Educación Pública, para que aporten lo que deban y lo que puedan; se trata de movilizar al conjunto de la sociedad: de disponer de los considerables medios de comunicación del Estado para sugerir, recibir, difundir iniciativas de apoyo a la educación; se trata de dejar de hacer lo que se hace mal y de hacer más lo que se hace bien gracias a la atención constante de las más altas autoridades y a su comunicación efectiva con todos los actores de la educación. Se trata de que el presidente mismo no deje de pensar un solo día en la educación.

Por la magnitud del reto, he pensado que cuatro de los frentes en los que hay que avanzar ya son: uno en primaria, uno en preparatoria —que también abarca el tema de la secundaria— el universitario o de ingreso a la universidad, y la planificación a largo plazo.

La jornada completa

Comparaciones recientes hechas por empresas mexicanas de mercadotecnia entre los niveles de capacidad de aprendizaje y asimilación de niños mexicanos, argentinos y brasileños demostraron que un niño argentino de ocho años posee los niveles de entendimiento de uno brasileño de nueve y de un mexicano de diez. Es decir, un niño mexicano de esa edad tiene, en promedio, un rezago de dos años frente a un argentino. Argentina tiene una larga tradición de buena educación pública; empero, aunque el empobrecimiento de la sociedad argentina a lo largo del último medio siglo haya disminuido ese nivel, el mexicano está muy por debajo. No debemos resignarnos a continuar este patrón de subeducación de la inmensa mayoría de nuestros niños: los que no pueden pagar una escolaridad de calidad. No debemos resignarnos a que los niños de las clases medias altas tengan una educación de primera y los otros de segunda o tercera.

Ni el nivel del país, ni nuestra historia reciente, ni nuestras capacidades nos condenan a seguir subdesarrollando la educación pública. Los niños mexicanos que saben leer y escribir pertenecen ya a la segunda o tercera generación, mientras que hace treinta años podían ser apenas la primera generación que aprendía a hacerlo. Es una diferencia enorme, porque todos sabemos la importancia que tiene el entorno familiar para la educación escolar. Contamos con muchos maestros con gran experiencia y dedicación. Los padres de familia son cada vez más conscientes de la importancia y de la factibilidad de tener una buena educación. Existe toda una batería de libros de texto gratuitos, algunos bastante buenos, aunque, por ejemplo, los que tratan de la historia y la sociedad podrían mejorar; no debe ya haber una historia oficial, que lo único que logra es dividir a los mexicanos y no ayuda a desarrollar ni el conocimiento de nuestro pasado, ni el sentido crítico. Y, por otra parte, a las innovaciones que se han hecho sobre derechos humanos hay que añadir temas como, por ejemplo, la cultura del Estado de derecho y todo lo que implica vivir en democracia. Es evidente asimismo que se requieren múltiples reformas educativas de todo tipo, y que también se debe equipar a las escuelas para que haya, por ejemplo, computadoras en todas las primarias, lo que implica entre otras cosas, la existencia de conexiones telefónicas, y quien las sepa usar y enseñar a usar.

Sin embargo, hay que comenzar por lo más importante. La primaria mexicana reviste varios aspectos pedagógicos que disminuyen la eficacia de la enseñanza y que la hacen poco competitiva con sistemas educativos análogos en otras partes del mundo. Una de ellas es la manera de privilegiar el sistema de aprendizaje de memoria, que tiene que ver mucho con la pedagogía que se puso en práctica en los años setenta y que incluye idiosincrasias tales como aprender a escribir con letras de molde, o memorizar un gran número de fechas patrias o hechos puntuales de otro tipo, o bien, recurrir a métodos de enseñanza muy tradicionales de aprendizaje por repetición. Pero quizás la peculiaridad más contraproducente es la breve duración de la jornada escolar. El promedio es de menos de cinco horas diarias; cuatro horas y media el primero y segundo años, llegando hasta cinco horas y media al final, menos el tiempo de recreo, que es de media hora. Lo cual significa en primer lugar que el número de horas por jornada es muy inferior a las seis o siete horas que dura en países de desarrollo comparable o superior. Si comparamos el número de horas-clase por año escolar, nos dice Ornelas en *El sistema educativo mexicano*, en México promediamos 800 horas en primaria por año escolar; en Japón, 1,600; en Inglaterra, 1,720; en Guatemala, 1,760; en Estados Unidos, 1,320 y en Canadá, 1,500. Es decir, tenemos prácticamente la mitad que en países con los que tenemos relaciones económicas de todo tipo y son también competidores nuestros, y eso sin considerar que el promedio mexicano citado dista mucho de existir en la realidad, debido al elevadísimo número de faltas, paros, feriados, extraordinarios, etc. Basta saber que en Guerrero, por ejemplo, los niños asisten a la escuela sólo 125 días al año.

La doble reforma de la jornada completa. Por ello probablemente la reforma más importante para la primaria en México es la prolongación de la jornada hasta lo que se llama la jornada completa, llegando a las siete horas que existen en la mayoría de los países de desarrollo comparable y en función de la cual los niños entran a las ocho o nueve de la mañana pero salen hasta las cuatro o cinco de la tarde. Esto encierra una serie de implicaciones educativas y no educativas de gran importancia, que incluyen importantes beneficios para la sociedad. Es una propuesta que otros, desde el SNTE hasta el candidato del PRI en las elecciones de 2000, han planteado. Su trascendencia no yace en su novedad.

La jornada completa en la primaria puede transformar la enseñanza; es una condición necesaria, mas no suficiente. Cambiar la estructura de horarios de la primaria permitiría —de hecho exigiría— cambiar los contenidos, separarse de la memorización de fechas y de hechos, para ir adquiriendo nuevas capacidades. Por otra parte permitiría agregar, al obtenerse las horas necesarias, otras actividades que también son indispensables no sólo para un desarrollo armonioso y completo, sino para mejorar las posibilidades de adquirir una carrera o un oficio que permitan mejorar la situación de origen. Se trata de actividades como el deporte, la música, el dibujo o el arte, los talleres de computación, e incluso los talleres de idiomas; todos ellos fomentan habilidades y competencias muy variadas, y sobre todo permiten socializar más y mejor a los niños. Todo esto sin hablar de periodos de recreo más espaciados, y en su caso incluso más largos. La jornada completa permitiría también dar una atención mayor y más provechosa a los niños en dificultad escolar. Y esto también es indispensable.

Estas dos reformas, la de los métodos y contenidos y la del horario, deben darse conjuntamente para que cada una produzca la plenitud de sus efectos positivos. En efecto, por una parte, los horarios actuales no permiten mejorar los métodos ni la estructura escolar en su conjunto, y por la otra, como indican expertos e investigadores, aumentar el horario escolar sin reformar el currículo no garantizaría mejores resultados. Las evaluaciones muestran que los resultados de los alumnos mejoran significativamente en los casos en los que, paralelamente al aumento en el número de horas, se ha reestructurado el currículo, se han introducido nuevas formas de aprendizaje, se ha aprovechado el uso de nuevas tecnologías y se han introducido medidas importantes en cuanto a capacitación del personal docente, organización de la escuela y del trabajo de los docentes, incluyendo el trabajo en equipo. Es igualmente necesaria una compensación salarial suficiente, y crear una relación más estrecha con la comunidad que permita a los padres y a la sociedad en general participar más activamente en la escuela.

Las horas adicionales no sólo propician que maestros y alumnos se aventuren en nuevos ámbitos de la vida cultural educativa, sino también un aprendizaje diferente durante las horas de aula, siendo éstas más "aireadas", espaciando el aprendizaje más cerrado, más ortodoxo y, a la vez, se vuelven condición necesaria para cambiar el método tradicional de enseñanza y empezar a instituir el método de aprender a aprender, que permita que los niños empiecen a adquirir las capacidades para aprender lo que no saben, dentro y fuera de la escuela.

Y eso es lo que hay que lograr. Es altamente probable que, si se le da el acompañamiento necesario a la jornada completa, suban los niveles de asimilación, de conocimiento y de capacidad de aprender de los niños mexicanos.

Beneficios secundarios. El primero, cuya importancia es evidente, es permitir a las madres de familia que han ingresado a la fuerza de trabajo no abandonar sus labores a la una de la tarde para ir por los niños a la escuela, o esperarlos en la casa, o pasar las últimas tres horas de la jornada preocupadas porque los niños estén solos en la casa. La incorporación de las mujeres al mercado de trabajo ha aumentado considerablemente en los últimos treinta años; representan el 33% de la población económicamente activa, y en las áreas urbanas hasta el 37%. Por otra parte, cada vez son más numerosos los hogares que están a cargo de un solo cónyuge; de los casi 23 millones de hogares mexicanos, 20.6% están encabezados por mujeres.

La reforma de la jornada completa surte efectos en la economía en general —al liberar tiempo para trabajar y dar mayor disponibilidad mental para aumentar la productividad—, pero también reviste una incidencia adicional en materia educativa: todos sabemos que madres menos "estresadas" por la dificultad de aunar la vida profesional y familiar, están más disponibles y pueden por lo tanto ocuparse de sus hijos más plenamente en el tiempo dedicado al hogar, y constituyen un apoyo para los niños que se traduce también en términos escolares.

El segundo efecto benéfico de tipo no directamente educativo tiene que ver con la alimentación. En la medida en que se organicen las horas de escolaridad con un corte al mediodía, será necesario proveer un almuerzo para los niños. El presupuesto de la SEP no da para asegurarle a todos los niños de la primaria un segundo alimento, así que habrá que hacer un esfuerzo particular. No obstante, se puede organizar esta comida en colaboración con los padres de familia, como se hace ya en muchos casos. Se trata de que los niños lleven o bien un almuerzo o parte de éste, de manera que reciban el alimento más nutritivo en la escuela y el complemento se los den los padres, o que los padres contribuyan con una suma módica (9 o 10 pesos por niño y por día) a esa alimentación.

Llegando a buenas soluciones compartidas entre padres de familia y escuelas, se les puede asegurar a los niños, y sobre todo a los de menores recursos, la segunda alimentación en la escuela además del desayuno escolar; en el caso de niños de familias de menores recursos, va a ser mejor ese almuerzo que el que recibirían en casa, más nutritivo, más consistente, más balanceado. Huelga decir que, aparte de sus beneficios en términos de salud, una mejor alimentación redunda en una mejoría en el aprovechamiento escolar.

Todo esto se hizo en alguna medida en el Distrito Federal en el sexenio anterior. La Subsecretaría de Primaria Federal del D.F. llevó a cabo el establecimiento de la jornada completa en 200 o 300, de las 2,000 primarias. En la gran mayoría de los casos el proyecto funcionó bien; en otras surgieron todo tipo de efectos imprevistos indeseables. En particular, en algunas escuelas no había actividades en las horas adicionales y por tanto los niños simplemente se dormían, por lo que los padres de familia pidieron que se volviera a reducir la jornada a las horas de antes; preferían que los niños estuvieran en casa en lugar de en la escuela, sin actividades bien definidas. Y es lógico. Por eso, la jornada completa requiere una transformación del conjunto de la enseñanza.

Una reforma de este tipo es sólo una condición necesaria que tiene que ir acompañada de varios otros aspectos: el acuerdo para la alimentación, la disponibilidad de espacio en el plantel, la disponibilidad del maestro o la maestra, un nuevo enfoque y la capacitación de los profesores, la disponibilidad de computadoras y de líneas telefónicas para Internet. Pero no hay que olvidar que algunos de estos incrementos en la calidad de la escuela llenan varios vacíos a la vez. Por ejemplo la computadora, que bien utilizada puede servir para el aprendizaje de la música, del dibujo, de los idiomas; se trata de aprender a usar la computadora como un instrumento para impartir y adquirir conocimientos, no como un fin en sí mismo.

Los obstáculos

Como todas las reformas importantes, esta doble reforma implica hacer esfuerzos extraordinarios. Esfuerzos financieros, claro está, pero también esfuerzos de imaginación y de adaptación a lo que sería una nueva realidad. Y como siempre en materia de educación, los maestros son un elemento clave. Son los que más tendrán que aportar. Y el país debe reconocer esto a todos los niveles.

Como es bien sabido, muchos maestros de primaria en México trabajan dos turnos, ya que el salario de uno solo no alcanza. Para resolver este caso, habría que contratar a un segundo maestro para cubrir las horas adicionales, o reubicar los dos turnos en un solo plantel, transformándolos en un turno largo con el mismo ingreso. Esto significa un esfuerzo importante de capacitación y de contratación. Pero también una posibilidad de trabajo más interesante y lleno de sentido para muchos hombres y mujeres.

Uno de los factores que posibilitan estos cambios consiste en las tendencias demográficas y de la enseñanza en el país, que revelan una caída de la matrícula en primaria. El segmento de población de seis a doce años es el que está disminuyendo más en el país, y por lo mismo, cae la matrícula en la primaria.

La reforma de la jornada completa significa también que muchos maestros tendrían que sacrificar el segundo salario. Eso requiere una negociación con el sindicato para lograr que al maestro se le paguen más horas por un solo turno. Su ingreso total tal vez baje marginalmente —no se puede pedir, dado el nivel de salarios, un mayor sacrificio—, pero se pueden diseñar mecanismos compensatorios; por ejemplo, con la instalación de una computadora en su casa, prácticamente gratis o con un pequeño descuento en su salario que al fin y al cabo es un ahorro para el maestro, y en caso de necesitarlo, también se le apoyaría con la instalación de una línea telefónica. Esto ya se negoció entre Teléfonos de México, la SEP, el sindicato de telefonistas y el sindicato de maestros a principios del sexenio de Fox. Este tipo de compensaciones son un proyecto viable que puede realzar el nivel cultural y educativo de los maestros, enriquecer su comunicación con el mundo a través de Internet, eficientar su capacitación para poder enseñarles a los niños el uso de las computadoras; un aporte más satisfactorio que un pequeño incremento en el salario, que no va a tener mayor repercusión. También se puede pensar en otro tipo de compensaciones; en todo caso, esto es algo que sólo se puede decidir en una negociación. Lo que sí se puede señalar es que las reformas se traducirían en una mejora sensible de las condiciones de trabajo de los maestros. Menos horas de trabajo para los que trabajan dos turnos, mejor salario para los que trabajan uno solo, y en ambos casos mejores horas, niños más socializados, más descansados, más educados, más interesados, gracias a los nuevos horarios y al abandono de la rutina de la repetición por otra pedagogía y nuevas materias. Actualmente los niños, apenas se acostumbran a estar en la clase, tienen que irse a su casa.

Otro problema indudable con la jornada se refiere al uso de los planteles; muchos de ellos cubren dos turnos y de prolongarse la jornada se sobrepondrían por lo menos durante un par de horas, generando problemas que habría que ir resolviendo caso por caso; pero hay que recordar que en esto interviene nuevamente la tendencia demográfica a la baja del segmento de seis a doce años, y año con año será más factible utilizar planteles para un solo turno. También hay que ver con los padres y madres de familia por qué los niños van al turno vespertino, analizar si no es posible que vayan todos al turno matutino, y ver en cuántas primarias del país es necesario conservar dos turnos.

¿Qué hay que hacer?

El dilema que siempre surge en México es el siguiente: ¿qué hacer?; primero, reunir las condiciones idóneas para una reforma de este tipo y luego ponerla en práctica; o proceder en las condiciones vigentes y obligar al surgimiento de las demás condiciones. A estas alturas es indispensable, y a la vez preferible, iniciar la reforma en ausencia de las condiciones idóneas que garantizarían su éxito; hay que lanzarla y, gracias a las demandas y exigencias que genere, ir reuniendo las demás condiciones. De otra manera, probablemente no se realizará. La doble reforma de la jornada completa es una primera gran reforma educativa que se ha vuelto imprescindible. Muchos están conscientes de eso. Pero no basta proponer; para realizarla hay que sostener la convicción de que la educación es prioritaria, que no hay que cejar, a pesar de los problemas que presenta, como toda reforma importante, porque la mejora de la educación es una condición necesaria para que accedamos todos a una vida mejor.

Un solo ciclo. La segunda gran reforma propone reunir los tres años de la educación secundaria y los tres años de la educación media superior en un solo ciclo integrado de seis años. En México, por distintas razones, desde los años treinta y setenta, los seis años subsiguientes a la primaria y previos a la educación universitaria se han dividido en dos ciclos: el primero, formado de tres años de secundaria, posee un estatuto aparte y constituye una unidad separada del resto; no forma parte ni de lo que viene después, ni de lo que está antes, y el segundo, de tres años de educación media superior, se ha vinculado tradicionalmente a la universidad. Esta segmentación se realiza por medio de un filtro a la salida de la primaria, el llamado examen de sexto año, y otro filtro que es el examen para ingresar al bachillerato al término de la secundaria, que es el único con una cierta homogeneidad a nivel nacional. Ambos exámenes tienen que ver con los niveles anteriores de desarrollo en México.

En la actualidad, el examen de sexto año sólo tiene alguna utilidad para quienes no van más allá de la primaria, ya que les permite mostrar un papel que prueba que por lo menos cursaron los seis años. Sin embargo, ya no es un criterio de aprendizaje ni una certificación que alguien pida para dar un empleo; es una formalidad escolar sin utilidad en el mundo del trabajo. Hace treinta o cuarenta años, cuando el promedio de escolaridad era de menos de tres años, contar con un papel que demostraba que se habían cursado seis años valía la pena. Hoy que el promedio es de casi ocho años, carece de sentido el examen de sexto. El propósito de establecer un filtro saliendo de la secundaria es el mismo que el del examen de sexto: proporcionar un papel a quienes dejan de estudiar en ese momento. Y de hecho, la deserción escolar en México empieza a aumentar dramáticamente a partir del octavo y sobre todo del noveno año de estudios, es decir, en tercero de secundaria; por tanto, poseer un papel que certifique haber terminado la secundaria podría parecer muy útil. En realidad, una certificación otorgada al final de cada año cursado cumpliría prácticamente la misma finalidad que el papel que se da tras el examen de fin de la secundaria. Sobre todo que, desafortunadamente, el costo de ese papel es la división de la educación escolar después de la primaria en dos partes. Esta división adolece de cuando menos dos graves inconvenientes. En primer lugar impide crear un programa integrado de seis años y obliga en cambio a establecer dos programas desarticulados de tres años, cuando el segundo es, en gran parte, la repetición ampliada del primero. El segundo inconveniente es mayor, ya que esta división confiere un carácter ambiguo a la educación media superior, que explica en gran medida los problemas que confronta. En pocas palabras: se ha creado un mosaico tal de sistemas de educación media superior en todo el país, que ya no hay un sistema coherente a nivel nacional.

¿Cuál es la situación de la educación media superior en el país? En el ámbito federal, como es sabido, la educación media superior se imparte en los Colegios de Ciencias y Humanidades (CCH) y las preparatorias; ambos forman parte de la UNAM, y gozan del pase automático a ella. En este caso, el filtro se da al entrar al bachillerato. En ciertos estados, las instituciones de educación media superior están separadas de las universidades; no están directamente bajo la supervisión de la secretaría de educación estatal y hay un filtro o un examen de ingreso entre educación media superior y la universidad, examen que puede ser el CENEVAL o puede ser, como en el caso de Puebla, el sistema de los *college boards* americanos. En otros casos, donde están incorporados todavía los institutos de educación media superior a las universidades estatales, hay pase automático como, en los hechos, en Guerrero. Pero no hay ningún estado en el que exista un ciclo único de seis años de educación secundaria o media con un examen nacional de salida al final del ciclo. Esta es la segunda gran reforma hoy indispensable: establecer un ciclo único de seis años en todo el país para todos los alumnos que salen de la primaria, y por la otra separar, también en la totalidad del territorio nacional, este ciclo de la educación superior.

Un ciclo único de seis años significa que quien lo concluya habrá cursado un plan de estudios único en toda su educación preuniversitaria. Implica, por ejemplo, que lo que se va a estudiar de geometría o de álgebra en el séptimo año no se va a repetir en el décimo año, y que lo que se va a aprender en el décimo año no se vio anteriormente. Entraña que no se vuelve a empezar en ningún momento; es un solo ciclo de matemáticas, de historia, de todas las materias: si se va a enseñar historia precolombina de las civilizaciones mexicanas en el séptimo año, no se va a volver a ver en el décimo, en éste se estudiará la historia del siglo XX, en el undécimo el fin de la Guerra Fría, en el duodécimo se examinará el México de la democracia.

Por otra parte, la secundaria en seis años permitirá una cierta especialización de los alumnos. Unos se especializarán en matemáticas, otros en ciencias, otros en economía. Eso es lo que sucede en todo el mundo, siguiendo orientaciones tradicionales, según cada país. En México habrá que estudiar cuáles son las tres o cuatro ramificaciones que podemos instaurar. Cada alumno podrá disponer de opciones, y luego decidir si va a la universidad o va a las universidades tecnológicas de tres años. Al instaurarse el ciclo único de secundaria, no se cambiaría el número de días de clase; se mantendría el mismo, que es comparable al de otros países. En todas partes hay días feriados, vacaciones de primavera, invierno, otoño, y claro, cada país tiene su esquema, sólo se trataría que se cumpla el calendario escolar. No es realmente problema de número de días, lo que cuenta es el número de horas por día y de calidad de las horas de clase.

Se podría objetar que, como resultado de esta reforma, lamentablemente, quienes abandonen la escuela al término del noveno año no estudiarán el México de la democracia, o el fin de la Guerra Fría o el siglo XX. Sí, pero uno de los objetivos de la reforma es hacer que el currículo sea lo suficientemente interesante para impulsar a los jóvenes a que continúen sus estudios mediante un sistema de becas de Oportunidades, de PRONABES y otros esquemas para la retención escolar, a fin de evitar o al menos disminuir lo más posible la deserción que existe a partir del noveno año. Lo deseable, y en eso todo el mundo está de acuerdo, es que sigan en la escuela. Pero resulta contraproducente pretender incluir todo el currículo en los tres años de la secundaria actual para atender a los alumnos que van a desertar, a costa de obligar a los que se quedan a repetir estos temas y volver a empezar todo en los tres últimos años, en detrimento de la calidad de su educación. El ciclo único, por supuesto, debe prever una salida eventual en el noveno año para ingresar a los Conalep o institutos técnicos para quienes así lo desean, ya que habrán adquirido una formación suficiente que podrá ser complementada. Así, con un nuevo esquema, si a partir del noveno año hay jóvenes que saben que, por distintas razones, no van a terminar los seis años, dispondrán de opciones educativas, no sólo la de desertar. Habrá sin duda adolescentes que abandonarán sus estudios. Para ellos lo importante es tratar de que puedan al menos asistir más tarde a la educación para adultos.

No se trata de volver obligatorios los tres últimos años de este nuevo esquema. No es un problema de obligatoriedad. Al integrarlos en un solo ciclo, se busca dar un sentido a dos niveles educativos que se han visto rebasados por el desarrollo social, económico y tecnológico. Esto permitirá fortalecer los componentes que garanticen una mayor calidad: formación docente, recursos, y sobre todo elaborar un currículo y diseñar una pedagogía para seis años. El ciclo único permite el programa de estudios único, el plantel único, el equipo docente único. En muchísimos países y en la educación privada, los seis años entre la primaria y la universidad se cursan con un solo plan de estudios y muy frecuentemente en el mismo plantel, con los mismos profesores; uno tiene un profesor de literatura en octavo año y se lo vuelve a encontrar en el undécimo, impartiendo la misma materia pero de manera más completa y elaborada. Con esta reforma se unifica el plan de estudios, el plantel y el equipo de profesores. Será necesario negociar las modalidades de adaptación de maestros y sindical a este nuevo esquema. Lo que es posible afirmar ya es que éste permitirá, como la jornada completa, mejorar las condiciones de trabajo al hacerlas más satisfactorias tanto en lo tocante al desempeño cotidiano como al fortalecimiento de la calidad de la formación docente. Muy probablemente, también reforzará los aspectos más operativos y positivos de los sindicatos, gracias, inclusive, a las adaptaciones que sin duda tendrán que efectuar: se puede contemplar la integración al SNTE de los actuales profesores de preparatoria en todo el país, como parte de una estructura federada, por ejemplo.

El ciclo de seis años no es una escuela vocacional. Si lo que se busca es salir de los doce años sabiendo manejar un torno, el camino es el Conalep a partir del noveno año. El nuevo esquema no va a dar un adiestramiento para la fábrica, pero sí un adiestramiento suficiente para poder usar una computadora de cierta sofisticación en una empresa, sí va a permitir manejar un grupo de gente, sí va a dotar de la capacidad de aprender una profesión que no necesariamente implique la universidad, sino del tipo que proporciona una empresa. Como son seis años en un estudio seguido, en un solo ciclo, a su término se contará con niveles de geometría, álgebra, de cálculo diferencial, de trigonometría, de computación, más una serie de capacidades, como por ejemplo la de redactar.

En México padecemos de severos problemas de escritura; los vemos en la universidad; lo veo en mis alumnos de postgrado; veo faltas de sintaxis y de ortografía aterradoras. Este problema incide incluso en la facultad de razonar, no sólo en la expresión. Es indispensable corregirlo, y el ámbito para hacerlo es el nuevo ciclo. Es indispensable para todos, no sólo para los que ingresarán a la universidad. Los demás, que van a integrarse directamente en el mundo del trabajo, necesitan capacidades de redacción.

La articulación de programas de seis años proporcionará a nuestros jóvenes la capacidad de aprender, pues mejorará significativamente la asimilación, comprensión de textos y retención, es decir, todos los mecanismos de aprendizaje, además de proporcionar la cultura general, por lo menos de geografía, historia, y los conocimientos mínimos de literatura.

Esta reforma no es una panacea; ninguna de estas acciones resuelve todos los problemas, pero sí resuelve algunos de los más graves y a la larga crea una estructura más moderna, más flexible, más a tono con lo que está sucediendo en el mundo. Podemos aspirar a que nuestra educación secundaria de seis años, sin ser la mejor del mundo, sí sea de un nivel muy superior al que impera hoy. Es de lo que se trata: de que nuestra educación deje de ser inferior a lo que podemos lograr.

La tercera reforma

La reforma de los actuales ciclos de secundaria y educación media superior permitiría, por otra parte, uniformar los programas de aprendizaje después de la primaria en todo el país y establecer la tercera gran reforma, a saber, la implantación de un examen nacional al término de los doce años de educación preuniversitaria. Es, además, la única manera de establecer un proceso que, sobre criterios explícitos y no arbitrarios, permita determinar qué alumnos pueden continuar en qué tipo de instituciones de enseñanza superior, y cuáles deben entrar en el mundo del trabajo, independientemente de que puedan beneficiarse de otros medios de instrucción o de capacitación profesional. Todos los mexicanos deben gozar del derecho a una educación superior pública, pero ese derecho, como todos, debe ser reglamentado.

El ingreso a la universidad se efectúa gracias a varios tipos de mecanismos, según si hay pase automático de las prepas o no, si las prepas están separadas de la universidad estatal o no. En otros casos las universidades usan su propio examen, el del CENEVAL, el de la Universidad de Baja California o los *college boards* americanos. En una palabra, impera una situación desordenada que no sólo genera despilfarro de tiempo y recursos, sino que, sobre todo, impide comparar a los alumnos que terminan la prepa de Tamaulipas con los que la terminan en Chiapas, en Sinaloa y hasta en el D.F. Sólo con un examen nacional se puede establecer un criterio de comparación nacional. El examen nacional permitiría, entre otras cosas, especializaciones estatales de las universidades, niveles cualitativos superiores por estado y una competencia entre universidades estatales y una cierta orientación de carreras.

Este examen puede ser de salida, es decir ser para evaluar lo que se aprendió en todas la materias, al estilo del bachillerato francés, o los *A-levels* de inglés, o del *Abitur* alemán, o del examen que se celebra en Chile; o bien puede ser un examen de ingreso a la universidad, que evalúe no tanto lo que uno aprendió sino lo que uno podrá aprender y utilizar: saber qué aptitudes se adquirieron para ir a qué tipo de universidades, a cursar qué tipo de carrera. O bien puede ser un examen cuya aprobación da acceso a la educación superior, como los *college boards* americanos, el Vestibular en Brasil o el examen de ingreso a la universidad en Japón. Hay que escoger entre uno y el otro; casi todos los países tienen uno u otro y muy pocos ninguno.

Concluir este ciclo único de seis años permitirá presentar el examen y obtener un diploma que servirá para tres opciones diferentes: uno, para entrar a la universidad; dos, si se opta por no ir a la universidad, ingresar por ejemplo a una universidad tecnológica por dos o tres años adicionales, y tres, incorporarse directamente a la fuerza de trabajo, pero con un diploma de validez nacional que, al nivel de desarrollo actual de México, marcará una diferencia. El examen funcionará así también como un incitativo a terminar los doce años de escolaridad preuniversitaria. Actualmente el salario que puede obtener un joven que haya cursado la secundaria no es mucho menor que el salario que puede obtener un joven que haya terminado la prepa; el incentivo a terminar la prepa es más bien sólo para poder ir a la universidad. El incentivo de ingresar en la educación media superior y terminarla es mínimo, porque la tasa de retorno es muy baja. Con el examen nacional único, la economía va a pagar más a quien obtenga el diploma al término de sus doce años que a quien no lo tiene, ya que será un diploma certificado nacionalmente, comparable nacionalmente y donde además se pueda mostrar el nivel alcanzado. Será el equivalente de lo que existía en Francia con el bachillerato hace unos treinta años, cuando todavía encerraba un valor elevado para el empleo, que ha perdido en gran parte al universalizarse prácticamente su aprobación.

Otra virtud del examen nacional reside en una cierta función vocacional. Las universidades públicas, a nivel nacional, van a ir adquiriendo una determinada especialización, y el examen dará también una pauta; claramente, alguien que obtuvo malas calificaciones en matemáticas no debe estudiar ingeniería. Si una universidad estatal con el tiempo se va especializando en ciencias, va a pedir un nivel más elevado de calificaciones para los que quieran estudiar ciencias. Muchos jóvenes eligen carreras careciendo de las aptitudes necesarias para ellas. Eso se puede detectar en un examen nacional de este tipo. Habrá quien quiera estudiar medicina; si el examen revela su falta de aptitudes para ello, no le quita el derecho de hacerlo, pero en una escuela privada, porque no tiene sentido que los contribuyentes financien una carrera para la cual no tiene aptitudes. Se van a cometer errores, sin duda, y habrá que corregirlos, pero el examen nacional puede tener esa función vocacional, de empezar a ajustar la oferta educativa a la demanda de la fuerza de trabajo, que es uno de los grandes dramas en México, el ya mencionado de los desempleados con diploma. Y es que hay un enorme desfase entre lo que produce el sistema educativo y que lo pide la economía pública, privada, moderna, antigua, competitiva, no competitiva: en todos los casos el desfase es abismal.

Un examen nacional puede ayudar a ir ajustando oferta y demanda conjuntamente con los mecanismos de mercado. Alguien que obtuvo un buen resultado va a entrar en una buena universidad y va a ser un buen egresado. No hay escasez de trabajo para médicos, o para ingenieros; la hay para los malos médicos o los malos ingenieros, o al menos para quienes el mercado percibe como malos ingenieros o malos médicos, a través de un mecanismo de discriminación.

Es preciso subrayar además que cursar una licenciatura no es necesariamente una panacea. Las universidades tecnológicas pueden proporcionar mejores alternativas de sueldos y posibilidades de empleo superiores a los que se ofrecen a egresados de muchas licenciaturas. Además es importante recalcar que los jóvenes de 18 años pueden cursar carreras cortas en otro tipo de institutos vocacionales, e ingresar al mercado de trabajo y regresar a la universidad, por ejemplo, a una maestría o un diplomado. El Estado debe fomentar este tipo de recorridos profesionales y promover su valoración social. De esta manera, el que no apruebe el examen y no pueda ingresar ni a la UNAM ni a las universidades estatales, podrá escoger una buena alternativa. Es cierto que también podrá optar por ingresar a instituciones privadas en caso de contar con los recursos económicos, o bien con una beca. Pero las instituciones universitarias que acepten a quienes no pasaron el examen verán bajar su calidad, y por ende disminuir su interés para los estudiantes. Por todo ello conviene insistir en que reprobar el examen no cierra la posibilidad de volverlo a presentar después de prepararlo mejor u obtener una equivalencia cursando algunas otras careras para entrar después al sistema nacional de educación superior, como sucede en todos los países del mundo.

Selección. En ningún país, salvo quizás en Cuba, existe un ingreso automático para todos a todas las universidades, independientemente de los resultados de los doce años previos; en todos hay un proceso de selección. La existencia de un examen nacional instaura automáticamente un proceso de selección en la educación superior, ya que el ingreso a la universidad dependería no única, pero sí primordialmente, de la calificación que se obtenga en el examen nacional. Si bien en un país con las desigualdades de México puede parecer paradójico establecer un examen de selección que inevitablemente agudizará algunas desigualdades, es cierto también que puede tender a reducir otras. En realidad, mantener la ficción de igualdad en materia de acceso a la educación superior aumenta y hasta fomenta la desigualdad, entre otras cosas porque hace bajar la calidad de la educación pública, la única a la que acceden las personas de bajos ingresos, y eleva la de un sector de elite de la educación privada. Esto hace que jóvenes sin recursos, aunque sean particularmente meritorios, se vean, progresivamente, excluidos de una educación superior de calidad. Esto es una injusticia para ellos, y un mal para el país. Para atenuar los inconvenientes del aspecto discriminatorio del examen, se tienen que buscar formas alternativas, de las que se hablará más adelante.

Con el examen nacional, los que lo aprueben pero tengan calificaciones muy bajas entrarán a las universidades de menor calidad. Como en todos los países, habrá universidades públicas de excelencia, universidades públicas de calidad y universidades públicas de menor calidad. Todos los ingleses, americanos o franceses pueden ingresar a universidades públicas. Pero no todos los egresados de la educación secundaria de Inglaterra van a Oxford o a Cambridge, y no todos los egresados de las escuelas de California van a Berkeley o a UCLA, y no todos los egresados de la educación pública francesa van al Polytechnique o a la ENA. Unos van a Berkeley, otros van a San Diego, otros van a Sacramento State y otros van a los *Community Colleges* de uno o dos años. No hay un solo nivel de universidad pública, sino varios, con estados más ricos que otros, con universidades con mayores recursos que otras o con niveles de excelencia diferentes.

Las mejores escuelas van a atraer a los mejores alumnos y serán cada vez mejores porque serán cada vez mejores los alumnos; al ser mejores las escuelas, obtendrán mayor financiamiento federal y estatal, podrán pagarle más a los profesores, y por tanto aumentará la dispersión y la innegable desigualdad entre las universidades. Por ejemplo, la UNAM tiende a ser mejor que las universidades estatales. Las universidades estatales de estados ricos son mejores que las universidades estatales de estados pobres. Hay que corregir esta situación hasta donde se pueda, pero hay que sancionar una realidad que existe en lugar de seguirla disimulando, incluso para poder atenuar las disparidades. Sin embargo, los jóvenes de un estado rico seguirán teniendo más opciones y más posibilidades —esto es, en realidad, más derechos y más privilegios— que los de un estado pobre. Por eso debemos, al nivel del Estado federal, conducir políticas compensatorias de desarrollo para disminuir este contraste. Pero ese es un tema que rebasa la política educativa.

Lo que se puede hacer a nivel de esta última es establecer mecanismos de ingreso diferenciado, por ejemplo, que hagan posible que un joven de Chiapas que saque los más altos resultados en el examen nacional pueda escoger la universidad del país a la que quiere ir, y si no cuenta con los recursos para irse a vivir al estado elegido, la universidad pueda aceptarlo y becarlo.

Educación superior pública. Este examen nacional permitirá establecer un proceso de selección de ingreso sin el cual no va a haber una educación superior pública de calidad. El gran dilema que enfrenta México es cómo conservar una educación superior pública de calidad e incluso de excelencia. Si no es de calidad se deteriorará al punto de volverse únicamente un remedo para servir de coartada al gobierno, cuando en realidad esas instituciones serán sólo guarderías de jóvenes sin posibilidades de empleo. Los hijos de la clase media y los mejores alumnos de los sectores populares irán a las universidades privadas, que cada vez van a tener más opciones de becas propias, e incluso de becas federales a través de PRONABES u otros sistemas, y por tanto atraerán a los mejores.

Si las privadas atraen a los mejores alumnos, las públicas se van a quedar con los peores. Los profesores también van a empezar a elegir las privadas y por tanto los peores profesores irán a las públicas. Es una competencia que está perdida de antemano para la universidad pública; la única manera de conservar una educación superior pública es que sea de calidad. Claro que, inevitablemente, habrá grados de calidad; insisto: los hay en Inglaterra, España, Francia, Estados Unidos, Brasil, en todos los países. No son iguales todas las universidades públicas brasileñas; la USP en São Paulo es muy superior a la universidad pública de Rio Grande do Norte porque São Paulo es un estado desarrollado y Rio Grande do Norte o Pernambuco son muy pobres y esa es la realidad del país; de la misma manera Berkeley y UCLA son las joyas de la corona del sistema de educación pública del estado más rico de la Unión Americana. La Universidad de Mississippi no compite, ni competirá durante muchos años, con Berkeley.

Hay que entender que si debe haber un sector de punta, inevitablemente habrá un sector rezagado; paralelo al sector de punta deberá existir un número suficiente de instituciones de educación superior pública, que no serán de gran excelencia pero que deberán ser de calidad. Es indispensable que subsistan y se desarrollen, porque son ante todo las que llenan las otras funciones de la educación superior, aparte de la esencial de formar profesionistas. En efecto, las universidades tienen también entre sus funciones básicas fomentar la investigación, la participación social, la formación de capital social (como dice la OCDE) y el desarrollo cultural y humano. Mucho habría que decir sobre estos aspectos de la universidad, pero aquí se ha tratado de enfatizar su función formadora de profesionistas.

El mercado escoge a las universidades. Es falso considerar que las universidades públicas son malas o que deban ser malas. Actualmente el mercado es el encargado de elegir. Sabemos que en CU hay facultades de excelencia, y facultades desastrosas; sin embargo, hay una discriminación que se ejerce indistintamente contra todos los egresados de la UNAM versus egresados del ITAM, de la Ibero o del Tecnológico de Monterrey. Creando universidades de educación superior pública que se especialicen en algo, digamos economía, será también el mercado el encargado de validar que un egresado de economía, digamos de la UACH, tenga el mismo nivel de ingreso que el del ITAM; si realmente es igual de buena, a la larga le va a ir tan bien como a ésta última, como sucede en Estados Unidos: un egresado de Berkeley o de UCLA tiene las mismas oportunidades, o al menos hay una relación cercana, que un egresado de Stanford o de Harvard.

Esta es la realidad: no todas las universidades poseen el mismo valor de mercado. Sucede en las ya pocas universidades públicas norteamericanas de calidad, como Texas, Wisconsin y Michigan: fuera de éstas las demás ya no se cotizan, y lo mismo sucede en Francia o Inglaterra, en Alemania y en Canadá, donde hay el mismo valor de mercado que permite diversificar la oferta y descongestionar algunas escuelas. Con este esquema se ahondan las imperfecciones, pero son menos que en el esquema actual, que lleva directo a la desaparición de la educación pública superior en México, o lo que es lo mismo, a su total irrelevancia. Por el camino que vamos es lo que va a pasar como consecuencia del rechazo del mercado.

Selección y desigualdad

Como se anotó arriba, la objeción a todo ello es evidente: el grado de desigualdad en materia de educación en México ya es aterrador. El sistema de educación superior atiende sólo al 20% de los jóvenes entre 19 y 23 años. La cobertura es muy desigual entre las entidades federativas: de 9.2 a 37.7%, y entre los diversos grupos sociales y étnicos: 45% del grupo de edad mencionado que vive en zonas urbanas de clase media o alta recibe educación superior contra sólo el 11% de zonas urbanas pobres y 3% de zonas rurales. Un país con estas desigualdades debe tener mucho cuidado en que su sistema educativo no agudice la inequidad sino que la atempere, la atenúe en lo posible, y es cierto que todo proceso de selección tiende a agudizar las desigualdades. Pero también es cierto que en muchos casos no queda más remedio que escoger entre dos males, entre dos desigualdades. La peor desigualdad que puede haber en un sistema de educación superior es entre la pública y la privada.

Algunos de los países con educación pública y privada han logrado mantener niveles de instituciones de educación superior pública de excelencia. No es sencillo, sólo funciona con un muy alto grado de selección, por ejemplo en la USP en São Paulo; las universidades japonesas; Berkeley, Texas, Wisconsin y Michigan en Estados Unidos; algunas universidades españolas; Polytechnique, la ENA, Sciences Po, HEC, Central des Mines y la Normale Supérieure, en Francia. En Chile antes de Pinochet, en la época del auge de la democracia, los hijos de las elites trataban de entrar a la Universidad de Chile, que era pública, y los reprobados se iban a la Universidad Católica, que era la universidad privada de excelencia, y ello en un país más pobre que el nuestro hace treinta años. No hay ninguna razón por la que no se pueda hacer esto en México con correctivos contra la agudización de las desigualdades, pero efectivamente la única manera de salvar la educación superior pública va a ser estableciendo mecanismos de selección y de competencia entre escuelas.

Sin duda habrá que establecer sistemas compensatorios, de becas o de admisión a las universidades que no dependan exclusivamente del examen, es decir, que no sea éste el único criterio; por ejemplo, cuotas de acción afirmativa para estudiantes de zonas (por zonas se entiende regiones, estados, ciudades, barrios o colonias) de bajos ingresos. Se necesitarán cuotas también para estudiantes con cierto tipo de características étnicas o regionales, especiales o de otro tipo. Son esquemas discutibles y discutidos en Estados Unidos, en Europa y en otros países. Son complicados, pero revisten la gran virtud de existir y funcionar.

Asimismo hay que considerar qué carreras va a demandar la economía dentro de 10 o 15 años, y qué carreras no. Es importante tener una idea de cuáles son esas carreras y de cómo alentar el estudio de las mismas a través de becas y otro tipo de apoyos, puesto que será en esas carreras donde habrá los empleos disponibles. Por otro lado, para canalizar de manera correcta nuestros impuestos debería establecerse un programa de becas en el que se privilegien aquellas carreras que la economía va a demandar. De esta forma, los alumnos podrán escoger la carrera que ellos quieran, pero sólo en aquellas donde haya demanda se podrán obtener los apoyos necesarios y al finalizar la carrera, un empleo; si en cambio se deciden por una carrera que no tiene demanda, lo más probable será que se les dificulte obtener los apoyos necesarios, así como un empleo al finalizar sus estudios.

Poner nuestro reloj educativo a la hora

Muchos temas han sido dejados de lado por falta de espacio. Por ejemplo, la idea de los bonos educativos, poco convincente en primer lugar porque el *voucher* nunca es suficiente y entonces este sistema privatiza la educación pública en los hechos. Además, discrimina entre regiones y entre estados, ampliando la brecha por ejemplo entre Monterrey y Tuxtla Gutiérrez, y las cuotas de acción afirmativa suelen ser incompatibles con el *voucher* desde la primaria hasta la universidad. Otro asunto importante es saber si vamos a mantener el sistema de las facultades desde el primer año de la licenciatura; habrá que estudiar si tiene sentido, pues cualquier profesor, cualquier padre de familia sabe que a los 18 años un joven difícilmente está preparado para tomar una decisión tan trascendente como escoger una carrera para buena parte de su vida.

Antes que tratar estos temas, resultó preferible abordar los aspectos más importantes; aquellos cuya reforma es ya indispensable. México ya no puede tener sistemas, estructuras y procedimientos demasiado distintos a los que existen en el resto del mundo, porque lo que se tiene que producir aquí es más o menos lo que se tiene que producir en el resto del mundo. La diferencia mexicana ya no puede residir en estas estructuras, como no puede residir en el sistema político, en los medios de comunicación. Lo mismo puede decirse de nuestra educación superior. Se puede discutir con detalle todo lo anterior: que si el examen es de salida o entrada, que si es el único criterio para entrar a la universidad o si hay otros, cuáles son, qué tan importante es el primero, el segundo o el tercero y si la discriminación entre universidades se va a hacer por regiones, por especialidades, por recursos, por la riqueza del estado, cuáles van a ser los criterios para que un residente de un estado pueda ingresar a la universidad de otro. Todos estos son asuntos reales. Si se quiere descongestionar el D.F., se va a dificultar enormemente el ingreso al Politécnico, a la UAM y a la UNAM; en cambio, si se quiere que mucha gente vaya a Chihuahua se deberá facilitar el ingreso a la Autónoma de Chihuahua. Obviamente, no se va a impartir oceanografía o biología marina en Aguascalientes, o estudios internacionales en Chiapas. Tiene que haber una planificación nacional, una coordinación nacional, para que esto tenga una coherencia nacional. Por eso debe seguir existiendo un ministerio de educación nacional, que en México se llama Secretaría de Educación Pública.

Debe haber, además, una cierta competencia sana con la educación privada. No debe no haber educación privada en México; es lógico que la haya y ya ocupa un espacio, entre 25 y 30% de la matrícula universitaria. Pero debe de estar sujeta a una deontología mucho más rigurosa que la actual. Las universidades "patito" no debieran existir, o no debieran ser reconocidas como instituciones de educación superior. Esa deontología ya existe en materia de investigación a través del Conacyt para las universidades públicas. Las universidades públicas —y si llega a ser el caso, las privadas—

no deben recibir subsidio federal si no cumplen con ciertas normas básicas, ni ser reconocidas si no cumplen con una serie de criterios. Si no se establece este tipo de reformas, si no se establecen criterios de selección más claros y si éstos no se unifican, la situación de la educación superior se va a agravar.

México combina dos aspectos contradictorios: una sociedad muy fragmentada y atomizada con fuerzas centrífugas muy poderosas y, al mismo tiempo, un Estado centralista ancestral, que ha impuesto una serie de criterios y determinaciones a lo largo de los años, de los siglos. Esa combinación ha desembocado en la simulación federalista, pero también en algunas idiosincrasias regionales. La existencia del sistema federal en México obliga a que haya educación superior por lo menos estatal; además, la necesidad de descongestionar el Distrito Federal hace que nadie quiera que todos los estudiantes universitarios se concentren en la Ciudad de México, por mil razones. Pero eso tiene que compensarse con un plan nacional por un lado y con una selección nacional por el otro.

Es indispensable separar la gestión de la educación superior de la tarea de administrar la educación básica y media, y por otra parte, hay que reunir en una misma administración la educación superior y la investigación. En otras palabras, es indispensable crear una nueva secretaría para la educación superior y la investigación científica y tecnológica.

Es necesario crear nuevas sinergias entre educación e investigación, instaurando una institución que esté encargada del financiamiento de la educación superior y en particular del financiamiento de las becas para la educación superior y para la investigación científica y tecnológica. Asimismo, es necesario que esta misma institución sea la que se encargue de financiar y administrar los institutos de investigación científica y tecnológica. Es lógico que sea una misma institución la que esté encargada de planificar, programar y controlar el otorgamiento de las becas, así como de mantener relaciones directas en materia académica y administrativa tanto con los centros donde se forman los becarios, como con los centros donde se realiza la investigación en áreas a las que se destinan las becas. Esta institución debe estar abocada exclusivamente a la gestión de las labores de educación superior y de investigación en todos sus aspectos, puesto que sólo así podrá tener personal capaz de desarrollar esta tarea, que exige competencias particulares y de un nivel relativamente elevado. Por otra parte, es la única manera de reducir a su mínima expresión los aspectos burocráticos de las relaciones entre becas, estudiantes, institutos de enseñanza, institutos de investigación, y darles su funcionalidad y eficacia máximas.

Pero además, la creación de una secretaría de educación superior e investigación es la única manera de establecer un nexo fructífero con el otro elemento motor de la educación superior y la investigación contemporáneas: las empresas. La nuestra, como todas las contemporáneas, es una sociedad de mercado. Nuestra educación superior y nuestra investigación, como las de todos los países punteros en estas materias, están directamente ligadas al mercado. Son las empresas las que emplean a los profesionistas, y son las empresas las que necesitan y utilizan la mayoría de las innovaciones científicas y tecnológicas que produce la investigación. Muchos critican esta relación, sobre todo en la medida en que para ser funcional implica que las empresas no se limiten a tener en ella un comportamiento pasivo. De hecho tienen un comportamiento doblemente activo en la medida en que dan a conocer sus necesidades y sus proyecciones, y esperan que los centros de educación y de investigación sean receptivos a ellas. Pero además, son activas también en la medida en que es indispensable que participen de manera importante en el financiamiento de estas actividades. Es lógico que esta participación financiera les dé un grado de influencia aún mayor en el proceso. Esto no tiene por qué afectar ni la calidad, ni la libertad de nuestras universidades y centros de investigaciones, a condición de que se respeten dos criterios esenciales. Primero, asegurarse de que esta secretaría se reserva autoridad en aspectos de conocimiento y de pedagogía, y autonomía en lo que respecta a criterios tocantes a las libertades, y en particular a la libertad de enseñanza. En segundo lugar, debe existir un sector de investigación básica que se rija exclusivamente por criterios científicos determinados por comités científicos, y que se garantice la existencia y la calidad de carreras que no tienen incidencia, al menos directa, en la vida económica ni en el tejido de empresas, pero son indispensables para el desarrollo intelectual y cultural de nuestro país.

La creación de una Secretaría de Educación Superior y de Investigación Científica y Tecnológica representaría una excelente oportunidad para la Secretaría de Educación Pública, permitiéndole verse liberada de un sector administrativo y académico sumamente especializado y diferente del otro que administra, y permitiéndole dedicarse a lo suyo, que es la instrucción y la educación de nuestros niños y adolescentes. Poner todo su esfuerzo, concentrar toda la experiencia acumulada y todos sus conocimientos para mejorar nuestra educación básica y media: los doce años del ciclo único.

Autobiografía 3

La primera vez que visité otros países de América Latina fue en 1972, al visitar a un amigo brasileño que conocí en Europa. Estuve en su casa en Brasil, en el estado de Santa Catarina, y luego pasamos un par de semanas en Río de Janeiro y otras dos en Salvador. Después permanecí un mes en Chile haciendo la investigación para mi tesis de licenciatura. Allí visité la mina de cobre de Chuquicamata, en el norte, y estuve presente en todas las manifestaciones y discusiones que se daban ya a la mitad del régimen de Salvador Allende. Me vinculé principalmente con los sectores más de izquierda de la Unidad Popular —e incluso exteriores a ella—, como el Movimiento de Izquierda Revolucionaria. Mi tesis de licenciatura, justamente, la hice sobre el MIR en el proceso de la Unidad Popular chilena. Cuando volví a América del Sur, un año después, me imbuía una identificación cada vez más clara con los sectores de la "izquierda" de todo el continente y en cada país hacía amigos vinculados a sus movimientos y con los sectores progresistas. Eran momentos muy difíciles para tener contactos con ese tipo de gente porque todos eran perseguidos, tanto en Chile, ya después del golpe, como en la Argentina, Brasil y Uruguay bajo los gobiernos militares, y también en Colombia y el Perú.

Y así se fueron juntando otra vez las dos vías que había comenzado a recorrer en mi adolescencia: por un lado el acercamiento a la pobreza y a la desigualdad que había percibido directamente en América Latina y, por el otro, la experiencia personal de los movimientos de protesta, de cuestionamiento, de rechazo al statu quo latinoamericano. Esta trayectoria me volvió a separar de lo que, para mucha gente de esa generación y del medio económico, social y político al que yo pertenecía en México, se había transformado en el camino vivencial más o menos ortodoxo y más o menos obligado, a saber, que terminando una educación universitaria pública o privada en México, se estudiaba un doctorado en Estados Unidos —en Yale, Harvard o Stanford— para especializarse en temas económicos y después volver a nuestro país, al Banco de México, o la Secretaría de Hacienda, o Nacional Financiera, como fuera, e integrarse directamente al aparato, al sistema mexicano, con las ventajas y desventajas que eso entrañaba. Las ventajas eran que se trataba de un caminito muy conocido —ya sabía uno a qué universidad ir, becado por quién, con qué colegas, con qué amigos— y era fácil reubicarse en México, en las mismas dependencias que habían otorgado las becas o el ingreso a una universidad norteamericana, y empezar a trabajar allí en un nivel más o menos bajo pero con la certeza de ir escalando con los años. Más que una convicción, había de mi parte un rechazo a la ortodoxia, a vivir en la clase media alta de los años sesenta y setenta, a esa vida enclaustrada, segregada, separada del resto del país. Por el barrio donde vivía y quizá también porque no tenía ninguna relación especialmente cercana con la gente de mi escuela (había ingresado a medio periodo) y otras circunstancias fortuitas, se fue generando en mí una postura más contestataria. Así las cosas, cuando hube de tomar la decisión de dónde seguir mis estudios —aunque me ofrecieron una beca para hacer un doctorado de historia económica en Yale, con el profesor Díaz Alejandro— no lo pensé mucho y preferí irme a París a estudiar el doctorado durante cinco años. Independientemente de la universidad en sí misma, quería estar en una ciudad que era todavía el centro de la discusión no sólo marxista, con Althusser y el grupo de filósofos que compartían sus ideas, sino también el lugar donde se producían las reflexiones de Foucault, el psicoanálisis de Lacan, la escuela de historia de *Les Annales*, en fin, un medio intelectual de una gran pujanza, en aquel entonces en plena ebullición. Allí podría reanudar la carrera de filosofía desde cero y seguir el doctorado de historia económica. No fui becado porque no se pagaba colegiatura en las universidades públicas y sólo necesitaba el dinero de la manutención que mis padres aseguraron durante el primer par de años. Luego comencé a ganarme la vida como intérprete en la UNESCO y otras organizaciones internacionales. Por ello no necesité beca de Conacyt, de Hacienda o el Banco de México, pero tampoco tenía asegurada la posterior reinserción en México.

En esos años conocí en Europa a varios de los exiliados mexicanos del 68, y a través de ellos me fui relacionando con grupos mexicanos de una izquierda relativamente radical que frecuentaba también mucho cada verano, en los tres o cuatro meses que pasaba en México. Fue cuando conocí a Marcelino Perelló y a Mario Núñez, otro dirigente del 68. Me relacioné también con los miembros de la "Cope" que era una cooperativa de cine marginal formada en realidad por un grupo de activistas bastante radicales de clase media que se pusieron a hacer trabajo sindical en México. Ahí conocí a gente como Paco Ignacio Taibo II, Saúl Escobar, Francisco Pérez Arce, Agustín Pineda —el hermano de Guadalupe, que había estado en el Liceo conmigo— y varias otras personas que siguen teniendo una participación política en esos grupos hoy en día. Con ellos tuve la oportunidad de conocer directamente diferentes movimientos —huelgas, protestas, la tendencia democrática del SUTERM, la insurgencia sindical en las fábricas alrededor de la Ciudad de México, entre otros— que surgieron en nuestro país a principios de los años setenta. Si bien no fue un aprendizaje político especialmente interesante, sí lo fue en el aspecto social porque me permitía, aun estando fuera de México durante todos esos años, establecer contacto con los sectores más populares dentro de la República. Esto, junto con los viajes continuos que hacía con los mismos cuates del barrio, me permitió mantener un mínimo de contacto con la sociedad y la realidad mexicana. Ello me permitía comprender que haber seguido un recorrido educativo diferente al que hubiera estado destinado me había dado quizás una visión un poco diferente y una preparación distinta a la de mis contemporáneos.

Más adelante, en París, incursioné en una participación política más activa que, al volver a México en 1978, se tradujo en la relación que establecí con el Partido Comunista Mexicano. En esos años, en Francia se estableció la alianza entre el Partido Comunista y el Partido Socialista liderado por François Mitterrand. Surgió también lo que se llegó a llamar el "eurocomunismo", es decir, la postura de distancia que los partidos comunistas de España, Francia e Italia tomaron con respecto a la Unión Soviética y el "socialismo real" de aquella época, la franca ruptura con el estalinismo, la represión, la ineficiencia económica, la violación a los derechos humanos y la ausencia de democracia. Este movimiento permitió finalmente que, en 1981, Mitterrand ganara las elecciones presidenciales gracias a una alianza de su partido con el Partido Comunista, lo que se llamaba la unión de la izquierda, y que tuviera lugar, por ejemplo, la llegada del Partido Socialista Obrero Español al gobierno de España, así como de otros partidos de izquierda en toda una serie de gobiernos socialdemócratas en Europa. Esos gobiernos, por un lado, sí tomaban ciertas medidas sociales y progresistas pero, a la vez, se fueron alejando de los modelos centralizadores, estatalizantes y proteccionistas que habían caracterizado a gran parte de la izquierda europea durante tantos años. En los debates que se daban en ese momento en Francia, surgió un movimiento de reforma, de renovación dentro del Partido Comunista francés muy claramente identificado con el filósofo Louis Althusser, y fue justamente por esa vinculación que decidí ingresar al partido donde pasé un par de años. Al volver a México me incorporé al Partido Comunista y allí permanecí desde finales de 1978 hasta finales de 1980. Había pensado que el PCM era la única formación capaz de oponerse al PRI y organizar una nueva izquierda en México. Pero, aunque el partido estuviera atravesado por varias corrientes prometedoras, en el estado en que lo encontré no podía cumplir esa función. Por ello, durante esos dos años, más que ser realmente un miembro militante fui una especie de contestatario interno. Junto con un número importante de amigos —algunos se fueron quedando en el camino pero muchos los conservo hasta hoy—, tratamos de llevar a cabo un proceso de renovación de un partido que acababa de ser legalizado gracias a la reforma política de Reyes Heroles y de López Portillo, y que en 1979 iba a participar en sus primeras elecciones legales. Entre esas corrientes prometedoras, en el partido se dejaba sentir como del otro lado del Atlántico esa tendencia mundial del eurocomunismo, y en esos años recibimos la visita del secretario general del Partido Comunista francés y, si no me equivoco, también la del dirigente comunista italiano Enrico Berlinguer y, por supuesto, la de Santiago Carrillo, secretario del PC español.

El Partido Comunista Mexicano comenzaba también a encaminarse por la senda del distanciamiento frente a la Unión Soviética, el estalinismo, la burocracia y las posturas muy radicales. Yo me planteé, con otros militantes, ser una especie de ideólogo de la renovación del partido. Armamos un grupo de compañeros con Enrique Semo, Roger Bartra, Joel Ortega, Rodolfo Echeverría, Félix Goded —un preso político del 68— y varios más para tratar de tomar la dirección del partido o bien de imponerle una serie de cambios en lo que fue el XIX congreso, en 1979. Pero fuimos derrotados. Algunos de los compañeros siguieron en el partido y yo en ese momento me alejé. Ya no había mucho que hacer ahí; la fuerza de la burocracia era poderosa, inclusive tratándose de un partido pequeño, casi sin militantes, sin estructuras, sin simpatizantes, marginal. La prueba de ello es que hoy, tantos años después, son los mismos quienes dominan la parte de ese partido que se transformó primero en el PSUM, luego en el PMS y que terminó uniéndose al PRD en 1989. No es ninguna casualidad que Pablo Gómez sea hoy coordinador de la bancada del PRD en la Cámara y que, desde 1979, hubiera sido el principal aliado y soporte —el delfín de alguna manera— de Arnoldo Martínez Verdugo en el Partido Comunista. Pero lo anterior no era privativo del PCM. Si la inercia de los partidos es tal, es muy difícil transformarlos. Con la caída del Muro de Berlín en 1989, prácticamente todos los partidos comunistas —aunque varios de ellos habían comenzado a declinar algunos años antes— fueron marginados como en Chile, Francia o España, o bien se convirtieron en partidos socialdemócratas como en Italia o en Grecia.

Desde esos años albergaba la convicción de que era indispensable buscar las formas de construcción de una izquierda moderna, amplia y democrática —ya que el país, por su pobreza y desigualdad, no iba a poder ser gobernado realmente desde la derecha o incluso desde el centro-derecha—, pero al mismo tiempo comprendí que la izquierda mexicana realmente existente arrastraba una serie de lastres tan pesados, tan difíciles de superar que iba a ser sumamente problemático, si no es que completamente estéril, tratar de transformar el país a partir de ella. Porque, para comenzar, para cumplir esa tarea era necesario que la izquierda estuviera destetada de la Unión Soviética y de Cuba. Muchas de las conversaciones que tuve en esos años con el entonces secretario general Arnoldo Martínez Verdugo fueron justamente a propósito de la vinculación entre los cubanos y el Partido Comunista Mexicano. Ellos trataban constantemente de entrometerse, de tener una influencia para lograr que el partido, ante todo, llegara a ser una defensa de Cuba en México, más que un partido que luchara por cambiar el país y por sacar al PRI del poder. Al contrario, eso era lo último que querían. Más bien, deseaban que el PRI permaneciera en el poder porque era su mejor aliado en México y en toda América Latina.

4. Instituciones

Dos paradigmas

Si ya están claras dos grandes transformaciones para el México del mañana —la seguridad jurídica y la revolución educativa—, el primer gran reto que se presenta es cómo lograrlo. El segundo es cómo financiarlo. El primer reto exige una reflexión sobre las herramientas necesarias para lograr estas transformaciones. Porque tanto las reformas para la procuración de justicia y la prevención de delitos en México, como muchos de los cambios planteados en el terreno de la educación, requieren de reformas legislativas, alguna de ellas constitucionales y otras simplemente de legislación secundaria. Es evidente entonces que el primer gran dilema de factibilidad que tiene un proyecto de cambio en México es, justamente, la manera de lograr estas transformaciones legislativas.

Por lo pronto, la estructura institucional vigente no se presta a un cambio de la magnitud que hemos planteado aquí y que, ciertamente, necesita el país. Tampoco se presta a otras transformaciones que se han ido proponiendo a lo largo de los últimos años, desde reformas técnicas como el asunto de la energía eléctrica, hasta reformas fiscales y laborales. Es cada vez más obvio también que el tipo de relación que existe hoy entre el Ejecutivo y el Legislativo no es funcional para lograr los cambios que el país necesita. Y, por último, las reformas electorales, por importantes que hayan sido, han dejado de cualquier manera una serie de lagunas.

Aquí se plantea un dilema teórico de cierta envergadura, que enfrenta a dos posiciones. Una de ellas sería la sostenida por todos los que coinciden con el gran intelectual que fue Cosío Villegas, de apego a la Constitución vigente, y la otra se referiría a la radicalidad de la ruptura. Para Cosío Villegas, las instituciones mexicanas definidas por la Constitución de 1917 —y por el sinnúmero de enmiendas posteriores— son esencialmente funcionales a la democracia. Su disfuncionalidad aparente se derivaba del hecho de que no se aplicaba la ley, no se respetaba la Constitución ni tampoco se seguían las normas ni los principios de dichas instituciones. Así las cosas, no habría necesidad de modificar el marco institucional en cuanto se llegara a la "democracia", ya que, al contrario, los problemas que había padecido el país provenían precisamente del incumplimiento de las normas constitucionales y legislativas que dan vida a las instituciones democráticas.

La otra tesis, por supuesto, consiste en pensar exactamente lo contrario, a saber, que la letra y el espíritu de las instituciones permitieron funcionar perfectamente al sistema autoritario que gobernó el país durante setenta años o más, no a pesar de que éste no las respetaba, sino precisamente por que no las respetaba —por ejemplo la independencia de los poderes—. Y que, justamente para poder construir instituciones que funcionen en la democracia en México, se requiere un nuevo marco constitucional, por lo menos en lo esencial.

En la visión de Cosío Villegas —y lo menciono porque, desde finales de los años cuarenta, fue él quien más insistió en la lógica del respeto a la Carta Magna—, el problema de México estribaba en la no aplicación, o inaplicabilidad, de la Constitución. El problema con esta tesis son las inmensas lagunas que de cualquier manera encierran las instituciones mexicanas plasmadas en la Constitución de 1917, con todo y sus modificaciones ulteriores. En principio, pareciera que la tesis de Cosío Villegas no toma en cuenta que, en cierto sentido, las instituciones —y las modificaciones a la Constitución misma— comenzaron a funcionar a raíz de la realidad del país y no al revés. Y ahí surge inevitablemente la hipótesis de que fue así porque había un desfase tan grande entre ambas que las instituciones perdieron todo poder de conformar la realidad, como en principio se supone que debe ser. Más bien, la realidad les daba su contenido y sus rasgos principales. Entre éstos, algunos son ejemplares al respecto, y el más caricaturesco puede ser el que se refiere a la segunda vuelta en las elecciones presidenciales: quienes habitualmente la proponen, en todos los países de regímenes presidenciales del mundo, lo hacen ante situaciones de por lo menos tres partidos grandes en competencia. No hay necesidad de segunda vuelta cuando sólo hay dos, pero mucho menos en el caso de un solo partido. Por lo tanto, no venía al caso el planteamiento de la segunda vuelta en un sistema que durante setenta años sólo tuvo a un partido que realmente podía acceder a la Presidencia de la República. De la misma manera, la relación entre gobernadores y presidente era un asunto que se resolvía políticamente, mas no institucionalmente, porque hasta 1989 todos los gobernadores fueron del mismo partido del presidente. La relación entre ellos, entonces, se arreglaba política y no legalmente. Asimismo, en lo que se refiere al tema de la reelección de diputados y senadores, en 1933 se estableció que no la hubiera —luego de que sí la hubo, de presidente, diputados y senadores, entre 1917 y 1933—. La discusión pierde parte de su sentido por el sistema que imperó hasta 1997, donde con excepción de 1988, el PRI ganaba prácticamente todos los distritos uninominales. ¿Para qué instaurar la reelección?, los diputados eran seleccionados por el PRI y, ya como candidatos, terminaban inexorablemente electos. La competencia real era por ser candidato, no por ser electo, y por lo tanto la sanción de los electores o la rendición de cuentas de los legisladores constituían problemas que ni siquiera se planteaban.

Podríamos encontrar otros ejemplos. Una muestra adicional es el vínculo entre Ejecutivo y Legislativo. Era una relación de subordinación de un poder al otro. Por tanto, el asunto de formar mayorías, el tema del veto, la cuestión de qué hacer con un presupuesto que no es aprobado, todos estos problemas, tan importantes ahora, simplemente no existían. Si bien es cierto que muchos problemas de la sociedad mexicana provenían de la no aplicación de la ley, había un problema más profundo, más radical para el desarrollo de nuestra sociedad: incluso independientemente de su origen histórico, nuestras instituciones estaban diseñadas para permitir el funcionamiento de un sistema unipartidista y sus reglas eran funcionales en un sistema no democrático. Tal vez las generaciones anteriores no podían verlo porque las constantes violaciones de la Constitución, de que era culpable el PRI, lo ocultaban. Pero ahora la democratización del país lo ha hecho evidente.

Problemas del presidencialismo

A la vista de los ejemplos anteriores, es explicable que haya más partidarios de la tesis de la necesidad de transformar algunas instituciones en vez de simplemente aplicar el marco constitucional existente a la nueva realidad mexicana. Independientemente del criterio que se pueda tener al respecto en lo que se refiere a otros ámbitos, en lo que concierne estrictamente al terreno institucional —es decir, el funcionamiento de las instituciones políticas del país— todo indica que no es posible aplicar una ley que no es funcional. A esto se viene a sumar un problema más abstracto, que es el de los orígenes del sistema presidencial latinoamericano. Con algunas excepciones, para todos los fines prácticos la única región del mundo donde rigen sistemas presidenciales calcados del norteamericano es América Latina. La vigencia de este modelo desde principios del siglo XIX revestía una cierta lógica, a saber, que en países fragmentados, pero a la vez con una tradición centralista heredada del periodo colonial, un régimen presidencial federalista parecía ser una buena solución de compromiso. Era necesaria una figura central fuerte que representara y fortaleciera la unidad del país y, al mismo tiempo, un sistema federal que tomara en cuenta las realidades centrífugas, las de los estados ya constituidos. Es el caso de Brasil, que pasa a régimen presidencial a partir del fin del imperio en 1889, y de México y otros países que, desde el primer momento de la independencia, adoptan directamente estos sistemas. Lo que sucedió es que, con algunas excepciones, estos regímenes nunca funcionaron por largos periodos en estricta fidelidad a la norma. Y, además, sus defectos intrínsecos se resolvieron siempre a través de facultades *metaconstitucionales*, como posteriormente se les llamó en México. Pero esta solución de *compromiso* en realidad nunca tuvo que enfrentar la prueba duradera de la democracia, salvo en algunos casos aislados: Uruguay, Chile —muy poco tiempo—, Argentina, entre principios de siglo y el golpe de 1928, y aun en esos periodos, fue bajo esos estilos que pudiéramos llamar los *cacicazgos democráticos*, impuestos por líderes como Irigoyen en la Argentina, o Batlle y Ordóñez en Uruguay, que no eran realmente ni democracia de masas, ni democracias a secas. De manera que, a causa de la vigencia siempre efímera de la democracia en América Latina, no se pudieron resolver las contradicciones existentes entre un Poder Ejecutivo y un Poder Legislativo que representaban fuerzas e intereses muy diferentes. El régimen, en todo caso, estaba diseñado para una sociedad homogénea o, por lo menos, capaz de homogeneizarse.

En Estados Unidos este sistema funcionó por dos razones. La primera tiene que ver con una cultura política marcada por lo que los norteamericanos llaman *the spirit of compromise*, o espíritu de entendimiento. Bajo este principio, las grandes divisiones no son necesariamente asunto de vida o muerte. Los estadounidenses pueden parecer incluso tremendamente polémicos y estridentes sobre temas no demasiado importantes —salvo los grandes asuntos del siglo XIX, por supuesto, como la esclavitud— pero luego de patearse y escupirse por la mañana, es bastante factible que se entiendan en la tarde sin que perdure mayor huella del conflicto. La segunda razón es que, si bien la sociedad norteamericana no era homogénea en el siglo XIX —ni durante la primera mitad del siglo XX ni tampoco lo es enteramente ahora—, sus integrantes tuvieron la oportunidad de homogeneizarla a la fuerza, excluyendo de la democracia, mediante un mecanismo casi ateniense, a los que no eran ciudadanos, a saber, los negros, los inmigrantes, las mujeres y los indígenas, entre otros. Gracias a este mecanismo de exclusión, siempre funcionó una parte homogénea de la sociedad norteamericana, una Atenas que poco a poco se fue ampliando gracias al ingreso de una ciudadanía que se iba otorgando paulatinamente. En América Latina, en parte a causa de los grupos sociales que participaron en los procesos de independencia, no hubo esta exclusión, ni hubo tampoco la homogeneidad que sí pudo existir dentro de la sociedad "americana ateniense". De tal suerte, que el sistema presidencial norteamericano calcado en América Latina no funcionaba y, en realidad, operaba en condiciones de régimen autoritario —a través de regímenes militares o, por ejemplo, a través de un sistema a la mexicana, ya sea durante el Porfiriato, ya sea durante la era del PRI. Ha habido también fenómenos de un presidencialismo muy debilitado, como la república parlamentaria en Chile a principios del siglo XX pero, sobre todo, esos gobiernos militares que han poblado el paisaje político latinoamericano desde hace un siglo y medio, si no es que más. Las largas dictaduras latinoamericanas han fungido como formas de nulificar la letra del presidencialismo a la norteamericana. Cuando llega la era de la democracia de manera un poco más permanente en América Latina, sobre todo en su segundo advenimiento a partir de los años ochenta, se puede ver por primera vez lo que siempre había sido cierto pero que no se distinguía: que estos regímenes presidenciales simplemente son recetas para la parálisis. Resulta extraordinariamente difícil hacer coincidir las mayorías presidenciales y las mayorías legislativas; y, en la gran mayoría de los países latinoamericanos, la separación de poderes es también separación de mayorías y por tanto parálisis legislativa. Esto le pasó a sucesivos gobiernos argentinos, desembocando al final en la renuncia de Fernando de la Rúa a finales de 2001 y la consiguiente crisis. Los presidentes brasileños han tenido también que enfrentarse a esta parálisis legislativa (no sabemos todavía si será igual para *Lula*), y también fue ésta la enorme dificultad que tuvo Salvador Allende para gobernar. Luego del golpe militar en Chile, este fenómeno ha afectado igualmente a tres presidentes sucesivos de la transición, Patricio Aylwin, Eduardo Frei y Ricardo Lagos, que no han podido obtener nunca una mayoría suficiente en el Congreso para promulgar las reformas que deseaban. Es decir, el *checks and balances* en América Latina no es para que los diferentes actores sociales vayan juntos sacando proyectos comunes y por lo tanto, conciliados y acotados. El *checks and balances*, en nuestro subcontinente, es para que un poder impida que el otro haga lo que los electores le piden.

Por estas dos razones, por la ausencia de un verdadero *spirit of compromise* y por las contradicciones propias del presidencialismo latinoamericano, en particular la existencia de más de dos partidos importantes, es necesaria una transformación institucional de fondo en México. Podría tratarse de una gran reforma de Estado, una refundación de la República con todo y una nueva Constitución de contenido más ambicioso, más audaz, pero probablemente más irreal. O, por lo menos, algunas reformas puntuales que pudieran permitir transformar el sentido de las instituciones y que abrieran paso a las posteriores reformas sustantivas.

Dos etapas, dos tipos de reformas

La transición española se desarrolló en dos etapas. Primero se optó por construir el andamiaje institucional necesario para el establecimiento del nuevo régimen. Luego vendría un gobierno que habría de permanecer once años en el poder y que, justamente, utilizaría este andamiaje institucional para llevar a cabo las necesarias reformas económicas, sociales, autonómicas. Había una cierta lógica para que así sucediera. Porque hubiera sido una carga excesiva para cualquier gobierno de transición —como el de Adolfo Suárez— ajustar cuentas con el pasado —sin rupturas, tal y como efectivamente sucedió en España— y, al mismo tiempo, construir el necesario andamiaje institucional, a saber, una nueva Constitución (y, entre otras cosas, legalizar al Partido Comunista) y, finalmente, poner en práctica las reformas económicas y sociales que permitirían un verdadero despegue de España y, en el plano internacional, su ingreso a la Comunidad Europea. Por lo tanto, en los hechos, se establecieron estas dos etapas. Primero el andamiaje institucional y, en segundo lugar, las reformas que podríamos llamar estructurales. Si bien uno puede pensar, a posteriori, que la separación no fue tan tajante y que quizás el precio que se pagó, ese crecimiento económico casi nulo de España de 1975 a 1982, fue demasiado elevado, también se puede especular que no se sabía, durante el periodo de Suárez, que los frutos de las reformas institucionales sólo vendrían, precisamente, al finalizar ese lapso, en 1982, con la llegada del PSOE al poder. En todo caso, el hecho es que esta división en dos etapas fue afortunada y desató un círculo virtuoso: en 20 años, el PIB de España, con respecto al promedio de la Unión Europea, pasó del 50 al 85% que tiene ahora.

En el caso de México, se pensó que todo esto se podía lograr en un solo sexenio, que Vicente Fox podía ser Adolfo Suárez y Felipe González a la vez. Porque la victoria del primer presidente de la alternancia despertó enormes expectativas. En el año 2000, luego de unas elecciones históricas, reinaba la euforia y el entorno internacional era además propicio al optimismo. Se pensó entonces que se podía realizar —en una sola etapa— un ajuste de cuentas con el pasado, las reformas constitucionales necesarias, las transformaciones económicas y sociales que hoy llamamos estructurales e, inclusive, la actualización de las relaciones internacionales de México. Esta convicción no era del todo ilusa y, de hecho, las circunstancias no contradecían su viabilidad en los momentos iniciales. Pero, con el cambio radical del conjunto de circunstancias ya desde los primeros meses, resultó evidente que se trataba de una expectativa exagerada. Hubiera sido conveniente establecer, desde el comienzo, un calendario de dos o tres —o más— etapas y, también, entender que al procurar hacerlo todo se corría el riesgo de terminar no haciendo nada. Pero las resistencias a las propuestas de cambio se dejaron sentir desde un principio; por ejemplo, en el periodo de la transición, en una de las primeras juntas del equipo de transmisión, propuse que el presidente electo Fox le solicitara al presidente Zedillo que ambos enviaran al Congreso saliente, todavía en agosto, la propuesta de reelección de diputados y senadores, para que los integrantes del Congreso entrante ya pudieran estar sujetos a la reelección. En un discurso que pronuncié en Querétaro en esos días expliqué el porqué de esta propuesta: era la única manera de lograr la rendición de cuentas de los representantes populares. Era también una forma de impulsar las reformas del presidente Fox; en efecto, a aquellos diputados aspirantes a la reelección en 2003, si no apoyaban los cambios, no les hubiera gustado ver al Presidente de la República, con todo su capital de popularidad, haciendo campaña en sus propios distritos en contra de ellos. Asimismo, tanto en la cena que tuvo Fox con cinco o siete magnates del empresariado mexicano y neoyorkino el 20 de agosto en la Gran Manzana, y también en otra cena en la embajada de México en Washington en esas mismas fechas, entre otras ocasiones, el propio presidente electo me pidió que expusiera las razones por las cuales pensaba que se podían lograr las reformas. Yo insistí en que eran posibles porque, para empezar, la popularidad del presidente electo era una palanca muy poderosa para llevarlas adelante. Pero, de cualquiera manera, era necesario encontrar mecanismos para que esa popularidad ante la opinión pública se tradujera en votos en el Congreso. La única forma de lograrlo, en mi opinión, era a través de la reelección de diputados y senadores.

Es bien sabido hoy que la propuesta de enviar esa iniciativa de reforma institucional al Congreso saliente no prosperó. Hasta la fecha no se ha logrado la reelección de diputados y senadores; sin duda, esta es una de las razones por la cual la popularidad elevadísima de Fox durante los dos primeros años de su gobierno no pudo tener el correspondiente reflejo en unas decisiones legislativas dirigidas a promover las reformas. Era claro desde un principio que no se presentaban condiciones políticas internas para avanzar simultáneamente en todos los frentes. Y, al aletargarse la economía norteamericana en la segunda mitad de 2000, también fue evidente que el crecimiento económico en México iba a ser mucho menor del que se esperaba originalmente para 2001. De manera que el entorno económico internacional en el cual se proponía un arreglo tan ambicioso ya no iba a ser tampoco propicio. Muy rápidamente, al comenzar 2001, con los acontecimientos relacionados con la situación en Chiapas y las consecuencias de la aprobación de la Ley de derechos indígenas, quedó también muy claro que no se contaba siquiera con el apoyo de las dos bancadas del Partido Acción Nacional para las reformas que Vicente Fox pretendía lograr y, a la vez, que por las divisiones dentro del PRI y del PRD, los alcances de la agenda del cambio se acotarían de manera notable. De ahí la propuesta que hice al presidente, la primera vez en una reunión del antiguo equipo de campaña en su rancho en San Cristóbal, en junio de 2001; le entregué una serie de documentos en los que se planteaba separar muy claramente las dos etapas, la *Etapa Suárez* —por así llamarla, en referencia a la transición española— y la *Etapa González*. Se podría abordar probablemente cualquiera de las dos, pero no ambas a la vez. En vista de estas consideraciones, quizá valía la pena insistir en ciertas reformas institucionales acompañadas de alguna reforma estructural pero, sobre todo, no promover una agenda demasiado ambiciosa para que aun si el sexenio de Fox no fuera recordado por sus realizaciones en sí mismas, lo fuera por sentar las bases para la viabilidad de los futuros gobiernos. Lo que yo decía en ese momento es que no se podía ser el creador del andamiaje institucional de reformas para permitir el despegue de México y, al mismo tiempo, ser el gobernante que administrara y rentabilizara ese cambio.

Hoy día, ya transcurrida la primera mitad del sexenio de Vicente Fox, resulta cada vez más evidente que va a ser imposible lograr ambas metas, esto es, el conjunto de reformas y el subsecuente despegue. A estas alturas, sabemos ya que el incremento del PIB per cápita durante estos tres años ha sido negativo; sabemos también que difícilmente lograremos tasas elevadas de crecimiento en la segunda mitad. Si lográramos un incremento de 3 o 4%, el país se daría por bien servido. Pero esto significa que no sólo no se habrá alcanzado la meta del 7%, sino que en términos absolutos prácticamente no habremos crecido. Esto no es culpa de Fox ni tampoco responsabilidad del gobierno. Lo que sí sería su responsabilidad directa es que, sabiéndolo, tampoco hiciera nada por construir el andamiaje institucional que le permitiera al siguiente gobierno retomar la senda del crecimiento. Resulta claro a estas alturas que el edificio institucional existente no permite sacar adelante reformas significativas (y, por lo general, controvertidas porque no son objeto de un consenso). Es indispensable un nuevo diseño institucional para el país.

La experiencia de la alternancia

Durante el segundo y tercer año del sexenio de Fox, las instituciones existentes se han revelado como totalmente inadecuadas, en tanto instrumentos, para permitir la aprobación de las reformas que el país necesita. Quizás uno de los ejemplos más flagrantes de esta inadecuación lo tuvimos en lo que se refiere a esa disposición constitucional que obliga al presidente a pedir permiso al Congreso cada vez que desea salir del país. Sin ser un tema de enorme importancia, es un asunto emblemático, sintomático de dicha inadecuación. En primer lugar, esta ordenanza presupone que en cada viaje del presidente se va a tratar un asunto de fondo en el que necesariamente debe participar el Legislativo que, por ello mismo, debe consentir o negar la autorización. En segundo lugar, conjetura que todos los viajes presidenciales pueden preverse con la anticipación suficiente como para pasar por el procedimiento de solicitud de autorización. En tercer lugar, infiere que los legisladores nunca abusarán de este poder para influir en temas no vinculados específicamente con el viaje en cuestión. Pero, a la vista de acontecimientos recientes, todas estas premisas han resultado falsas. Porque, en el mundo de hoy, la gran mayoría de los viajes presidenciales no tienen implicaciones directas ni sustantivas en la política exterior. Es decir, en cada viaje no se resuelven asuntos de fondo en los cuales el Congreso está obligado a participar. La gran mayoría de los viajes son protocolarios, o bien para establecer relaciones personales, o por obligaciones propias que, sin embargo, no implican grandes decisiones de política, como hemos visto en los casos de diversas cumbres latinoamericanas, las reuniones europeas o de Naciones Unidas. En lo que se refiere a la anticipación con la cual se debe solicitar un permiso, las circunstancias particulares de uno de los problemas serios que enfrentó el gobierno de Fox muestran cómo dicha anticipación es simplemente imposible en muchos casos: pocos días después del 11 de septiembre de 2001, se planteó la posibilidad de que el presidente Fox visitara al presidente Bush en Campo David, en las afueras de Washington, durante el fin de semana del 24 de septiembre. Ello hubiera permitido manifestar claramente la solidaridad de México con el pueblo y gobierno de Estados Unidos y, al mismo tiempo, hacerlo de una manera diferente a la de otros jefes de Estado. La invitación, sin embargo, sólo empezó a corroborarse el jueves por la tarde. Era por lo tanto imposible siquiera pensar en sacar el permiso de un Congreso que difícilmente reúne un quórum en ambas Cámaras los días viernes y sábado. Afortunadamente, no se confirmó la invitación. Fox terminó viajando a Estados Unidos diez días después, demasiado tarde, según algunos. Pero, de haberse ratificado la convocatoria por parte del presidente Bush, nos hubiéramos encontrado en la embarazosa situación de que, por no haber recibido la autorización del Congreso, el presidente de México no pudiera corresponder a una invitación hecha en un momento especialmente delicado de las relaciones internacionales. Y, por último, cuando le fue efectivamente negado el permiso a Fox para ir al estado de California, en abril de 2002, resultaba evidente que la verdadera razón tuvo que ver con las tensiones que surgieron entre el PRI y el gobierno de la República —y dentro de dicho partido— en torno a la cuestión de los derechos humanos en Cuba. La bancada del PRI en el Senado no tenía elementos para imponer un cambio a la política del gobierno hacia Cuba pero deseaba de cualquier manera expresar su repudio a esa política, y no encontró mejor manera que negarle el permiso al presidente para que acudiera a California, Texas, Seattle y Canadá, donde debía pronunciar varios discursos en defensa de los mexicanos y contra la pena de muerte, discutir sobre el tema del agua en la cuenca del río Bravo y, particularmente en San Francisco, reunirse con empresarios con mucho interés de invertir en México.

Independientemente de los méritos de la postura del PRI con respecto al caso de Cuba, nada tenía que ver con asuntos como la pena de muerte, la defensa de los derechos de nuestros compatriotas, la necesidad de atraer inversión a México, el hecho de que San Francisco fuera la primera ciudad en aceptar la matrícula consular mexicana como documento oficial de identidad, la presencia en Seattle de las comunidades de negocios más de punta en Estados Unidos y, posteriormente en Canadá, de empresarios particularmente interesados en el sector de energía en México. Ese viaje no tenía nada que ver con Cuba. Involucraba intereses muy concretos de los mexicanos y de México. Sin embargo, lo uno fue contaminado por lo otro.

Todo esto para decir que, en un caso tan simple como el anterior, es innegable que nuestras instituciones sencillamente ya no funcionan en el marco actual. Y no funcionan porque México ha cambiado, porque el mundo ha cambiado y porque las relaciones entre México y el mundo han cambiado. Esta disfuncionalidad, desde luego, se observa una y otra vez en el ámbito interno. La relación entre el Congreso y el Ejecutivo, calcada del régimen presidencial norteamericano del siglo XVIII, se pudo resolver, en los hechos y a lo largo de los últimos setenta años, por la vía de esas facultades llamadas metaconstitucionales de un presidente de la República que, para todos fines prácticos, siempre dispuso de una mayoría automática tanto en la Cámara de Diputados como en el Senado. Se trataba de una mayoría prácticamente absoluta a la que ciertamente había que cortejar y consentir, aparte de controlar y recomponer, en algunos casos. Pero las competencias y facultades del Ejecutivo nunca estuvieron realmente en peligro porque los diputados y senadores que conformaban dicha mayoría pertenecían todos al mismo partido y, además, el presidente real de ese partido era también el presidente de la República. En el régimen priísta existió siempre un mecanismo metaconstitucional que permitió la conformación de mayorías en la Cámara y en el Senado. Nunca existió siquiera el dilema de conformarlas por la vía de las instituciones. De la misma manera, no venía al caso la necesidad de buscar fórmulas para resolver grandes controversias constitucionales o para celebrar acuerdos internacionales: la aprobación del Congreso estaba prácticamente garantizada y no existía la más remota posibilidad de que el eventual desacuerdo de la población con alguna decisión de gobierno pudiera transformarse en una medida legislativa contraria a los deseos del Ejecutivo. Por tanto, no se presentaba la necesidad de celebrar un gran debate sobre estos temas ni mucho menos de permitir que la oposición a los propósitos del presidente de la República se expresara en un referéndum o en algún otro mecanismo que les diera mayor legitimidad. Las decisiones eran simplemente tomadas por el presidente y posteriormente refrendadas por ambas cámaras.

De ahí que se haya llegado al extremo de que dos presidentes pertenecientes al mismo partido —contando, en algunos casos, con la venia de los mismos diputados y senadores— pudieran, el primero, expropiar la banca en 1982 y, el segundo, privatizarla en 1992; o, de igual manera, que el Congreso y los sucesivos presidentes, durante los primeros cincuenta años del régimen priísta, hayan reforzado diversos aspectos del artículo 130 constitucional —referente a las relaciones entre el Estado y la Iglesia— y que luego hayan simplemente desmantelado lo esencial de dicha norma; y así sucesivamente. Las grandes definiciones constitucionales eran determinadas por el presidente de la República y luego simplemente avaladas. No importaba cómo se pudieran expresar las diferencias, porque no las había ni se contemplaba la posibilidad de que las hubiera.

Qué cambios institucionales

Los últimos tres años de la Presidencia de Ernesto Zedillo y los primeros tres del mandato de Fox han demostrado claramente que las instituciones mexicanas son inadecuadas para el funcionamiento de un país en el entorno de relaciones internacionales modernas y con una democracia en la que el sistema de partidos se ha fragmentado. En el México de hoy no sólo existen ya por lo menos tres partidos que representan cada uno más de 15% de los votantes, sino que las rupturas que se han dado al interior de esos partidos hacen prever la existencia de cuatro, cinco o seis candidatos en las próximas elecciones. La ruptura del PRI en 1988 y de nuevo en 2000, a través de las primarias y el virtual abandono de Labastida por parte de Roberto Madrazo; la división del PAN en ese mismo año; la imposición a la dirección ortodoxa de ese partido de un candidato como Vicente Fox, en los hechos, externo; y, por último, la deserción de cerca de dos millones de votantes de Cuauhtémoc Cárdenas hacia Fox, son fenómenos que dan cuenta de un sistema de partidos fragmentado y dividido.

De todo esto se deriva la necesidad de algunos cambios básicos en las instituciones mexicanas. Estas reformas se han tratado de conceptualizar bajo los términos de reforma del Estado o bien de la refundación de la República. Se llevaron a cabo una serie de ejercicios muy interesantes, tanto en el periodo de la transición bajo la dirección de Porfirio Muñoz Ledo, como en la etapa inmediatamente posterior bajo la conducción de Francisco Valdés en el Instituto Nacional de Estudios Históricos de la Revolución Mexicana. Aunque ambos esfuerzos lograron identificar un elevado número de reformas puntuales que necesitaban ponerse en práctica y que abarcaban casi todos los ámbitos de la vida nacional, adolecieron de un defecto —el mismo que hemos observado también en las acciones que, en este sentido, ha emprendido el gobierno de Vicente Fox—: la incapacidad para escoger aquellos pocos puntos decisivos que, a su vez, pueden propiciar el resto de las otras transformaciones, y así evitar que las prioridades se conviertan en listas exhaustivas de objetivos. Al no lograr identificar los tres o cuatro puntos centrales —no más—, resultó imposible concentrar la atención y el debate nacional sobre las reformas institucionales en asuntos realmente decisivos.

Al mismo tiempo fue evidente que en los partidos se presentaban resistencias a las reformas principales. Si bien se puede discutir cuáles eran más importantes, parece haber cierto consenso sobre las cuatro o cinco esenciales, aunque no necesariamente se esté a favor de ellas. La primera, por supuesto, es la reelección de diputados y senadores; la segunda, la introducción de la figura del plebiscito, referéndum o consulta popular; la tercera, el establecimiento de un mecanismo para conformar mayorías entre Ejecutivo y Legislativo, y establecer una figura formal para la división de tareas con el presidente de la República; la cuarta, la segunda vuelta en las elecciones presidenciales y, en su caso, en las legislativas; y, quinta, la reducción del número de diputados y de los montos para el financiamiento de las campañas. Cualquiera de estas reformas surtiría un efecto enorme a mediano y largo plazo en el funcionamiento de las instituciones en México y en las posibilidades reales de llevar a la práctica las transformaciones económicas, sociales y de política internacional que requiere el país, independientemente de la dirección que esas reformas puedan cobrar —antineoliberal, neoliberal, progresista, conservadora, de derecha o de izquierda— y suponiendo además que ni la izquierda ni la derecha consideran que la actual organización económica y social de México corresponde necesariamente a sus intereses y afinidades. Debieran, por lo tanto, ser la opción primera de cada uno de los tres partidos.

En el interés de los partidos

Sabemos que el PRD nace luchando contra el statu quo priísta. El PAN, a su vez, lleva ya medio siglo en la misma batalla. Y el PRI, por su parte, rechaza categóricamente, por lo menos de labios hacia fuera, precisamente las transformaciones que se llevaron a cabo en el país durante los últimos tres sexenios, a pesar de que fueron administradas por primeros mandatarios emanados del propio partido y apoyados por senadores, diputados y gobernadores también de ese instituto. Con estos antecedentes, el PRI, el PRD y el PAN deberían, en teoría, estar interesados en contar con la herramienta institucional necesaria para lograr las reformas que consideran más importantes para transformar justamente un statu quo al que no parecen acomodarse con particular vocación. Reformas que, sin duda, son diferentes en cada caso. Por ejemplo, el PRD se ha manifestado una y otra vez en contra del Tratado de Libre Comercio de América del Norte (por el capítulo agrícola, por los plazos de desgravación, por las implicaciones para la soberanía; estas críticas y puntos de vista son respetables y sin duda compartidos por muchos mexicanos, antes, ahora y en el futuro). Lo lógico sería entonces que el PRD buscara crear los instrumentos institucionales para posibilitar un referéndum revocatorio del Tratado. De la misma manera, el Partido Acción Nacional aún mantiene un importante interés de poder cambiar lo que queda del artículo 130 constitucional, así como de modificar las relaciones con la Iglesia y lograr la exención fiscal para las escuelas confesionales, este último un tema de enorme importancia para promover la asistencia de niños y jóvenes a las escuelas privadas religiosas. Parecería lógico entonces también que el Partido Acción Nacional buscara la figura del referéndum para lograr estos cambios.

Pero, paradójicamente, estas reformas —que son las que más les posibilitarían a los propios partidos sacar adelante los asuntos que consideran necesarios— son al mismo tiempo las que enfrentan una mayor resistencia en el seno de esos mismos partidos. Y por razones, por así decirlo, estrictamente burocráticas. En el caso de la reelección de diputados y senadores, la oposición viene del hecho de que las direcciones de los partidos perderían por definición una de sus atribuciones más poderosas, a saber, la facultad de incluir o excluir de las listas a los candidatos. En cierto sentido, esta facultad se limitaría a una sola vez, ya que en las subsiguientes los electores serían los encargados de mantener o eliminar a tal o cual diputado, o senador, de las listas. Al mismo tiempo, siendo que ya se ha visto que es difícil mantener las diputaciones plurinominales en su forma actual, en caso de producirse la reelección de diputados y senadores esa prerrogativa también se debilitaría o, de plano, desaparecería. De la misma manera, y en lo que toca a otra de las reformas, los diputados y senadores mantienen un cierto interés en oponerse al referéndum o a la consulta popular porque efectivamente les resta poder en tanto que miembros del Constituyente permanente o, en el caso del Senado, de la instancia jurídica que aprueba tratados y otros compromisos internacionales de México. Y, en tercer lugar, está esa especie de obsesión, persistente en los tres partidos, de debilitar a los otros dos por creer que son los que van a permanecer en el poder. Esto último merma la posibilidad de cualquier mecanismo para dotar de más poderes constitucionales al presidente a través de una mayoría más o menos automática en el Congreso. En realidad, los tres partidos no piensan en cómo gobernarían en caso de llegar al poder sino que, a causa de sus divisiones internas y externas, se concentran más bien en cómo acotar los poderes de quien está gobernando. Y, hasta ahora, no reflexionan tampoco sobre el hecho de que algún día les tocará gobernar a ellos y que, por lo tanto, es preferible otorgar más poderes que menos poderes al Ejecutivo. Lo cual muestra, efectivamente, que si la alternancia ya es un hecho histórico en México, todavía no forma parte del patrimonio cultural en la clase política mexicana.

El origen del problema

¿Cuáles son las justificaciones de algunas de estas reformas? Por lo pronto, todas tienen que ver con la gobernabilidad, con la transformación del sistema presidencial mexicano constitucional, ya que el sistema metaconstitucional desapareció desde 1997. Y también tienen que ver con resolver los problemas y bloqueos creados por los regímenes presidenciales, inspirados en el modelo de Estados Unidos impuesto en América Latina a lo largo del siglo XIX. Como señalé antes, el sistema presidencial de separación de poderes y de *checks and balances* a la norteamericana proviene de dos aspectos de una cultura política originada desde la época de las trece colonias y que constituyó una solución a sus problemas, mas no una receta universal. Habría que agregar un tercer aspecto menos fundacional.

Lo que sigue no encierra juicios de valor, ni es una comparación de méritos o defectos de la sociedad de Estados Unidos y la nuestra. Es una descripción factual, necesaria para comprender nuestros predicamentos actuales. Examinemos pues, esas tres características. En primer lugar, se trata del carácter efectivamente autónomo de cada una de las trece colonias originales y su empeño por mantener una serie de prerrogativas propias, desde la esclavitud hasta la fiscalidad, los aranceles, o la relación Estado-Iglesia en cada una de ellas. Por lo tanto, un poder presidencial demasiado fuerte se erigía desde un principio como una amenaza para cada una de las colonias y su intento por conservar su autonomía. De tal suerte, que el único régimen que podía contar con el apoyo de todas las colonias ya independizadas era uno donde los equilibrios entre federalismo y centralismo, entre estados y Presidencia, entre el Legislativo —que era la expresión de las colonias— y el Ejecutivo —que era la expresión de la unidad del país— fueran siempre inestables pero, al mismo tiempo, dieran garantías reales. Esta fue una peculiaridad de los orígenes de la Unión Americana.

Un segundo elemento de esa cultura política fue efectivamente el *spirit of compromise*, ese espíritu *de entendimiento* que siempre ha sido propio de la cultura anglosajona y que, en el caso de Estados Unidos, hizo incluso que después de la independencia y el triunfo de las colonias se llegara rápidamente a un acuerdo con Inglaterra. Los norteamericanos han tenido siempre esa característica —y la siguen teniendo hoy— de que los desacuerdos, los conflictos y las divergencias se limitan a sus propios términos, es decir, la gente puede estar radicalmente en desacuerdo sobre un punto sin necesariamente extender ese desacuerdo a un conjunto de otros factores y elementos —históricos, culturales, de género y de todo tipo—. Así, los desacuerdos se limitan a sí mismos y, por lo tanto, es posible mantener una divergencia sobre un tema y, al mismo tiempo, lograr entendimientos sobre otros. Y, también, expresar una discrepancia en la mañana y resolverla por la tarde, independientemente de la estridencia o violencia que haya podido surgir en el debate.

En buena medida, a estas peculiaridades se debe el hecho de que en Estados Unidos, a lo largo de su historia —con la posible excepción del tema de la esclavitud en 1860-1865—, las grandes diferencias han sido sobre asuntos, si no marginales, por lo menos no centrales de la vida nacional del país. Los grandes temas de nuestras sociedades, o de las sociedades europeas —la lucha de clases, por ejemplo, o el debate sobre cuál habrá de ser finalmente el sistema político, económico y social, o las grandes disyuntivas internacionales— no son los que han dividido o escindido a Estados Unidos. Han sido más bien asuntos simbólicos pero muy puntuales, ya que los norteamericanos, voluntaria o coercitivamente, han tendido a estar de acuerdo. Nunca ha habido un partido revolucionario en Estados Unidos, ni tampoco partidos mayoritarios de izquierda o de extrema derecha. Y nunca se han producido grandes discusiones y debates sobre el modelo de sociedad, a excepción de la época en que tuvo lugar la Guerra de Secesión.

De esta segunda característica se deriva a su vez la tercera, que es la relativa homogeneidad de la población norteamericana. Porque, gracias en parte a este *espíritu de entendimiento*, en la sociedad estadounidense no han aparecido esas grandes fracturas que podemos observar en otros países. Se trata de una sociedad muy homogénea donde prácticamente siempre hay acuerdos sobre los grandes temas y los desacuerdos son sobre asuntos menores. Ahora bien, ¿cómo se puede afirmar que haya homogeneidad en un país que tuvo esclavos e indígenas segregados, donde las mujeres, los inmigrantes y otros grupos fueron excluidos durante muchos años? En realidad, se trata de un sistema casi ateniense donde sólo participan aquellos cuyos rasgos pueden garantizar precisamente esa homogeneidad. Los demás sólo van ingresando a la ciudadanía cuando, por un proceso de asimilación, ya son parte de la *ciudad*, de la *polis*. Es un mecanismo parecido al que, históricamente, se observó en el Imperio Romano; es decir, se vuelve ciudadano todo aquel que ya es parte de la nación, a partir de por lo menos el Edicto de Caracalla. Para ser incorporado, hay que ser igual. Los que no son iguales no existen, y por tanto no pertenecen a esa homogeneidad. El sistema se explica, justamente, a partir de la exclusión. En efecto, hubo esclavos hasta 1863. Pero no eran parte de la sociedad que decidía. Las mujeres obtuvieron el derecho al sufragio en los años veinte del siglo pasado pero antes, como no votaban y no participaban en la vida pública, no eran tampoco un factor de heterogeneidad. Lo mismo ocurría con los inmigrantes, que iban siendo incorporados conforme se asimilaban, es decir, cuando ya eran prácticamente "americanos". Estas tres características fundamentales de la sociedad norteamericana no existieron durante muchos años en ninguno de los países de América Latina.

En América Latina —con la posible excepción de algunos estados brasileños, en particular los de São Paulo y Minas Gerais— la necesidad de unificar a la nación era mucho más importante, y sigue siendo mucho más importante, que el imperativo de mantener unos equilibrios que, finalmente, son inexistentes. Se trata de un subcontinente de naciones aún en proceso de formación. Somos naciones, pero no por completo. Lo que sí existe son fuerzas centrífugas provocadas por la radical desigualdad que impera entre las distintas regiones y partes de cada país de América Latina. Por lo mismo, si no hay un centro fuerte es imposible mantener dentro del mismo país o nación, bajo una estructura homogénea, a poblaciones entre las cuales existen núcleos considerables que en lo tocante al ingreso de sus miembros mantienen diferencias que pueden ser de uno a diez. Estas disparidades tan marcadas sólo han existido marginalmente en Estados Unidos, cuyo sistema presidencialista, sin embargo, hemos copiado. En segundo lugar, el *espíritu de entendimiento* de los anglosajones no opera en América Latina donde, al contrario, tendemos a radicalizar nuestras diferencias al punto de que no sólo hay desacuerdos muy profundos sino, a veces, hasta guerras. El *espíritu de entendimiento* no cuadra con la cultura política latina —ibérica, mestiza o criolla— por todo tipo de razones históricas, culturales y hasta psicológicas. En tercer lugar, la homogeneidad excluyente norteamericana nunca se reprodujo en América Latina. Hubo intentos en la Argentina a finales del siglo XIX, también en Brasil durante lo que se llamó la *Vieja República*, pero en términos generales esas democracias *elitistas* latinoamericanas muy rápidamente se vieron sacudidas por la irrupción, por ejemplo, de los trabajadores de la industrialización, o de los sectores indígenas, o de otros vinculados a intereses extranjeros, etcétera. Por tanto, esa homogeneidad no pudo existir. De modo que todos aquellos regímenes presidenciales latinoamericanos calcados del modelo estadounidense nunca pudieron sentar raíces. Lo que los mantuvo con vida es que no se respetaban nunca ni el espíritu ni la letra de las diversas constituciones, y por eso no importaba mayormente que funcionaran o no unas instituciones que, finalmente, no operaban tampoco de acuerdo con sus propios términos. El caso mexicano es quizás el arquetípico, pero está lejos de ser el único, sobre todo si recordamos que el siglo XX, en casi toda América Latina, fue una historia de dictaduras interminables o terminadas por otras dictaduras, cacicazgos y rupturas institucionales recurrentes; pero nuestro país es, de cualquier manera, emblemático, porque hizo irrelevante la concordancia de la letra de la Constitución con la práctica constitucional. Es decir, nunca se cuestionó cómo funcionaría la Constitución de ser aplicada; simplemente, no se aplicaba. Y esta falta de aplicación no resultaba generalmente de que la Carta Magna fuera violada explícitamente sino de que, desde la Presidencia, se ejercieron siempre esas llamadas facultades metaconstitucionales que, en la práctica, permitieron llenar las lagunas que existían en el texto constitucional y que se habían derivado de su adecuación a la realidad mexicana.

Entonces, la principal justificación para las reformas institucionales en México tiene que ver con la adecuación o más bien la inadecuación de un sistema presidencial copiado del norteamericano —y ahora convertido en un híbrido por obra de sus sucesivas transformaciones— a la realidad actual de la sociedad mexicana.

La reelección

El primer punto de reforma es la no reelección de nuestros legisladores. A estas alturas es casi una aberración que, encima, no comparten siquiera otros países de América Latina, a excepción de Costa Rica. Repito que la reelección por términos subsecuentes es la única manera de dar memoria legislativa a los representantes populares, de propiciar su especialización y establecer algún tipo de rendición de cuentas. Desde luego, la reelección no es un sistema perfecto; en el mundo entero es bien sabido que implica y entraña todo tipo de vicios y deformaciones, desde la tentación de estar permanentemente en campaña hasta la generación de cacicazgos legislativos, pasando por los temas de financiamiento. Nadie pone en duda estos defectos que, sin embargo, son menores en comparación a las consecuencias de la no reelección que, entre otras cosas, garantiza prácticamente la falta de pericia de los representantes populares y su total desvinculación con sus votantes. En México casi nadie conoce a sus legisladores y, de hecho, no tiene por qué conocerlos. Los diputados nunca van a ver a sus mandantes: no tienen para qué, ya que una vez electos saben que luego de tres años, pase lo que pase, ya no estarán. Así las cosas, la única manera de establecer algún tipo de rendición de cuentas es a través de la reelección. Ésta, a su vez, sirve también para establecer una forma de vinculación entre el mandato presidencial y los votos que se necesitan en el Congreso para llevar a cabo un programa. Los méritos de esta reforma no están a discusión. Es, además, una permanente lección de democracia: para los legisladores, porque les recuerda a cada momento que el único mandato real proviene de la gente, y para los electores, porque los alienta a examinar perfiles y desempeño de los candidatos, opciones y proposiciones de los partidos. Un argumento muy sólido a favor es que, a excepción de Costa Rica, no existe ninguna democracia en el mundo que no tenga la reelección consecutiva de diputados y senadores. ¡Por algo será!

Por su parte, la objeción de que reelegir a los parlamentarios inevitablemente lleva a otras formas de reelección (la del presidente de la República, para mayores señas), en primer lugar, es falsa: se puede perfectamente tener la reelección *sólo* de diputados y senadores. En segundo lugar, algún día, dentro de algunos años, habrá que examinar las otras posibilidades de reelección: presidentes municipales, gobernadores y, finalmente, pues sí, presidente de la República. Porque, a priori, no hay ninguna razón para guardar la no reelección indefinidamente como cuestión de principio. Es cierto que en México tuvo una lógica durante una coyuntura particular, pero no está de por medio un principio inamovible. Si así fuera, todas los demás democracias, que sí tienen reelección del conjunto de sus funcionarios electos, estarían violando un precepto básico de toda democracia, y los únicos que lo respetaríamos seríamos nosotros. Vaya problema, en este mundo globalizado y cada vez más homogéneo.

En lo que se refiere a las diputaciones plurinominales, llegado el momento se podría también considerar que los diputados sean reelectos como plurinominales. Porque, de hecho, no hay ningún problema en que sea uno reelecto como plurinominal. En este caso, es cierto que la vinculación entre electores y elegidos no se va a establecer y que la rendición de cuentas, sin duda, será menor. O se podría tal vez instaurar la reelección sólo para los uninominales, no para los plurinominales, y en este caso el diputado que quisiera seguir en la Cámara se tendría que ir forzosamente a un distrito. Pero esto no sería lo esencial, porque en el caso de las diputaciones plurinominales la rendición de cuentas es mucho más complicada: es difícil que un elector que vota por lista premie a un diputado sobre otro; puede dar su preferencia a un partido sobre otro, o castigar a un partido sobre otro, pero nada más.

El referéndum

México, al igual que los demás países latinoamericanos —y también los de Europa occidental y oriental—, tiene que enfrentarse, cada vez más, a dilemas constitucionales y retos en el ámbito internacional que difícilmente pueden ser resueltos exclusivamente por las cámaras y los parlamentos que, en primer lugar, no suelen contar con una vasta aprobación —o popularidad o inclusive respeto— por parte del electorado. En segundo lugar, no acostumbran tampoco contar con la pericia ni la representatividad, o el arraigo entre la población, que les permita tomar estas decisiones. Por otra parte, la figura del referéndum es una práctica internacional que se está generalizando y, nuevamente, es difícil que un país que es parte de la comunidad de naciones se pueda abstraer de la evolución que se va dando.

En México, por la antigüedad de nuestra Constitución y porque nunca fue pertinente ni necesaria una modificación al respecto durante la época del PRI, no existe la figura del referéndum o del plebiscito o de la consulta popular a nivel federal. Y, por lo tanto, las grandes disyuntivas constitucionales o los retos internacionales trascendentes no se resuelven por esta vía. Por el contrario, países tan variados como Colombia, Brasil, Venezuela, Suecia, Portugal, España, Francia o Canadá —unos ricos, otros pobres, unos grandes, otros chicos, unos federalistas otros centralistas, unos de largas tradiciones parlamentarias como Inglaterra y otros con tradiciones democráticas muy recientes como Sudáfrica— resuelven sus principales disyuntivas constitucionales y enfrentan sus retos internacionales por la vía del referéndum. Y lo hacen, en primer lugar, porque sólo ese mecanismo legal puede dar la legitimidad que merecen las decisiones de esta envergadura. Sobre todo cuando se sabe, por experiencia histórica, que los márgenes de victoria son muy exiguos. Cuando las resoluciones se toman en las cámaras y los parlamentos, difícilmente superan una relación, a favor y en contra, de 60 a 40, y las más de las veces las diferencias no pasan de algunos puntos porcentuales (47 a 53, 52 a 48 y así). Y, sin embargo, se trata de grandes asuntos de los países como, por ejemplo, la conveniencia de un régimen unicameral, el ingreso a la Unión Europea, la adopción del euro como moneda (Dinamarca) o el mantenimiento de los senadores vitalicios (Chile), la aprobación de una nueva Constitución (Venezuela) que, por su propia naturaleza, requieren la ratificación de una gran base social.

En segundo lugar, es preciso considerar que, por lo menos en el universo democrático, las decisiones de tal trascendencia sólo pueden ser tomadas por todo el mundo, es decir, que lo ideal no es dejarlas en manos de congresos, cámaras y senados que siempre están sujetos a presiones muy puntuales, a una coyuntura política, a saber, la próxima elección, la promulgación de la próxima ley, la organización de la próxima campaña y su financiamiento. El plebiscito representaría, hasta cierto punto, una manera de nacionalizar una gran decisión: en lugar de dejarla en manos de 300 o 500 representantes, se somete a todos los habitantes de un país. Esto es especialmente importante para un país como México, donde la gran mayoría de las discusiones están cargadas de intensidad y remiten inexorablemente a asuntos de tradición, de principios, de historia, de valores. En Suecia, por ejemplo, a los partidarios del euro no se les acusa de traición y tampoco se considera que los que se oponen a su adopción sean los únicos patriotas. En Francia la aprobación del Tratado de Maastricht opuso a quienes eran favorables a ciertas cesiones de soberanía y a los que no; la cuestión se resolvió por medio de un referéndum y su resultado, por un margen muy estrecho, adquirió una legitimidad que no hubiera revestido su aprobación por la vía parlamentaria. En el caso de México, decisiones como la del TLC, o la creación del ALCA en 2005, más que asuntos que tocan a ciertas competencias estatales que ciertamente forman parte de la soberanía, pero que, como otras —todo tratado internacional obliga a un país soberano, luego implica una cesión de soberanía—, pueden ser cedidas o delegadas a una instancia que es común a varios países, parecen a muchos de nuestros compatriotas la esencia misma del país. Y cualquier tema que tenga ver con la energía y el petróleo está muy cargado de pasiones y de intensidad. Entonces, todas estas decisiones fundamentales, que además deben necesariamente referirse a los más emblemáticos de los preceptos constitucionales, al artículo 27, al 130, al 123, deben con más razón ser resueltas por todos los mexicanos y no sólo por unos cuantos, por más que hayan sido designados para ese propósito.

Ahora bien, la oposición al referéndum siempre es de tres órdenes: uno, la insuficiente información disponible; dos, la supuesta falta de preparación de la gente para tomar estas decisiones; y tres, la simplificación excesiva que suele acompañar la mayoría de las preguntas en los referendos. La tercera sería la más fácil de refutar porque, en muchos casos, la pregunta surge de las circunstancias mismas, por ejemplo, la eventual ratificación del Tratado de Libre Comercio de América del Norte: y la respuesta es *sí* o es *no*, no es mucho más complicado que eso. Se trata de una simplificación, es cierto, pero esta decisión binaria se deriva de la propia naturaleza de la consulta. En un caso como la entrada a la Unión Europea, por ejemplo, se supone que el correspondiente gobierno ya negoció las mejores condiciones posibles. Si a alguien no le gusta la negociación en su conjunto, vota que no. Pero, a esas alturas y de cara a las prácticas vigentes en las relaciones internacionales, en un referéndum no se puede negociar que el convenio se celebre pero que se excluya, digamos, un capítulo agrícola que es ya parte de un acuerdo global. La simplificación no es un agregado a los hechos, tiende a ser una mera comprobación de una situación binaria preexistente.

En lo que se refiere a cuestiones constitucionales, el carácter binario, en efecto, no siempre es evidente y la forma de plantear la pregunta en un referéndum puede ser simplificadora en extremo y, eventualmente, podría llevar a errores. Pero suele ser clara la disyuntiva que enfrenta un país: Canadá, la independencia de Québec; Brasil, la alternativa entre un régimen parlamentario, presidencial o inclusive monárquico (así de increíble como pueda parecer, alguien metió la opción monárquica en el referéndum reciente); Venezuela, el referéndum para la revocación del mandato de Chávez, sobre si se va o se queda, sobre quién queda si se va y sobre cuándo puede volver a presentarse.

Plantear estos dilemas de tal manera no necesariamente significa que se esté simplificando al extremo la realidad. Más bien, la simplificación refleja una disyuntiva concreta de la sociedad. El tema central en Venezuela es decidir si Chávez se queda o se va. El referéndum tan sólo refleja este hecho, no lo está generando. Al revés: es la situación la que se está expresando en el referéndum. En algunos otros temas, es cierto, los enunciados del referéndum pueden parecer excesivamente simplistas. Por ejemplo, en lo que se refiere a los temas de la energía en México —la inversión privada, extranjera o nacional, tanto en la explotación de hidrocarburos como en la generación y venta de electricidad—, se puede argumentar que, al plantear los problemas de una manera tan simplista, la gente se siente obligada a escoger entre dos opciones, siendo que hay más. Sin embargo, esto es lo que suele precisamente suceder en otros ámbitos, en los parlamentos, en los debates públicos, en los debates que tienen lugar en las páginas de los diarios: habitualmente, las discusiones terminan en la constitución de dos bandos, dos campos, uno a favor y el otro en contra. Y aunque sin duda haya una tercera voz muy sesuda, preclara o muy elocuente que pudiera decir que no está de acuerdo ni con una postura ni con la otra sino con una tercera opción, esa tercera opción sería barrida por la fuerza de las cosas.

Las grandes decisiones nacionales tienden a simplificarse y a reducirse a opciones binarias. Así son las sociedades: en pro o en contra del aborto en Estados Unidos, en pro o en contra de la pena de muerte en Europa, en pro o en contra de la inversión extranjera en el sector energético de México, a favor o en contra de las autonomías indígenas en nuestro país. En teoría podría haber una tercera o cuarta o quinta postura. Pero si se tratara de una tercera posición sólida, fuerte y pertinente, terminaría desplazando a alguna de las dos anteriores y los resultados serían exactamente los mismos. De ahí que, en los hechos y en la inmensa mayoría de los casos, las grandes decisiones nacionales tiendan a plantearse de manera binaria, a pesar de la diversidad y pluralidad de las sociedades democráticas. Los referendos simplemente reflejan esta situación.

De manera que no son tan pertinentes las reservas sobre la simplificación. Por el contrario, la objeción sobre la falta de información sí es real; una buena ley de referéndum debería plantear, de entrada, el acceso a los medios masivos de comunicación para todas las fuerzas, para los partidarios y los no partidarios. Es también fundamental que el gobierno lleve a cabo una labor educativa y de difusión, en particular por la autoridad electoral. De cualquier manera, este es un hecho real en todas las elecciones, no sólo en el caso de un referéndum. En los países donde existe esta consulta se prevé por ley una "campaña" con reglas claras y equitativas, como para una elección.

La tercera objeción, la que se refiere al nivel de preparación de la gente, no sólo incumbe al caso concreto del referéndum, sino que es también uno de los problemas perennes de la democracia, algo que podríamos llamar el *Síndrome de la India*. Es ciertamente un mito que ese país haya sido una democracia perfecta, cabal y ejemplar desde aquel 1° de enero de 1947 cuando Lord Mountbatten cedió el mando inglés. Y, de igual manera, es cierto que, al cabo de más de 55 años, no es todavía una democracia acabada. Pero también es innegable que en un país con un bajo nivel educativo, sectores masivos que sufren una pobreza dramática y una enorme desigualdad, más o menos llegó a funcionar un régimen democrático, con una serie de características reconocidas como democráticas.

Un país que, precisamente en condiciones como esas, está listo para tener un régimen democrático, para votar por un parlamento, para elegir un presidente, para tomar decisiones, también está capacitado para tomar otras decisiones por vía del referéndum. El que puede lo menos, también puede lo más. El que puede elegir a un presidente, puede también participar en una decisión sobre lo que debe hacer ese presidente. Si, como temen algunos, no está en condiciones de decidir si el país debe ingresar, por ejemplo, a la Unión Europea o al ALCA, tampoco puede elegir a un responsable de decidir eso mismo —y mil cosas más—. Lo que se le pidió a un votante al elegir a un presidente o diputado o gobernador es lo mismo que se le pide cuando debe tomar una decisión que, finalmente, tampoco es tan técnica. Porque no se va a realizar un referéndum sobre aspectos especializados como subir el IVA del 10 al 15%; ese no es el tipo de asunto que merece la celebración de una consulta universal. Más bien, se van a discutir los grandes temas constitucionales o cuestiones de verdadera trascendencia nacional o internacional.

La iniciativa popular debe ser permitida. No sólo el gobierno o el Congreso deben estar facultados para mandar temas a referéndum, sino también los ciudadanos. Para ello, desde luego, es necesario definir cierto umbral mínimo de participación inicial y de claridad de preguntas. Ahí sí, se trata ya de una cuestión de técnica legislativa, es decir, de cómo redactar la ley de referéndum para abrir posibilidades a la sociedad civil sin permitir, al mismo tiempo, que ocurran abusos como los que, por ejemplo, tuvieron lugar en Suiza, donde hubo tal número de plebiscitos sobre una cantidad de cosas cada día más absurdas que los electores se cansaron y ocurrió entonces lo que se llamó el *référendum fatigué* y la gente dejó de votar. A partir de ahí fue necesario introducir una nueva disposición relativa al número mínimo de votos, algo que existe en la mayoría de los procedimientos que los países terminaron estableciendo para promulgar nuevas leyes, en los cuales no sólo debe haber una mayoría a favor sino un mínimo de participación. Son ajustes propios a toda democracia. Porque no existe un sistema electoral de representación perfecta y siempre terminan por aparecer las paradojas de Condorcet. E, inclusive cuando se corrigen y se corrigen las cosas para aproximarse lo más posible a un sistema que, en efecto, garantice la más justa y fiel representación popular, ocurre que no se había previsto algún efecto perverso y que, desgraciadamente, termina por descarrilar todo el esquema. De la misma manera, no hay una ley de referéndum perfecta. Pero, en todo caso, es preferible una ley imperfecta a ninguna ley en una situación que inevitablemente habrá de mantener a un país en la parálisis.

Conformación de mayorías / Separación de funciones

El tema de la conformación de mayorías es probablemente el más importante porque es el que rompe con la estructura del régimen presidencial. Y, ahí, las discusiones han sido eternas en América Latina sobre si pasar al régimen parlamentario, sobre si éste es más democrático que el régimen presidencial. Abundan las respuestas afirmativas, que todo esto tiene mucho que ver con el régimen de partidos, que no se puede separar el tipo de régimen presidencial o parlamentario del tipo de régimen de partidos que ya existe, que debe existir una mínima cohesión en los partidos; también está el tema del calendario electoral, de tener simultaneidad de elecciones o no tenerla. Son todas ellas discusiones teóricas muy pertinentes que se han celebrado en América Latina durante los últimos quince años, desde el momento en que concluyeron los regímenes autoritarios y se comenzó a ver que, en los hechos, los regímenes presidenciales no funcionaban.

Como se pueden proponer mil esquemas, hay que escoger uno. Y cada quien debe plantear el que prefiera, el que le parezca menos malo para el país y para la coyuntura. En lo personal, he llegado a la conclusión, por mi francofilia, de que el régimen híbrido francés —semejante al portugués, al polaco, y al ruso—, cuyo origen podemos situar en la Quinta República, es el mejor o, en todo caso, el menos malo para el México de hoy. Y es el mejor porque, sin pasar a ser un régimen parlamentario, sí permite una coincidencia casi permanente, casi automática entre mayoría presidencial con segunda vuelta y mayoría legislativa que puede ser también con segunda vuelta. Es un régimen híbrido porque el presidente, el jefe de Estado, no es elegido por el Congreso ni es hereditario, sino que es elegido por el sufragio universal y, por tanto, posee la legitimidad y la fuerza que sólo provienen de éste. En segundo lugar, porque se trata de un auténtico jefe de Estado que conserva la mayoría de las facultades y prerrogativas de un mandatario en un régimen presidencial. Pero además existe la figura del primer ministro —responsable ante el Parlamento, por el cual, justamente, tiene que ser ratificado—, que le puede negar la confianza —aunque originalmente haya sido seleccionado directamente por el jefe de Estado—, y hay una separación entre las funciones del jefe de Estado y del jefe de gobierno.

El primer ministro determina y lleva la gestión cotidiana del gobierno, envía las leyes a un Parlamento ante el que también comparece para explicar la política del gobierno, lleva a cabo las negociaciones para determinar, por ejemplo, el presupuesto y, finalmente, de él depende la conducción de los asuntos de la nación en el día a día. El presidente, por su parte, hace todo lo demás, toma las grandes decisiones, encarna la unidad nacional, representa al país en el extranjero, es el garante de las instituciones y de la aplicación de los tratados, es el comandante en jefe de las fuerzas armadas y conserva todas las características de jefe de Estado de un régimen presidencial, no de un régimen parlamentario. Pero, a su vez, delega parte del poder en un primer ministro que él mismo nombra, que depende de él. Tal vez las dos facultades más importantes del presidente son, por una parte, nombrar al primer ministro y obviamente, en su caso, revocarlo, y por la otra, tener la facultad de disolver el parlamento y llamar a nuevas elecciones. Pero, además, el presidente guarda la atribución de nombrar a todos los demás ministros. Esto hace que otra de las funciones del primer ministro sea, de hecho, servir como una especie de fusible de seguridad al presidente: cuando se enredan las cosas, el presidente lo quita y pone a otro, con la formación de un nuevo gobierno.

El jefe de gobierno es el encargado de conformar las mayorías en el Parlamento donde, por definición, siempre existe una mayoría, al igual que en los regímenes parlamentarios plenos. Esta es justamente la ventaja de un sistema donde, por fragmentada que pueda estar la sociedad política, siempre hay una mayoría. Hasta en la Italia de la democracia cristiana de los años sesenta y setenta se tenía que conformar una mayoría, lo mismo que en el Israel de los años noventa. Si no hay mayoría, simplemente no hay gobierno. En este caso, si los parlamentarios no pueden llegar a una coalición, el presidente disuelve el parlamento y se desarrollan nuevas elecciones, proceso que obliga a los partidos a ponerse de acuerdo y formar una mayoría. Pero durante este relativo vacío de poder, contrariamente a un régimen parlamentario, un auténtico presidente continúa asegurando el funcionamiento de las instituciones y de hecho gobernando el país. El régimen híbrido francés combina las virtudes del presidencialismo y del parlamentarismo. Puede funcionar como un régimen semipresidencial, cuando el presidente y la mayoría de la Cámara coinciden, y como un régimen semiparlamentario, cuando la oposición al presidente domina la Cámara.

En este sistema, efectivamente, se puede producir este tipo de situación problemática, cuando no concuerdan las dos mayorías, inclusive si la fecha de las elecciones es simultánea. De allí se derivan situaciones incómodas, como la llamada *cohabitación* en Francia. Esta circunstancia, sin embargo, no es muy distinta a la que se observa en un régimen presidencial cuando un partido diferente al del presidente tiene mayoría, como sucedió en Estados Unidos, en 1994, con Bill Clinton, presidente demócrata con una mayoría republicana en la Cámara. En los 41 años de vida de la Quinta República francesa, desde que se estableció la elección presidencial con sufragio universal en 1962, sólo ha subsistido la cohabitación durante seis años. Los otros 36, la gente ha tendido a votar igual en una elección que en la otra. Lo cual es bastante lógico: los ciudadanos, cuando eligen a un presidente, quieren igualmente darle los instrumentos para que pueda gobernar. Es cierto que en los últimos septenios —y es la principal razón por la cual se adoptó un régimen de cinco años últimamente— hubo cohabitación en los dos últimos años de estos mandatos. Ésta tradujo un claro deseo de "poder compartido" y no realmente de rechazo del presidente, ya que los dos presidentes que fueron afectados, fueron reelectos. En fin, el electorado quería la cohabitación, y la tuvo. Un poder compartido real, y no un bloqueo de las instituciones, como en el caso de "poder compartido" en nuestros regímenes presidenciales. El presidente asumía todas sus funciones y prerrogativas. El primer ministro y el gobierno también. Una división de facultades y privilegios conforme a la constitución, situación que, sin ser ideal, permite sin embargo un desarrollo casi normal de la vida del país.

Este es el sistema que me parece preferible. Porque además, por decirlo de alguna manera, reparte los premios personales y los políticos. A pesar de que hay dos figuras de gobierno, existe una evidente preeminencia del presidente, lo que permite salvaguardar algo fundamental en México y América Latina: una Presidencia fuerte en países donde las fuerzas centrífugas siguen siendo muy poderosas y donde es muy importante contrarrestarlas. Pero, al mismo tiempo, permite lograr mayorías democráticas en el Congreso que, a su vez, evitan las tentaciones autoritarias de algunos personajes del presente, de esta época post democrática latinoamericana, por no referirnos a los caudillos de antaño, a Gómez, a Porfirio Díaz, a Vargas o a Perón. Justamente, en estos tiempos hemos tenido por lo menos tres casos concretos de presidentes —Menem, Fujimori y Chávez— que, por no contar con una mayoría en el Congreso, quisieron darle la vuelta a las cosas y recurrir a métodos autoritarios para gobernar. Este sistema, con todo y sus fallas y a sabiendas de que no hay sistemas perfectos, es el mejor.

Segunda vuelta

La reforma anterior está directamente vinculada con el tema de la segunda vuelta, porque es muy difícil construir una Presidencia fuerte sin contar con más del 50% de los votos. En principio, todas las posibles objeciones a la segunda vuelta serían válidas, salvo por el hecho de que sigue siendo preferible tener un presidente con más de la mitad de los votos que con menos. Y, precisamente por esta razón, hasta ahora no hay casi ningún país con un régimen presidencial que no prevea una segunda vuelta legal o de facto. En Estados Unidos este mecanismo opera a través de las llamadas elecciones primarias. De vez en cuando, es cierto, un tercer candidato violenta la regla de facto porque, al no existir una segunda vuelta legal, se puede distorsionar la voluntad popular y se crea una situación como la que hubo de enfrentar Bill Clinton en 1992, como consecuencia de la participación de Ross Perot. Pero fuera de estos casos muy contados, en Estados Unidos la segunda vuelta opera, en los hechos, gracias a las primarias. Y, de cualquier manera, siendo un sistema bipartidista, por definición el candidato ganador va a obtener más del 50%. Además, en Estados Unidos existe otra forma del llamado *colegio electoral*, que tiende a garantizar que el candidato ganador siempre tenga más de la mitad, si no de los votos directos, por lo menos de los votos indirectos. Hoy día, prácticamente no hay sistema presidencial en el mundo que no incluya una segunda vuelta. Las excepciones son contadísimas.

Si en el ámbito académico —o político, o inclusive filosófico— hubiera algunas razones, verdaderamente extraordinarias, para no celebrar la segunda vuelta, es de suponer que otros países también se habrían dado cuenta de ellas. Pareciera que decir que somos los únicos, o casi, en el mundo entero, en no seguir este camino es en sí un argumento muy poderoso. Se esgrimen al respecto tesis brillantes. Ahora bien, es difícil explicar por qué no las han adoptado en el resto del mundo. Porque hablamos español, un idioma bastante accesible, y hay también mucha comunicación con el exterior, hay embajadas, la gente viaja. El representante de Brasil, por ejemplo, mandaría un fax a su país para comunicar que los mexicanos han descubierto diez razones extraordinarias contra la segunda vuelta. En Brasilia, desde luego, se pondrían a estudiarlo y muy pronto se correría la voz entre los chilenos, los argentinos, los colombianos y los rusos. Sería imposible ocultar la información.

Un argumento utilizado con frecuencia para oponerse a las transformaciones es que México es un país orgullosamente distinto. Pero cada vez resulta más difícil entender por qué debe ser tan diferente a todos los demás. En lo particular, entiendo muy bien que México sea distinto a Estados Unidos. Pues entonces se parece a Guatemala. Pero no, es distinto. Entonces se parece a Brasil. Tampoco. No es ni como Estados Unidos, ni como Brasil, ni como Guatemala, ni como Venezuela. De manera que, a lo mejor, finalmente, es como Portugal. Pero resulta también que no, que no es como Portugal. Ahora bien, ¿por qué somos tan únicos? Este es un problema real.

La segunda vuelta parte de la existencia de más de dos partidos. Ese es el tema central. Cuando no hay un bipartidismo claro, es por lo general necesaria una segunda vuelta para que el presidente electo tenga posteriormente un mandato claro. Es cierto que, en lo que respecta a las elecciones de parlamentarios, existe también el problema de esas minorías que no están suficientemente representadas; por eso se suele agregar algún tipo de representación proporcional a la segunda vuelta. De no existir estos mecanismos, es probable que, por ejemplo, en las pasadas elecciones del 6 de julio de 2003 el PRD hubiera tenido muy pocos diputados. Sí existe, en efecto, el problema de proteger la representación de las minorías cuando impera un mecanismo de segunda vuelta en un sistema de más de dos partidos. Como en México todo indica que vamos a tener un sistema de más de dos partidos durante mucho tiempo —o bien porque el PRD va a persistir (ya pasó la *prueba del añejo*, y aunque no ha subido mucho su porcentaje, tampoco va caer por debajo de ciertos umbrales de representatividad) o bien porque también es muy probable que los otros dos partidos seguirán estando sujetos a divisiones, fracturas y escisiones a nivel local, o a nivel nacional—, hace sentido instaurar un sistema de segunda vuelta también para la elección de legisladores, porque este mecanismo amplifica efectivamente el mandato, es decir, encierra una cláusula intrínseca de sobre-representación que, es lo que, en un país como Francia, ha permitido que puedan coincidir las dos mayorías. De manera que sí es conveniente que en México se instaure un sistema de segunda vuelta para las elecciones presidenciales *y* para las elecciones legislativas y, paralelamente, subsista alguna dosis de proporcionalidad para evitar la sub-representación de los partidos minoritarios. He allí una buena combinación para nuestro país que, por lo pronto, se podría instrumentar, digamos, durante unos diez años, tal y como se hace en otros países donde las prácticas electorales siempre están en revisión.

Reducción del número de diputados

La última reforma planteada aquí, sobre todo a raíz de una exigencia de la opinión pública —que no necesariamente tiene toda la razón en cuanto a la importancia del tema—, se refiere tanto al número de diputados y senadores como a la cuestión del financiamiento de las campañas políticas y de los partidos en México. Aunque en realidad se trata de dos temas diferentes, la gente tiende a amalgamarlos, al considerar que al país le cuesta muy caro mantener al actual número de diputados y, de la misma manera, que gasta mucho dinero en el financiamiento de los partidos políticos.

En lo que toca al número de diputados y senadores, es probable que efectivamente se pueda reducir, aunque las consecuencias económicas de esa reducción son prácticamente nulas. En México, a partir de la primera reforma política en

1978, con la incorporación al sistema político legal de distintas corrientes ideológicas, regionales y generacionales del país, hubo necesidad de ampliar los espacios de representación. Pero no era asunto de hacerlo quitando presencia a los partidos ya existentes, principalmente el PRI, luego el PAN, y los tradicionales partidos pequeños de aquel entonces, PPS, PARM, etcétera, sino de abrir otros espacios a los partidos nuevos —esos mismos ámbitos que en la actualidad ocupan, por ejemplo, el PRD y el Partido Verde—, de manera que el número de diputados fue creciendo de forma excesiva. Fue una buena solución política, justamente, al problema político de cómo aumentar la representación de los demás sin disminuir la representación de los que ya estaban. Hoy en día ya no perdura esa justificación en el caso de ambas cámaras. Se podría perfectamente tener una Cámara de diputados con 400 miembros, 300 por distrito y 100 de representación proporcional. De la misma manera, se podría eliminar a los senadores por lista, o proporcionales, que son una auténtica aberración democrática en cualquier país, y quedarnos con 96 representantes. Estas serían las dimensiones del Congreso que corresponderían aproximadamente a las de otros países, algunos más poblados y otros con una población menor que la de México. Y, aunque no es una de las reformas más importantes, tiene en efecto cierto sentido conservar al senador de primera minoría por las mismas razones que es necesario mantener a por lo menos cien diputados de representación proporcional en este esquema híbrido, a la alemana, que se estableció desde la reforma política de Manuel Bartlett y de Miguel de la Madrid, en 1986. La razón para preservar un sistema con senadores de primera minoría y cien diputados de representación proporcional es sencilla. Los sistemas mayoritarios eliminan de la representación política a los pequeños partidos y, en un país donde todavía no sabemos bien a bien cuál es el verdadero espectro político por inexistencia de una historia propia en esta materia —no sabemos si hay una verdadera sensibilidad de izquierda, o de derecha, o de centro, o ecologista, o de género, o indigenista—, debemos permitir, por lo pronto, la eclosión de todas las corrientes políticas. Resultaría muy pernicioso un sistema que anulara de entrada a las corrientes minoritarias sin que sepamos todavía realmente cuáles son y si, en efecto, están condenadas a ser minoritarias. Y, en estos momentos, eliminar por completo a los diputados de representación proporcional podría crear una abrumadora mayoría priísta, ya que el PRI es el único partido que está presente en los trescientos distritos electorales que, hoy día, conforman el mapa electoral de México y, con la práctica excepción del Distrito Federal, cuenta igualmente con presencia en los 32 estados de la Federación. Es decir que, con algo más de un 30% del voto, el PRI podría tener la inmensa mayoría de las trescientos diputaciones si no existiera el actual mecanismo de corrección a través del sistema de representación proporcional. Sin este tope a la sobre-representación, podría suceder, por ejemplo, lo que ocurre en Gran Bretaña, donde el Partido Liberal, en los últimos 20 años, a pesar de que alcanza con regularidad de 15 a 20% del voto, prácticamente no tiene diputados porque los otros dos partidos mantienen su hegemonía en todos los distritos; o bien, el famoso problema del Partido Comunista francés durante largo tiempo, cuando sólo había distritos de mayoría relativa en Francia y, sistemáticamente, con 22% de los sufragios, sólo obtenía 7 u 8% de los diputados. En México, de eliminar a los diputados de representación proporcional, o bien sobre-representaríamos al PRI, o bien la representación estaría monopolizada, por así decirlo, por el PRI y el PAN, ya que el PRD, siendo un partido que no pasa de obtener un 17 o 18% de los votos a nivel global en el país, difícilmente lograría un porcentaje de más del 10% de los diputados (unos 30 en el Distrito Federal más algunos otros en Michoacán).

Lo mismo ocurre en el Senado. Si sólo hubiera dos senadores por estado —como sucede, por ejemplo, en Estados Unidos o en Chile o en Brasil—, sin senadores de primera minoría, el PRI y el PAN muy probablemente se repartirían casi todo el pastel y el PRD elegiría senadores apenas en tres o cuatro estados. Con un porcentaje como el que ha obtenido en las últimas elecciones, 16 o 17% del total, sólo alcanzaría 3 o 4% de los senadores. La existencia de senadores de primera minoría, por lo tanto, permite equilibrar de alguna manera este sesgo impuesto a la expresión de la voluntad popular por los sistemas de mayoría relativa. Insisto, aunque la opinión pública no lo crea así, el problema no es económico. El costo de 100 diputados o de 28 senadores no reviste mayor relevancia en las finanzas del país.

Financiamiento de campañas

Por último, subsiste el tema del financiamiento de las campañas. Es uno de los asuntos más sensibles para la ciudadanía aunque, como expresé, no necesariamente el más trascendente. En efecto, la democracia mexicana está costando mucho dinero. Sin embargo, hay razones para estos costos, o en su momento las hubo: en primer lugar, fue necesario establecer un financiamiento público de las campañas que permitiera un mínimo de igualdad entre los grandes partidos. En el sistema político anterior, de un solo partido, todo el financiamiento privado se dirigía, justamente, a ese partido mayoritario, al partido hegemónico. Y en segundo lugar, había que evitar que entraran recursos de origen ilícito a las campañas, en particular los provenientes del narcotráfico. Los legisladores que en 1996 determinaron esta estructura de financiamiento estaban dando soluciones reales a problemas reales. Actualmente, en una coyuntura diferente, algunos de esos factores han perdido vigencia: con la llegada de la alternancia, ya no es tan perentoria la necesidad de equilibrar el financiamiento a los tres principales partidos y el financiamiento privado ya no se dirige necesariamente al partido en el poder. De manera que, en el caso de que se quisiera hacer, se puede contemplar alguna reducción significativa del financiamiento público a los partidos. Otra posibilidad es reducir los recursos destinados a renglones muy concretos como, por ejemplo, la compra de tiempo para propaganda en televisión, un rubro que consume probablemente la mayor cantidad de recursos. En muchos países se establece que los partidos sólo pueden disponer de tiempos públicos y se les prohíbe expresamente contratar espacios adicionales. De esta manera, al desaparecer el destino principal del gasto, se reduce enormemente la necesidad de financiamiento, tanto público como privado.

Aunque los ciudadanos parecen estar muy sensibilizados sobre ambos temas, el asunto del financiamiento de las campañas, a diferencia de lo que se refiere al número de diputados y senadores, sí tiene una consecuencia palpable en las finanzas públicas. En las elecciones de 2003, considerando la relación entre el nivel de financiamiento público y el bajo nivel de participación electoral, cada voto tuvo un costo astronómico, probablemente el más alto del mundo. En estas elecciones, el abstencionismo tuvo un precio muy concreto ya que imprimir cada boleta electoral le costó al contribuyente 26.5 centavos, según datos del Instituto Federal Electoral. Tomando en cuenta que el gasto total para imprimir las 67 millones 548 mil 609 boletas destinadas a la elección de los diputados federales fue de 17 millones 908 mil pesos y que el abstencionismo fue de 38%, este abstencionismo costó al contribuyente 6 millones 805 mil 040 pesos. Y esto sí es algo que debe cambiar. Ahora bien, para cambiarlo debemos recordar las razones por las cuales surgió este sistema. En primer lugar, se consideró que para repartir equitativamente los recursos de los grandes partidos era necesario crear un mecanismo en el que el financiamiento público alcanzara hasta un 70% del total. El 30% restante podía provenir de fuentes privadas. La causa de esta decisión fue que, en el momento de hacer esta reforma, en 1996 —que es de alguna manera la secuela de la reforma de 1994—, se pensó que el financiamiento privado seguiría canalizándose mayormente hacia el PRI, por ser no sólo el partido mayoritario, sino el partido en el poder, el partido hegemónico, el partido autoritario. Por lo tanto, era necesario crear un sistema que, a través del financiamiento público, equilibrara y compensara esta tendencia natural de los fondos privados de destinarse hacia un partido que, de no cambiar las cosas, seguiría disponiendo de una gran ventaja en todas las elecciones. Desde luego, era imposible obligar al sector privado a financiar a otros partidos, de manera que para que éstos pudieran competir en condiciones de igualdad con el PRI fue necesario garantizar que contaran con una sustancial cantidad de fondos públicos. Fue también por esta intención de que los partidos pequeños contaran con suficientes recursos, que se fijaron topes de financiamiento relativamente elevados.

Hasta ahí todo encerraba una cierta lógica. Posteriormente ocurrió que los propios partidos comenzaron a fijar los montos que les correspondían en función de los votos obtenidos y, evidentemente, se despacharon con la cuchara grande y las sumas se dispararon. Este fenómeno se observó ya desde las elecciones de 1997. Y es que el Congreso determinaba cada año las asignaciones presupuestales para cada partido a través de un mecanismo que, en principio, era justo y no favorecía a un partido sobre otro porque era en función de los votos recibidos. Sin embargo, muy pronto se comenzó a observar una pavorosa propensión al aumento, porque cuando uno mismo vota por el dinero que va a recibir, es lógico que vote por más y no menos. Lo que en un comienzo se debía a una lógica correcta —a saber, que era necesario destinar fondos públicos tanto para equilibrar las disparidades del financiamiento privado como para asegurar, por ejemplo, que no se pudiera comprar una elección con el dinero de un magnate— terminó por provocar una escalada de costos cuando los partidos adquirieron la facultad de determinar cuánto dinero debían recibir por cada voto. Pero, además, se tomó en consideración otro factor: había que dar niveles considerables y suficientes de financiamiento para que los partidos y los candidatos no sucumbieran a la tentación de buscar dinero ilícito que, en principio, no provendría del extranjero ni de las sociedades mercantiles ni de algunos individuos particulares sino, concretamente, del narcotráfico. En países como México, Colombia o Perú, el problema de fondo del financiamiento de campañas es, precisamente, el dinero del narcotráfico que, aparte de que es extraordinariamente difícil de rastrear, constituye una tentación para cualquier partido, porque se trata de sumas gigantescas y en efectivo. Todo esto llevó a que, desde 1994 e incluso en la reforma de Salinas, en 1989, se argumentara que, si bien la democracia es cara, había que pagar el precio.

Hoy día, sin embargo, muchas de las anteriores consideraciones están empezando a perder su razón de ser. En primer lugar, el sector privado está repartiendo sus aportaciones a las campañas y a los partidos de manera bastante equitativa. Como se ha visto, por ejemplo en la Ciudad de México, ya no hay un sesgo empresarial en contra del PRD o del PAN, algo que sí ocurría en el pasado. Por lo tanto, comienza a desvanecerse el argumento de que la participación pública en el financiamiento debe ser elevada. En segundo lugar, el IFE puede reglamentar directamente los montos que los partidos deben recibir en función de los sufragios obtenidos y así se reduciría enormemente el dinero asignado por cada voto. Existe también la propuesta de acortar el tiempo de las campañas oficiales que, de esta manera, necesitarían de una menor cantidad de recursos. Otra reforma que, visto el poderío de los monopolios audiovisuales en México, difícilmente se podrá hacer en el corto plazo —y que, sin embargo, es la más importante en términos de ahorro de recursos—, sería prohibirles a los partidos la compra de tiempos de radio y televisión. Se asignaría a cada partido una cuota particular, como sucede en Francia, en Inglaterra, en Chile o en Brasil, en función de sus resultados anteriores y, desde luego, mediante ciertas fórmulas de equidad para no perjudicar a los partidos pequeños ni favorecer en exceso a los grandes. Una vez asignadas estas cuotas, se acabó: nadie puede comprar más tiempo. Este sistema, que impera en Europa y en otros países de Latinoamérica, es sin duda el mejor. Nosotros, como en tantas otras cosas, copiamos el sistema estadounidense, una vez más. Lo ideal, probablemente, sería suprimirlo, pura y simplemente. Pero ante el hecho de que las dos grandes cadenas de televisión hacen su agosto cada tres años con las enormes cantidades de dinero transferidas directamente del IFE a sus cuentas, es altamente improbable que una reforma de este tipo se pueda llevar a cabo.

En lo que respecta a los partidos pequeños —algunos de los cuales, sin mayor representatividad, han dispuesto de fondos públicos de manera escandalosa— sería necesario subir el umbral para su registro a un 5%, para que, en los hechos, funcione como un filtro que impida la participación de partidos sin una presencia real. Pero, al mismo tiempo, se debería permitir el concurso de candidaturas independientes —para diputados, senadores, presidentes municipales, gobernadores y presidente de la República— avaladas por un número de firmas ciudadanas, como ocurre en la mayoría de los países del mundo. Con diez mil firmas que se junten se puede ser candidato a la Presidencia; o con mil firmas o un porcentaje del padrón de la circunscripción o de lo que se trate, para lo que se quiera; se separa la candidatura del registro de los partidos, no necesariamente todos los partidos tienen candidatos y no todas las candidaturas son de partidos.

En lo concerniente al tema de las precampañas y su eventual regulación, se trata de un problema sin buenas soluciones. Los países con primarias lo resuelven con la normativización oficial del financiamiento de éstas. Como en México no sabemos todavía qué sistema tenemos —no hay segunda vuelta pero hay primarias, aunque no todos las efectúan—, es sumamente difícil regular las precampañas. En la actual situación, no sólo se puede juntar dinero libremente en los meses previos al inicio legal de la campaña sino que, en los hechos, es prácticamente imposible evitar que el dinero recaudado durante las precampañas no se filtre posteriormente para financiar las campañas propiamente dichas. Ese y no otro es el tema de *Amigos de Fox*, a saber, la posibilidad de que el dinero de la precampaña haya podido ser transferido a la campaña. Se trata, en todo caso, de algo difícil de detectar e, incluso si en este caso se pudo descubrir alguna irregularidad, esto no será más que un estímulo adicional para que, en las próximas ocasiones, otros operadores financieros no cometan los errores del pasado.

Lo ideal sería regular los gastos de precampaña desde un principio, desde el momento mismo en que un presunto candidato comience sus actividades. Pero, para que esto pueda ocurrir, habría que crear un incentivo para que alguien se declare formalmente en precampaña. En este sentido, el sistema estadounidense puede ser interesante: por cada dólar donado por un particular o una empresa privada a una precampaña formalmente registrada, las autoridades electorales aportan otro dólar. De esta manera, a todos los aspirantes les conviene formalizar cuanto antes su precandidatura, o su comité exploratorio, o como se le quiera llamar. Ciertamente, deben declarar los recursos obtenidos, pero el hecho de recibir una idéntica compensación por parte del Estado es una motivación suficiente para registrarse. Esta es una posibilidad. La otra, que personas como José Woldenberg han considerado, es que desde el comienzo se vaya contabilizando todo, y que al llegar el periodo de la campaña los recursos reunidos se deduzcan del tope autorizado. Bajo este sistema, todo lo que se pudiera gastar en una precampaña, pongamos por ejemplo, a lo largo de 2004 y 2005, se iría contabilizando y, si la candidatura prospera y llega a formalizarse, se restaría de lo que se puede gastar en el 2006. Estados Unidos posee también un sistema semejante: lo que se gasta en la primaria se deduce del gasto total para la elección federal. Podría ser otra solución aplicable a nuestro sistema electoral. Es un hecho, de cualquier manera, que las elecciones en México son demasiado caras y, también, que no hay una regulación adecuada de los gastos ni del financiamiento.

Candidaturas independientes

Lo normal, lo natural en la democracia, es la existencia de candidaturas independientes. Si esto es evidente en la elección de legisladores, lo es aún más para los puestos ejecutivos. En efecto, aunque siempre se legisla en asamblea y es bueno que las iniciativas de ley sean originadas por grupos que comparten ideas, un individuo electo como independiente puede aportar ideas y proposiciones que logren convencer a un número suficiente de colegas legisladores. Sucede en todos los países democráticos del mundo.

Por lo que toca a los puestos ejecutivos, lo que los define es la toma de decisiones. La historia nos ha mostrado que, sin caudillismos —ya que en una democracia la sanción es siempre posible—, los puestos ejecutivos funcionan solamente si son ocupados por una persona. Existen ensayos o experiencias de ejecutivos colegiados, pero el resultado siempre ha sido que al cabo de un cierto proceso han desembocado en ejecutivos individuales. Sea miembro de un partido o no, es finalmente un individuo quien ocupa un puesto electivo. En este caso aparece aún más arbitrario impedir una candidatura independiente.

Los ciudadanos tienden a agruparse en partidos para lograr una expresión y una representación política. Es un hecho universal y es un hecho positivo. Pero eso no indica que sea la única manera en que puede haber expresión y representación política. Siempre hay un margen para candidaturas individuales.

No hay, fuera de los sistemas totalitarios, ninguna constitución en ningún país democrático que otorgue la exclusividad de las candidaturas, luego de la representación política, a un partido o a los partidos. No obstante, es el caso en México. La Constitución indica claramente en su capítulo I, artículo 41, que la función de los partidos es "promover la participación del pueblo en la vida democrática", "contribuir a la integración de representación nacional", "hacer posible el acceso de los ciudadanos al poder público". Esto es, la Constitución define a los partidos como medios para la democracia. No los define como medios exclusivos ni como medios suficientes. Y sin duda son medios necesarios. Lo que está a discusión no es ni la utilidad ni la deseabilidad de los partidos políticos, sino la posibilidad de candidaturas individuales. La Constitución no define tampoco a los partidos como fines de la democracia sino, nuevamente, como medios de promoción, contribución y de acceso de los ciudadanos.

En cualquier país, las candidaturas independientes son necesarias porque su sola posibilidad constituye, para los partidos, un aliciente más para reformarse y adecuarse permanentemente a las transformaciones del mundo, del país y de su propio electorado. Hay dos tipos de candidaturas independientes, aunque lo siguiente es cierto también de los partidos: o bien son candidaturas meramente simbólicas, testimoniales, que recuerdan o aportan una idea importante, o bien son candidaturas que se proponen realmente ganar una elección y participar en la vida política asumiendo un cargo electivo.

En nuestro país esto es aún más importante que en otros, precisamente porque la prohibición de las candidaturas independientes ha ayudado a bloquear el sistema, ya que ni siquiera existe este aliciente para impulsar a reformarse a nuestros partidos políticos. La prohibición de candidaturas independientes es, como las reglas cada vez más estrictas de formación de nuevos partidos, una medida adoptada por los actuales partidos para perpetuar su monopolio del poder.

Estimar que las candidaturas independientes constituyen atentados contra las instituciones democráticas significa no comprender la naturaleza de éstas. Hay mucho más ejemplos, cuando menos en el siglo XX, de partidos que atentan contra las instituciones democráticas que de individuos que lo hayan hecho. Y es que, además, los candidatos independientes por sí mismos, lejos de constituir un fenómeno antidemocrático, constituyen un fenómeno básico de la democracia.

Existe en la historia de nuestro país una tendencia constante a restringir el ejercicio de la democracia. Ante la "incapacidad" del pueblo, el PRI y el autoritarismo ilustrado expropiaron el poder; ahora los partidos, para "preservar la institucionalidad" y "garantizar la democracia" utilizan el sistema de siempre: "el candado", que lleva bien su nombre:

es algo que cierra, que impide. Son reglas destinadas a evitar que cambie un sistema, cuando lo que necesitamos es que nuestros sistemas políticos evolucionen de manera regular e institucional.

Las candidaturas independientes tienen que darse, desde luego, dentro de ciertas condiciones. La razón es puramente práctica. Se trata de evitar un exceso de candidaturas que pueda desvirtuar el proceso. Por ello conviene exigir ciertas condiciones razonables que permitan el acceso de los candidatos que ofrecen las mejores garantías de seriedad.

Hay esencialmente dos sistemas para establecer un filtro razonable. El primero es la exigencia de cierto número de firmas, de avales; el segundo es a través del registro *pro forma* de un partido de membrete (con un mínimo de dos integrantes, por ejemplo). El primer sistema tiene dos variantes: se puede exigir un número relativamente reducido de firmas de cierto tipo, en particular de personas que ocupan un cargo electivo de determinado nivel, que avalan la seriedad y el carácter democrático del candidato independiente. Este aval no indica que se comparten las opciones políticas o ideológicas del candidato ni que se tiene la voluntad de votar por él. El número de firmas varía según la elección; para una presidencial, por ejemplo, en un país como el nuestro se requerirían entre cinco y diez mil firmas de miembros de concejos municipales, legisladores y ejecutivos de los estados y de la federación. Otro método consiste en la obtención de firmas de ciudadanos que avalan la seriedad y el carácter democrático del candidato, y que al hacerlo aportan datos que puedan garantizar que son ciudadanos y que dieron su aval voluntariamente y con plena conciencia. En este caso el número de firmas es mucho mayor. El segundo método consiste en autorizar candidaturas independientes a través de su presentación por partidos políticos creados *ex profeso* con un mínimo de requisitos para una determinada candidatura. Basta que un número sumamente pequeño de ciudadanos, de 3 a 100 por ejemplo, simplemente notifiquen de su intención de constituirse en partido y de presentar una candidatura. En su caso deben acompañar su aviso de ciertos documentos mínimos. Este es el sistema español o colombiano y en alguna medida el norteamericano, ligeramente más complicado que el francés, que se describió antes.

Autobiografía 4

En la tradición marxista de la que fui partícipe durante muchos años, hay una vieja polémica sobre si lo que se llaman las "superestructuras", esto es, "el proceso de la vida social, política e intelectual en general", son meros reflejos o derivaciones de la "infraestructura", es decir, de la unidad formada por las relaciones sociales de producción y las fuerzas productivas que, en lenguaje más coloquial, se conoce como *base económica*. Más recientemente, el filósofo francés Louis Althusser acuñó el término de "aparatos ideológicos de Estado" para analizar la naturaleza de las superestructuras políticas e ideológicas y distinguir su punto de intersección, además de poner el énfasis en la llamada autonomía de la esfera política; algo que siempre había sido relativamente ajeno a la forma de marxismo difundida por los partidos comunistas. Si me hubiera apegado a esa vertiente de la tradición marxista —y a los puntos de vista tradicionales de la izquierda mexicana, latinoamericana o universal— ello me hubiera llevado a darle una importancia menor al funcionamiento institucional de un proceso de democratización, o de cambio.

Sin embargo, por razones estrictamente personales y de formación, desde hace muchos años capté que los factores institucionales, sobre todo en una transición a la democracia, son absolutamente esenciales y constituyen probablemente la clave que posibilita esas transformaciones económicas y sociales que, en efecto, son las que más importan, sin que esto signifique llegar a una concepción utilitaria de las instituciones —de que sólo sirven para lograr determinadas metas— y entendiendo que un marco institucional de calidad es en sí mismo un logro de enorme importancia para un país. Consideré entonces que no podía darse una transición en México sin un relevo institucional, y que es imprescindible comprender la dialéctica a través de la cual una sociedad crea las instituciones que a su vez resuelven los problemas de los hombres.

La razón de esta predilección por el tema institucional probablemente me viene también de los orígenes francófilos de mi formación política: desde los años setenta, como ya lo había hecho anteriormente, Francia fue un país que realzó en su historia el valor de las instituciones. Siempre ha habido una debilidad francesa por el factor institucional, que es probablemente una herencia de la construcción progresiva del aparato estatal de la monarquía francesa, cobra su forma moderna desde el Siglo de las Luces, se observa con Rousseau y Montesquieu en la teoría y en la Revolución francesa en la práctica, y sigue a través de todo el siglo XIX. Dicha tendencia se advierte igualmente en las distintas etapas de la construcción institucional de las sucesivas repúblicas francesas. En la época contemporánea el privilegio acordado a las instituciones es notorio, sobre todo a partir de la segunda llegada al poder del general De Gaulle en 1958.

El haber pasado un año a principios de los setenta en Sciences Po en París, donde se inculcaba a los alumnos extranjeros el recetario institucional francés, y donde profesores como Maurice Duverger realzaban el legado de De Gaulle y el origen justamente institucional del "milagro francés" de los sesenta y setenta, me sensibilizó en grado extremo a este.

Como en pocos países, el factor institucional fue fundamental en el debate político francés de esos años. Se centró en temas tales como el justo equilibrio entre una Presidencia fuerte y un Congreso representativo, el papel de los partidos en una República con un Poder Ejecutivo eficaz y unificador, el tipo de régimen electoral más conducente a promover la expresión de minorías y de distintas corrientes, el aseguramiento de mayorías estables para lograr un Poder Ejecutivo eficaz y otros asuntos como cuáles podrían ser las soluciones menos imperfectas a las paradojas electorales de Condorcet. Los años que pude pasar en Francia durante ese decenio me permitieron entender, por un lado, la especificidad de lo institucional, su autonomía, pero también su enorme importancia en lo que respecta a los arreglos, los acuerdos y los empeños políticos. Al seguir muy de cerca el desempeño de un personaje como François Mitterrand, percibí también cómo una comprensión cabal de la mecánica institucional —y la utilización de dicha mecánica para un proyecto político de sustancia— podía ser realmente un factor decisivo en cualquier trayectoria política. De Gaulle construyó las instituciones francesas de la Quinta República, pero fue Mitterrand quien les sacó mayor provecho, incluso desde un punto de vista estrictamente temporal, ya que el primero permaneció en el poder sólo once años, mientras que Mitterrand pudo cumplir dos mandatos de siete años cada uno.

Tras una serie de experiencias y estudios ligados a la política, esta fuente de inspiración francesa me llevó a pensar que las instituciones de un país determinado deben adecuarse a su circunstancia, a su inserción en el mundo en un momento preciso y al equilibrio de las fuerzas políticas presentes. La aparente continuidad norteamericana, por ejemplo, sólo es posible en países muy particulares. Lo común y lo más afín a México era, y es, su relativa ductilidad institucional, que se acerca a esa sucesión de distintos arreglos institucionales franceses generalmente conocida a través de la numeración de las Repúblicas, en la que los franceses trataron cada vez de remodelar sus instituciones para adaptarlas a su tiempo. Por todos estos motivos siempre pensé que, cuando se arribara a la alternancia en México, iba a ser indispensable iniciar un proceso de institucionalización, pero, más allá de asegurar la continuidad institucional de un marco obsoleto y disfuncional, lo que al país le convenía era algún tipo de refundación institucional; de ser posible, en su totalidad; de no serlo, en sus aspectos fundamentales. Por ello siempre albergué mis dudas sobre la viabilidad de una transición en México sin los cambios institucionales mínimos —pero decisivos— para propiciar una adecuación del marco institucional a las nuevas circunstancias económicas, sociales e internacionales.

Asimismo, me parecía conceptualmente muy difícil conciliar la idea de que pudiera ocurrir un avance verdaderamente democrático con las mismas instituciones de antes. Y, si bien no me correspondía en la agenda de los primeros años del gobierno de Fox centrarme en este tema, sí intenté por varios sesgos de influir y de contribuir para que se tratara de buscar un reacomodo institucional. Lo hice como miembro del equipo de transición al proponer el envío de una iniciativa conjunta de Zedillo y Fox al Congreso saliente, para que se instituyera la reelección de diputados y senadores, y como parte de un esfuerzo para encontrar un mecanismo eficaz —y a la vez no paralizante— de ajuste de cuentas con el pasado. Estoy convencido de que sin cambios institucionales va a ser imposible, en primer lugar, lograr una gobernabilidad democrática eficaz, y en segundo, armar los nuevos entendimientos nacionales que el país requiere en materia económica, social e internacional. A estas alturas nos hemos podido formar una ligera idea de lo que nuestras instituciones actuales permiten y de lo que impiden en materia de acuerdos. Nuevos acuerdos no pueden preexistir a las instituciones donde se plasman, son las instituciones las que pueden permitir que los acuerdos se forjen. El menosprecio por el factor institucional ha sido precisamente una de las grandes debilidades de la transición mexicana de los últimos 15 años. Hasta el año 2000, prácticamente todos los esfuerzos se dirigieron a conseguir el marco institucional para celebrar elecciones justas y equitativas. Ahí se concentró todo el énfasis de la sociedad mexicana, de las fuerzas políticas y de los distintos agentes sociales. Y precisamente de ese gran esfuerzo se derivó ese desinterés relativo hacia la necesidad de abordar el resto de las reformas institucionales. Pero hoy día, una vez lograda la celebración de las elecciones que condujeron a la alternancia, el país se encuentra ante el reto de construir instituciones sobre la marcha o seguir operando con instituciones que sencillamente ya no funcionan.

Quizá la razón que me condujo a optar por el apoyo a la candidatura de Vicente Fox, sobre todo cuando resultó imposible forjar una alianza entre el PAN y el PRD para presentar un candidato único en el otoño de 1999, fue precisamente esta concepción de la importancia de las instituciones y la pertinencia de los cambios institucionales. Desde tiempo atrás venía trabajando con Fox en el grupo de Alternativa Latinoamericana, con Roberto Mangabeira Unger, y desde 1997 habíamos empezado a reunirnos un grupo pequeño de amigos en su rancho de San Cristóbal o en el Hotel Fiesta Americana de León. Pero la decisión de un compromiso definitivo con Fox no la tomé sino hasta mediados de 1999. Esta determinación tuvo mucho que ver con la posibilidad que, a mi manera de ver, se le abría al país para, a través de la alternancia, lograr ciertos cambios institucionales que permitirían después abordar distintas opciones de política económica, social, internacional, cultural, etcétera. De seguir el PRI en el poder esas opciones quedarían limitadas al marco que ofrecía el propio Partido Revolucionario Institucional. Pensé, y hoy estoy más convencido que nunca, que era más importante para el país transitar por el camino de la alternancia y abrir las puertas a las discrepancias, que seguir en el unipartidismo, aunque éste pudiera eventualmente ofrecer opciones de política económica y social en cierto sentido más atractivas que las del propio Fox.

La razón básica para apoyar a Fox, razón que luego sirvió de fundamento a lo que se llamaría el voto útil, fue que la victoria de Fox y la alternancia brindaba posibilidades de cambios reales en las instituciones y las diferentes políticas —económica, social, internacional, cultural, educativa, de género—, mientras que la perpetuación del PRI en el poder no abría esas perspectivas. La candidatura de Cuauhtémoc Cárdenas, por su parte, dejó de ser viable a partir del colapso de los esfuerzos de construcción de una alianza. Si Cárdenas hubiera aceptado el reto de encarar resultados de encuestas como un mecanismo sustitutivo de una primaria y escoger así al candidato único de la alianza, tal vez hubiera obtenido la candidatura y, probablemente hubiera ganado la elección. Pero desde el momento en que no hubo ese acuerdo, y que la ciudadanía se vio obligada a escoger entre Fox y Cárdenas como alternativa al PRI, me pareció evidente que iba a elegir a Fox; por lo tanto, con la eliminación de Cárdenas, en lo que se asemejó de hecho a una primera vuelta virtual de la elección presidencial de 2000, nos encontrábamos ya en la segunda vuelta de unas elecciones en las que únicamente contendían realmente Fox y Labastida. De ahí que surgiera la noción del voto útil, y aunque quizás otros autores o comentaristas hayan participado en el acuñamiento del término, tendió a adjudicárseme en ese momento, y sobre todo posteriormente. El concepto de voto útil lo tomé de la vida electoral francesa y en particular de las elecciones de 1978 y 1981, cuando, rota la alianza entre el Partido Comunista y el Partido Socialista de François Mitterrand, un sector importante de los propios comunistas y de la izquierda no socialista francesa prefirió aliarse con Mitterrand y votar por él —o por el partido socialista— para lograr un triunfo de la izquierda, sacrificando, por así decirlo, el voto que originalmente habían pensado otorgarle al Partido Comunista. En ese momento, a esta postura se le llamó *voto útil* porque, en efecto, se presuponía que, para un elector de izquierda, era más productivo un voto por el Partido Socialista y el candidato Mitterrand —que en 1978 sí tenían posibilidades de alcanzar la mayoría— que un voto por un Partido Comunista que no tenía ninguna perspectiva de ganar. Lo cual significaba que otorgar el voto al Partido Comunista podía ir en detrimento de las perspectivas de la izquierda.

La anterior lógica la traté de aplicar al caso de México, argumentando que un voto por Cárdenas podía ser un voto de principio —un voto de fortalecimiento de la izquierda, un voto que contribuyera al desarrollo de ciertas posturas o del PRD— pero no sería un voto decisivo en la elección presidencial, ya que Cárdenas había quedado relegado a un tercer lugar. El voto útil, entonces, era para Fox: sólo así se podría contribuir a la derrota del PRI. Por el contrario, el voto por Cárdenas no sólo no aseguraba la derrota del antiguo partido oficial sino que podía inclusive fortalecer sus posibilidades de triunfo. Si lo que se buscaba era la derrota del PRI, el voto útil era por Fox, no por Cárdenas.

Esta argumentación puede ser vista de dos maneras diferentes: la primera, de forma exclusivamente terminológica; la otra, como la racionalización conceptual que le permitió a un número determinado de votantes justificar un comportamiento hacia el cual ya se inclinaban pero que no necesariamente habían ponderado de manera explícita. De acuerdo con las cifras disponibles, entre un millón y medio y dos millones de mexicanos votaron por el PRD en la elección de diputados del año 2000, pero no votaron por Cárdenas para presidente. Esa cantidad es lo que puede llamarse el voto útil. Muchos electores de izquierda, obviamente adeptos del PRD, votaron sin duda por López Obrador para jefe de gobierno del Distrito Federal, pero en la elección presidencial le dieron su sufragio a Fox. Existen algunas estimaciones más elevadas. Según éstas, el voto útil puede haber alcanzado cerca de dos millones de electores lo que equivale a 4.73% de la votación total en la elección presidencial; esta cifra, en efecto, es aproximadamente la diferencia entre los votos que obtuvo Fox y los votos que obtuvo el PAN a nivel de diputados o de senadores. Pero, cualquiera que haya sido su dimensión, el hecho es que este voto útil existió y que repercutió de manera decisiva en el resultado final.

Ahora bien, se abre aquí una disyuntiva analítica: ¿el voto útil preexistía a su nombramiento —por mí o por otros académicos— o fue su conceptualización lo que contribuyó a su surgimiento y existencia? Me inclino por la primera hipótesis, a saber, que un gran número de mexicanos de cualquier manera iban a abandonar a Cárdenas y a votar por Fox simplemente, en primer lugar, como se decía entonces, para "sacar al PRI de los Pinos". Y es que Fox, antes que nada, había logrado transformar la elección presidencial en un plebiscito sobre la permanencia del PRI en el poder. Una segunda explicación consiste en que, efectivamente, Fox buscó el voto de los electores potenciales de Cuauhtémoc Cárdenas. El intento de buscar a esos votantes contenía ya la noción misma de voto útil —más allá de las diferentes posturas, compromisos, propuestas y programas asumidos por Fox—. Y muchas de las personas cercanas a Fox, entre las que me cuento, nos identificamos con el concepto del voto útil y comenzamos a desempeñar un papel activo para promoverlo. Se trató de un fenómeno y una tendencia espontánea. Pero darle un nombre y un concepto a una tendencia vigente contribuyó a fortalecerla y ampliarla. En ese sentido, quizás Cárdenas acierta al plantear que con el invento del voto útil se le jugó rudo. Pero conviene señalar que la razón de ser del voto útil era la propia debilidad de su candidatura.

De haberse impuesto esa candidatura como una alternativa viable a Fox, el voto útil no se hubiera podido siquiera enunciar porque, de entrada, no hubiera habido el desplazamiento de votantes de Cárdenas hacia Fox.

Todo esto para decir que los cambios institucionales pendientes en México representaron la razón de fondo para buscar el voto útil como un instrumento. De ahí, también, la insistencia en la alternancia. Sin alternancia, esos cambios institucionales son imposibles. La alternancia no es claramente una condición suficiente para lograrlos pero, por lo pronto, fue una condición necesaria. Quedan todavía dos años para que esto pueda suceder. En todo caso, a dos años de haber ocurrido esa trascendente elección presidencial, el énfasis en la alternancia —y el haber acuñado el término y la idea del voto útil— son dos de las decisiones políticas más importantes que he tomado y con las que, a la distancia, más me identifico.

5. Un Estado pobre

Otro de los grandes problemas de México estriba en la insuficiencia de recursos del Estado. Después de los excesos a los que se llegó durante los años setenta y principios de los ochenta —cuando el gasto público en México se acercó al 40% del PIB, el sector público representaba una parte considerable de la economía y parecía prevalecer una abundancia de recursos vía endeudamiento, petróleo e inflación— se pasó al polo opuesto: una tal astringencia de recursos fiscales para el Estado que el logro de las grandes metas sociales de reducción de la pobreza y de desarrollo en México parece imposible.

Si bien se puede discutir la exactitud de las estadísticas y si son comparables las cifras de un país con las de otro, la mayor parte de las comparaciones internacionales muestran que el Estado mexicano cuenta con una recaudación, como proporción de PIB, muy inferior a la de otros países de América Latina tales como Chile y Brasil, o bien a la de Estados Unidos, que es uno de los países de la OCDE con menor carga fiscal. El rezago es mucho mayor en comparación con países de Europa occidental, que llegan a recaudar hasta el doble de México en términos proporcionales del PIB. A su vez, esta insuficiencia de recursos ha sido una preocupación constante y un reto insuperable para los gobiernos mexicanos desde los años setenta. La última reforma fiscal importante que se llevó a cabo en México fue en 1980, con la introducción del impuesto al valor agregado. Desde entonces, la carga fiscal ha permanecido más o menos constante como proporción del PIB. Incluso, un régimen que tanto alteró las relaciones económicas internas y entre México y el resto del mundo como el de Carlos Salinas, prácticamente no pudo modificar la magnitud de la carga fiscal. De tal suerte que, hoy en día, el total de recursos disponibles para el Estado en nuestro país es a la vez dramáticamente exiguo y demasiado dependiente del petróleo.

Un gobierno pobre es un gobierno condenado a la pasividad ante los males que aquejan a su población: pobreza, inseguridad, niveles bajos de educación y de salud, insuficiente crecimiento económico. Un gobierno bien financiado es un gobierno fuerte que puede resolver problemas y es, por tanto, un gobierno que se legitima por su capacidad de crear condiciones más favorables para sus ciudadanos. No se podrán alcanzar las metas de desarrollo y combate a la pobreza que el país se ha propuesto, y que es indispensable lograr, sin un gasto público sanamente financiado, por lo menos, del 22 al 25% del PIB. En México las necesidades de inversión en educación, salud, vivienda, seguridad, infraestructura, cultura, ciencia y tecnología, así como las obligaciones no programables establecidas por el régimen institucional y los pasivos laborales de entidades como Pemex, CFE, IMSS e ISSSTE, aseguran que en los años venideros se materializarán una de las tres condiciones siguientes: o no se podrá hacer frente al conjunto de obligaciones contraídas por el gobierno; o no se podrán cumplir las metas de desarrollo; o será necesario aumentar de manera significativa los recursos del Estado.

El hecho de que en la opinión pública persista la percepción de que todavía es posible reducir el tamaño del gobierno o su gasto superfluo; el hecho de que se puedan lograr éxitos demagógicos tratando de reducir gastos que impresionan desfavorablemente al contribuyente, pero en el contexto de egresos insignificantes del Estado —como los celulares o los sueldos de funcionarios— no significa que puedan efectuarse ahorros que tengan un impacto macroeconómico significativo; al contrario, obstaculizan la toma de decisiones difíciles que se tienen que tomar para hacer frente a la crisis fiscal que ya se perfila en el horizonte al dar la impresión de que constituyen una solución a un problema apremiante cuando a todas luces no lo es.

El malgasto y los subsidios que sí son significativos, pues alcanzan varios puntos porcentuales del PIB (subsidios a la electricidad, pérdidas de operación de las paraestatales —Luz y Fuerza del Centro, Pemex Refinación, Pemex Petroquímica— y los tratamientos fiscales especiales que alcanzan proporciones escandalosas, pues suman más de cinco puntos porcentuales del PIB, equivalentes al gasto en salud más el gasto de educación) enfrentan resistencias —a menudo violentas— del México conservador que defiende sus privilegios en contra del interés general.

La dificultad fiscal de México, con algunas excepciones, es semejante a la de la mayoría de los países de América Latina. Se puede resumir en la caracterización tan acertada del gobernador del Banco de México: "el gobierno de México gasta poco y gasta mal", lo que implica que para hacer las cosas bien, el gobierno tiene que gastar más y mejor. La insuficiente capacidad recaudatoria de los países de América Latina se debe a la desconfianza hacia los impuestos indirectos —que son difíciles de evadir—, a los tratamientos fiscales de excepción, a la falta de un Estado de derecho, a la importancia de la economía informal —que alcanza el 30% del PIB— y a la estrechez de la base de contribuyentes.

Problemas y tentativas de solución

Durante muchos años, la respuesta, sobre todo de los sectores progresistas de América Latina, fue que el Estado echara mano de los recursos naturales o de rentas económicas para obtener de ahí los fondos necesarios para solventar las distintas carencias sociales. En el fondo, la verdadera lógica de las expropiaciones o nacionalizaciones a lo largo de los años —desde 1938 el petróleo en el caso de México, hasta el aluminio en Jamaica en los años setenta, pasando por las nacionalizaciones llevadas a cabo por los sandinistas en Nicaragua en los años ochenta— fue concentrar la renta económica de los recursos naturales en manos del Estado para suplir la insuficiencia de recursos fiscales.

Lo mismo sucedía con las rentas económicas de sectores no necesariamente de recursos naturales. El caso clásico fue la nacionalización de los ferrocarriles argentinos por Perón el 1° de marzo de 1948, donde no se trataba de un recurso natural ni tampoco de un bien estratégico, sino que se tenía la impresión de que existía una renta que debería ser capturada por el Estado argentino y no por las compañías inglesas de ferrocarriles, con el fin de poner los recursos procedentes de esas rentas al servicio de los trabajadores. A lo largo de los años se han producido otros casos semejantes, como la nacionalización de la banca en México en 1982, las nacionalizaciones de cadenas hoteleras en países turísticos, de compañías telefónicas, de compañías generadoras de electricidad, compañías aseguradoras, etc. En todos los casos, se trataba de sectores en donde se creía que había una renta económica por capturar.

A lo largo de todos esos años —casi setenta desde las primeras nacionalizaciones hasta las últimas— las sociedades políticas, los Estados y los especialistas fueron comprendiendo, en primer lugar, que las supuestas rentas no siempre eran tan cuantiosas; en segundo término, que los costos subsecuentes eran contraproducentes y podían neutralizar esas supuestas rentas; y, en tercero, que surtían efectos políticos indirectos tan onerosos que en los hechos se volvían insostenibles. Los costos iban desde la hostilidad de Estados Unidos —que llegaba a derrocar a los gobiernos autores de ese tipo de medidas, tales como Guatemala en 1954 o Chile en 1973— hasta fugas de capitales por parte del sector privado, como en México en 1982, pasando por la paulatina transformación de la mayoría de esas fuentes de renta en aspiradoras de subvenciones.

Ya para finales de los años ochenta o principios de los años noventa, tanto por razones ideológicas como por motivos estrictamente técnicos, el espectro político de América Latina, incluso de izquierda, arribó a la conclusión de que este remedio no era tal y que buscar sustituir recursos fiscales exiguos por rentas provenientes de recursos naturales o de monopolios de servicios no era una vía factible. De ahí que gobiernos de izquierda como el de Chávez en Venezuela o como el de Lula en Brasil no se hayan planteado ninguna nacionalización o expropiación, incluso después de privatizaciones en ambos países por gobiernos anteriores.

Un segundo remedio fue, durante muchos años, la máquina de imprimir billetes. La falta de rigor macroeconómico, y particularmente de política monetaria, fue considerada por distintos gobiernos de izquierda como un mal menor frente a la insuficiencia de recursos fiscales del Estado. Nunca se cobró una conciencia clara, o explícita, de que ello generaría presiones inflacionarias en vez de ingresos. Se consideraba que ante la insuficiencia de recursos, un déficit un poco más elevado no era un precio demasiado alto a pagar por poder gastar en educación, en salud, en combate a la pobreza, en vivienda, en infraestructura o en los numerosos proyectos de inversión en general no rentables promovidos por gobiernos de diversos cuños.

Asimismo, al cabo de las experiencias llamadas neopopulistas de los años ochenta en distintos países de América Latina, resultó evidente que el rigor macroeconómico era indispensable, en primer término, para llegar al poder; en segundo, para conservarlo; y en tercero, para llevar a cabo una política social que contribuyera a combatir la pobreza y promover el desarrollo. Ciertamente el rigor macroeconómico es condición necesaria pero no suficiente para lograr estos objetivos, lo cual ya es parte de lo que podríamos llamar el consenso latinoamericano incluso de ejemplos socialistas o de izquierda popular: Lagos en Chile, pero también Lula, de nuevo, en Brasil.

El tercer remedio, el endeudamiento externo, se utilizó principalmente durante los años setenta, cuando la insuficiencia de recursos se volvió particularmente aguda frente al auge de las demandas sociales, estudiantiles, obreras, campesinas, y de todos los movimientos sociales surgidos en América Latina durante esos años. Ante esas presiones, los distintos Estados latinoamericanos —tanto de izquierda como de derecha, desde los militares brasileños hasta los gobiernos de Echeverría y López Portillo en México, pasando, hasta donde lo pudieron hacer, por el gobierno de Allende en Chile, el gobierno sandinista en Nicaragua y otros regímenes— buscaron resolver el problema de la insuficiencia de recursos a través del endeudamiento externo. Las bajas tasas de interés vigentes en ese momento reforzaban la noción de que los préstamos podrían ser pagados con los frutos de las inversiones que se proponían.

La crisis de la deuda externa de México en 1982 mostró que ese remedio no era tal, que se caía rápida y fácilmente en el sobreendeudamiento, y que aumentaba la vulnerabilidad a las fluctuaciones en las tasas de interés internacionales, con el resultado que el retroceso en los logros sociales era mucho mayor que los logros que se hubieran podido alcanzar gracias al endeudamiento.

Ya para finales de los años noventa quedó claro, prácticamente para todos —de izquierda, centro y derecha, Fondo

Monetario, Partido de los Trabajadores, Banco Mundial e intelectuales, activistas sociales y tecnócratas de bancos centrales o ministerios de hacienda— que el problema fiscal de América Latina consistía en que las reducciones por el lado de los egresos habían llegado a su límite, sobre todo en vista de la proporción elevada que representa la parte no programable en el gasto público (en algunos casos casi 90%), debido a compromisos de deuda externa, o interna, de pasivos laborales, etcétera, de suerte que los márgenes disponibles en materia de gasto programable eran estrechos. Todo ello llevó a una verdad insoslayable: la única manera de resolver el problema de la escasez de recursos de América Latina era la vía fiscal, es decir, aumentando los recursos obtenidos por el Estado a través de mecanismos impositivos.

Ya en muchos países se había establecido el impuesto al valor agregado (IVA) —en México y Chile desde 1980, en Argentina en 1990—. Otros países buscaron mejorar la recaudación del impuesto sobre la renta, reducir la evasión y la carga fiscal, y ensanchar la base de contribuyentes, incluyendo a la economía informal. Sin embargo, con contadas excepciones —Chile en 1989 es quizás la más notable—, ha resultado extraordinariamente difícil elevar la recaudación como parte del PIB. Todo ello es especialmente cierto para México, pues la recaudación es una de las más bajas de América Latina (sin incluir el petróleo), aunque, efectivamente, una de las razones por las cuales es tan baja es porque existe el recurso —o la muleta, dirían algunos— del petróleo. Sin embargo, también fue el caso del cobre en Chile, del estaño en Bolivia, de la bauxita y el petróleo en Venezuela, del petróleo en Ecuador. Pero, por una razón u otra, la recaudación en México y, por tanto, la capacidad de financiamiento del gasto público, es de las más reducidas de América Latina, lo que ha generado serias tensiones desde hace varios años. Salvo ligeras fluctuaciones que podrían ser adjudicadas a pequeñas reformas o a causas estacionales, ni el gobierno de Carlos Salinas ni el de Ernesto Zedillo pudieron alterar esta situación. La recaudación como proporción del PIB, excluyendo el petróleo, permaneció esencialmente constante, o con variaciones mínimas, a pesar de otros cambios significativos que se dieron en la economía del país desde mediados de los años noventa. Vale la pena subrayar que el promedio de los ingresos presupuestarios no petroleros cayó dos puntos y medio porcentuales del PIB durante el segundo lustro de la década, al pasar de 17.4 durante el primer lustro a 15.0 % del PIB durante el periodo 1995-2000.

Ello llevó al gobierno de Fox a plantearse —antes de la elección, durante el periodo de transición y al inicio del gobierno— que sin una reforma fiscal que elevara la recaudación a lo largo del sexenio, no sería posible cumplir con las metas de transformación social, de combate a la pobreza, de promoción del desarrollo y de mejora de la competitividad dél país. Por diversas razones, el gobierno consideró que la mejor manera de lograrlo era extender el cobro del IVA a todos los bienes de consumo tal como se había hecho en otros países de América Latina y de Europa Occidental, acompañando esa medida de otras que redujeran el espacio de la economía informal y de la evasión fiscal en general. La razón fundamental para esta decisión es que el IVA es un impuesto fácil de administrar, difícil de evadir y, por tanto, eficaz. Por otra parte, al gravar el consumo, el IVA propicia el ahorro, proporcionando fondos para la inversión. Asimismo, se concluyó que el carácter regresivo del IVA se puede contrarrestar por el lado del gasto, ya que se ha demostrado que, a pesar de las afirmaciones en contrario, en los países de América Latina la recaudación difícilmente es progresiva mientras que el gasto puede mejorar las condiciones de alimentación, de salud y de educación de los que menos tienen. Se consideró que el esquema europeo en el que el

Ingresos del Gobierno Federal (% del PIB)

	1988-1994	1995-2000	2001-2003
Ingresos Presupuestarios Totales	24.6	22.0	21.8
Gobierno Federal	15.8	15.2	16.1
Tributarios	11.1	10.1	11.7
Impuesto Sobre la Renta	4.9	4.3	5.2
Impuesto al Valor Agregado	3.1	3.1	3.5
Impuestos Especiales sobre Producción y Servicios	1.8	1.6	2.1
Petrolíferos	1.2	1.3	1.7
Resto	0.7	0.4	0.4
Importaciones	0.9	0.6	0.4
Otros impuestos	0.5	0.5	0.5
No tributarios	4.6	5.1	4.4
Derechos por hidrocarburos	3.0	3.2	2.8
Resto	1.6	1.9	1.6
Organismos y empresas	8.8	6.7	5.7
Pemex	2.9	2.4	2.2
Resto	5.9	4.3	3.5
Memoranda:			
Ingresos petroleros	7.2	6.9	6.7
Ingresos no petroleros	17.4	15.0	15.1

Fuente: Banco de México, "Un Comparativo Internacional de la Recaudación Tributaria", Mayo 21 2003.

gobierno recauda y utiliza los recursos para asegurar mínimos de consumo era mucho más eficaz y solidario que el esquema norteamericano que relega la solución de los problemas sociales a los esfuerzos individuales.

Después del fracaso de la reforma fiscal de 2001, siguió vigente la necesidad de instrumentar algún mecanismo para aumentar los ingresos del Estado. Durante los últimos meses de 2003 se buscó una solución recurriendo a mecanismos negociados con los partidos, con el empresariado, con organizaciones obreras representativas y con la sociedad mexicana en su conjunto. Persisten las esperanzas de que, en algún momento del sexenio de Fox, estas negociaciones desemboquen en un acuerdo que incremente la recaudación en México, dotando al Estado mexicano de recursos mayores, constantes y confiables. Sin embargo, es muy probable que aun con el éxito de ciertas medidas siga vigente la necesidad de ir más allá. De ahí la propuesta, por un lado, de una reforma fiscal ambiciosa que elimine, lo más rápidamente posible, el mayor número de exenciones y regímenes especiales, y eleve, de manera significativa, la recaudación; y, en segundo lugar, explicarle a la sociedad de manera explícita y directa en qué se van a utilizar esos recursos, es decir, encontrar la manera de que sea aceptable un mayor esfuerzo fiscal por parte de distintos sectores de la sociedad.

Regímenes especiales

En México existe gran número de regímenes especiales —más de 20— en materia fiscal. Desde los derechos de autor hasta el IEPS al gas licuado de petróleo (gas LP), que constituye uno de los más grandes gastos fiscales, pasando por la tasa diferencial del IVA en la frontera, el régimen especial del sector agroindustrial, la tasa cero del IVA a alimentos y medicinas, y tratamientos especiales para las pensiones, las jubilaciones, los aguinaldos, etcétera. Todos estos regímenes especiales y exenciones tienen su propia lógica y explicación; ninguno es producto de un capricho gubernamental hacia un sector. Se establecieron para fomentar tal o cual actividad o para tomar en cuenta la falta de competitividad (como en el caso de la frontera), para apoyar la economía popular (gas LP, alimentos y medicinas), o bien para ayudar a un sector afectado en una coyuntura. La existencia de numerosas exenciones y regímenes especiales ha hecho que la supresión de cualquiera de ellos se convierta en una tarea política prácticamente imposible, ya que cada sector se apoya en la existencia de otros regímenes para oponerse a la eliminación de su situación privilegiada. Ello ha llevado a la virtual imposibilidad de eliminar cualquiera de estos tratamientos especiales y, por tanto, de aumentar las fuentes de recaudación. La repetida invocación de la economía informal, los contrabandistas y los ambulantes como gastos fiscales de los cuales se podrían obtener recursos importantes, simplemente no convence. No tanto porque ese sector no sea importante sino porque se trata de sectores generalmente de bajos ingresos. Lo que se podría recaudar no representa una cantidad de recursos relevante. En ese sentido, no se debe soslayar que la sujeción de los alimentos al régimen general implicaría que el comercio informal de alimentos y bebidas se vería obligado a pagar ese impuesto, generando un ingreso superior al presupuesto del Conacyt.

Es deseable formalizar la economía informal por razones de Estado de derecho, más que por razones fiscales. Sin embargo, es difícil pensar que gravar la economía informal genere un volumen significativo de recursos. Lo mismo es cierto respecto al argumento anticuado de la izquierda tradicional de gravar a los ricos; es un hecho que se debe gravar a los ricos al igual que a los otros grupos de ingresos, pero es importante recordar que la competitividad de un país depende tanto de la transparencia de su régimen fiscal, como de la fortaleza del régimen de derecho. Por todo ello, si la única manera de avanzar es eliminando exenciones y regímenes especiales, es indispensable generar un clima político que permita resistir los embates de los sectores que se van a ver perjudicados. Ese clima político sólo puede provenir, según sugiere la experiencia de otros países, de una clara identificación del destino de los recursos adicionales así obtenidos para determinadas causas o metas precisas (lo que se suele llamar "etiquetación de los recursos").

La etiquetación reviste varios inconvenientes que es propio mencionar antes de reseñar sus ventajas. El primer problema es de índole jurídica. En muchos países, y en particular en México, es jurídicamente complejo, si no es que imposible, asignar ciertos recursos a un destino determinado. En teoría, todos los recursos entran al erario y de ahí salen todos los gastos; el Congreso interviene tanto por el lado del ingreso como por el lado del gasto, pero existe un impedimento jurídico a la conexión directa entre el ingreso y el gasto. Según los fiscalistas y los economistas, existe, también, un inconveniente económico: ello le resta margen de maniobra al gobierno y le resta prerrogativas al Congreso. La etiquetación de recursos es una camisa de fuerza que puede generar tensiones o problemas, por ejemplo, cuando un ingreso disminuye, o bien cuando aumenta la exigencia de un gasto particular. También constituye un tema ético, que consiste en la reacción que puede generar la adscripción directa de un monto de recursos a un gasto determinado que no es útil para algunos contribuyentes.

En los sistemas fiscales establecidos desde principios del siglo XX, sobre todo en el caso del impuesto sobre la renta, al no existir una vinculación directa entre ingreso y gasto, ningún contribuyente puede argumentar que sus impuestos están destinados a un gasto que no le interesa o que no le sirve, porque nadie sabe exactamente qué impuesto va a qué gasto. Por ello, adscribir cierto tipo de impuestos a cierto tipo de gastos puede generar la reacción de quienes consideran que ese gasto no es útil o deseable. Es el caso del gasto en seguridad pública, del gasto en educación pública para quienes no tienen hijos, o del gasto en salud pública para quienes poseen seguros privados.

Uno de los problemas que surgió en Estados Unidos en los años setenta fue que al financiarse todo el gasto en educación primaria y secundaria con recaudación del impuesto predial, quienes no enviaban a sus hijos a la escuela pública, porque no, o porque ya habían concluido su educación o porque atendían escuelas particulares, se negaron a pagar el impuesto predial. Lo anterior generó una ola de reducciones del impuesto predial, como la llamada propuesta 13 en California, lo que contribuyó, a la larga, a la quiebra del estado más rico de Estados Unidos y al colapso en la calidad de la educación pública en ese estado. De ello proviene la necesidad de encontrar fórmulas para que la población acepte financiar ciertos gastos necesarios con nuevos impuestos o reduciendo gastos fiscales, y donde las consideraciones éticas, jurídicas y técnicas se resuelvan a través del consenso político o bien transformando esos impuestos en contribuciones especiales para financiar un esfuerzo particular de un determinado segmento de la sociedad. Así lo hizo el ministro Foxley en Chile; en 1990 subió el IVA del 15 al 17%; en 1993 lo subió en forma transitoria a 18%, con el fin de destinar los recursos adicionales a la lucha contra la pobreza, y bajo la promesa de bajarlo a 17% en 1995, pero esta promesa nunca se cumplió. En 1998 se dejó en 18% de manera permanente, y en 2003 el Senado aprobó su incremento a 19% hasta diciembre de 2006. Lo hizo el gobierno de Michel Rocard en Francia en 1989, estableciendo un impuesto especial al ingreso y al patrimonio que permitió recaudar más de 2,500 millones de dólares en el año 2000 que fueron utilizados para aumentar el ingreso mínimo de las familias menos favorecidas, apoyar a las personas de la tercera edad y sufragar parte del seguro médico; es lo que hizo recientemente el gobierno de Blair con una contribución especial para reconstruir el sistema nacional de salud; y lo hizo el gobierno de Álvaro Uribe en Colombia en 2002 para financiar la política de seguridad democrática y el combate contra las guerrillas y contra los paramilitares. No se introdujeron nuevos impuestos como tales, sino esfuerzos particulares bajo la forma de contribuciones para un propósito específico de gran significación social. Parecería posible realizar cambios de este tipo en México, aunque habría que estudiar las condiciones técnicas en cada caso, entendiendo la lógica de llevar a cabo un esfuerzo para financiar la primaria de tiempo completo o la lógica de gravar las medicinas con el IVA para financiar un seguro universal de salud. Asimismo, se podría justificar un esfuerzo especial para construir una policía nacional, de suerte que se garantice la seguridad jurídica a la población, en particular la de menores ingresos.

Distintos instrumentos especiales para distintos gastos especiales

La justificación de este mecanismo es esencialmente política. No es porque el mecanismo sea técnicamente preferible o porque sea jurídicamente pulcro, sino porque es probablemente el único viable en el México de hoy, como lo fue en los otros países mencionados. Es un mecanismo que, en otros momentos y en otros países, se utilizó como un impuesto de guerra; es el caso del impuesto especial que estableció el gobierno de Schroeder en Alemania para solucionar el problema de las inundaciones de hace dos años. Se ha recurrido a mecanismos similares desde hace muchos años para financiar la reconstrucción de ciudades o de infraestructuras destruidas por catástrofes naturales; es el mecanismo del que se ha echado mano para proteger a ciertos sectores especialmente dañados por algún fenómeno natural, económico o político.

En el caso de la gasolina, por ejemplo, se podría aplicar un impuesto adicional que se destinara a la protección del medio ambiente, a la recolección de plásticos, a la limpieza de las cuencas hidrográficas más dañadas, a la protección de las playas; se trataría de un impuesto provisto de una conexión directa con su aplicación. Una gasolina más cara implica una reducción del uso del automóvil, una baja en la contaminación y un apoyo del medio ambiente. Por otra parte, cabe recordar que en Estados Unidos los impuestos a la gasolina han servido para desarrollar una extensa red de autopistas que ha favorecido el crecimiento de regiones enteras.

Actualmente ya existen en México algunos ejemplos de recursos etiquetados, como el derecho de un dólar al turismo, que va directamente al Consejo Nacional para la Cultura y las Artes (Conaculta), y vía Conaculta al Instituto Nacional de Antropología e Historia (INAH); o bien el cobro de la matrícula consular en Estados Unidos, que ya es un recurso etiquetado para el uso de los mismos consulados en labores de protección a los migrantes; el derecho a la internación que cobra el Instituto Nacional de Migración (INM) para fortalecer al grupo Beta, etc.

Ya se vislumbra una tendencia creciente en México, al igual que en otros países, a la etiquetación de derechos y obligaciones, estableciendo un vínculo entre pago y servicio o entre ingreso y gasto; de ahí el argumento de que aumentar los recursos sin recurrir a este tipo de mecanismos sería extremadamente difícil, pues no generaría el apoyo político necesario para enfrentar las resistencias que inevitablemente provocará la eliminación de todas las exenciones y de todos los regímenes especiales. De ahí también la necesidad de proceder de esta manera, a sabiendas de que no es perfecta, de que encierra defectos e inconvenientes, pero que todos ellos son de menor importancia que sus beneficios.

Petróleo

La debilidad fiscal del Estado mexicano obliga a buscar mecanismos diferentes e innovadores para hacer frente a sus obligaciones sociales e invertir en educación, salud, cultura y tecnología. Por ello conviene tratar de transformar una debilidad en fortaleza, y ese es el caso del petróleo.

Es un hecho que el erario mexicano no debiera depender tanto de sus ingresos del petróleo. Es un hecho que Pemex debiera poder contar con autonomía presupuestal, de suerte que funcionara como empresa competitiva a nivel internacional, siempre y cuando las consecuencias de una posible insolvencia financiera no recaigan sobre el erario federal. Y es también un hecho que el Estado no na invertido suficientemente en exploración y explotación de reservas de hidrocarburos, o en la modernización de Pemex.

Viendo estas realidades, es preferible partir de ellas y transformar esta situación en una fortaleza que seguir viviendo en el peor de ambos mundos, con gran dependencia de los recursos que Pemex aporta al erario, por un lado, y por otro, no llevando esa aportación a niveles que permitan financiar las inversiones que nuestro país demanda. Por ello, gracias a la asesoría y la colaboración de expertos en la materia como Jorge Díaz Serrano, Fausto Alzati, José Luis Alberro y de varios otros especialistas —y tomando también en cuenta las opiniones de instituciones como el Banco Mundial—, he propuesto que se haga un esfuerzo extraordinario para aumentar la exportación de petróleo crudo en los próximos años. De ese modo se contribuye al fortalecimiento de las finanzas del Estado, transformando los recursos naturales del subsuelo mexicano en recursos humanos para el futuro del país, transformando el crudo que está bajo tierra en educación, clínicas, hospitales, seguridad, carreteras, recursos para investigación y cultura, es decir, infraestructura en la superficie del país.

De ahí la propuesta de duplicar en cinco años la exportación de crudo, a partir de los niveles de principios de sexenio de poco más de un millón y medio de barriles diarios —donde se ha situado la plataforma de exportación desde hace casi 25 años— a un poco más de tres millones de barriles diarios para el año 2008. Este aumento se vería además acompañado de mayor producción de gas natural y petroquímicos básicos para fortalecer el desarrollo industrial de nuestro país.

Esta propuesta coincide en términos generales con el plan de negocios de Pemex-Exploración y Producción (PEP), pero es más ambiciosa en cuanto a volúmenes y rapidez, pero sobre todo no prevé cambios legislativos. Por el contrario, esta propuesta sólo es viable y apropiada si puede realizarse sin alterar la Constitución, sin inversión extranjera en Pemex y, por supuesto, sin privatizar Pemex, no porque algunas de estas transformaciones o modificaciones sean una herejía, sino porque parecen ser inviables desde un punto de vista político en el México de hoy, dada la correlación de fuerzas en el Congreso y entre los partidos políticos.

De ahí la idea de duplicar la exportación de crudo sin modificar el marco constitucional, haciéndolo con diversos mecanismos financieros y respondiendo a consideraciones y posibles objeciones con argumentos puntuales, en lugar de transformar la discusión sobre Pemex y el petróleo en una discusión ontológica, psicológica, cultural, vinculada a la soberanía, a la historia del país o a su futuro. El objetivo es actuar dentro del marco constitucional vigente, es decir, sin modificar los criterios existentes en cuanto a la soberanía sobre los recursos, en cuanto a su utilización y conservación, o en lo que respecta al futuro energético del país. Se trata de mantener la discusión en términos técnicos y económicos para evitar las fracturas y divisiones culturales que políticas de cambio en la legislación pudieran traer para el país.

Conviene insistir en el hecho de que las reservas de crudo son abundantes. México tiene reservas probadas suficientes para que, en un plazo relativamente breve, pueda aumentar su exportación de crudo y su producción de gas natural. De hecho, Pemex empezó ya desde el año 2000 a invertir en el aumento de la capacidad de producción y de exportación. Se conocen ya los yacimientos nuevos, tanto de gas natural seco como de crudo o gas natural asociado, como son Sigil, el litoral de Tabasco, Chicontepec, Lankahuasa y la cuenca de Burgos, por ejemplo. La vida actual de las reservas mexicanas de crudo y de gas equivalente es de 22 a 24 años al ritmo actual de extracción. Esta cifra es de dos a cuatro veces superior a la de otros países consumidores y productores de petróleo como Estados Unidos, Canadá, Noruega y el Reino Unido. La razón por la que estos países pueden tener una vida de reservas inferior a la nuestra, es porque sus empresas petroleras invierten en exploración para asegurar que sus reservas no disminuyan, a pesar de su producción de hidrocarburos. La norma para optimizar el uso de reservas consiste en lograr que por vía de la exploración se descubra la misma cantidad de hidrocarburos que se extrae cada año; así las reservas se mantienen en un nivel fijo y, por tanto, no es necesario que tengan una vida superior a seis o nueve años, como es el caso de los países citados. Propongo que adoptemos para nuestro petróleo este método y este criterio, lo cual es posible si se duplica en aproximadamente cinco años la exportación. Ello nos proporcionará los recursos para explorar y explotar racionalmente nuestras reservas, con un margen de seguridad suficiente, a la vez que liberará fondos para financiar nuestro presente y nuestro futuro. Pemex ya empezó a hacerlo; hay que apretar el paso.

Es importante determinar la probabilidad de que la producción adicional de petróleo tenga un impacto negativo significativo sobre sus precios, invalidando la propuesta porque lo que se ganaría con mayor producción se perdería con menores precios. Tres son los argumentos por los cuales la medida propuesta no debería tener un impacto importante sobre los ingresos: en primer lugar, porque aunque aumentar la plataforma petrolera en esa magnitud represente un reto importante para México, 1.5 millones de barriles diarios es una cantidad marginal en el mercado mundial; en segundo lugar, porque ese aumento se materializará de manera incremental sobre un periodo de cinco años, permitiendo que el mercado lo absorba sin contratiempos; y, finalmente, porque debe asegurarse que se hayan firmado contratos de largo plazo con diversas refinerías (de Pemex Refinación o de otras empresas) para que el petróleo Maya sea absorbido de manera ordenada.

Se estima que, en el año 2010, el consumo mundial de petróleo será de 95.8 millones de barriles diarios, de suerte que un aumento en la producción de 1.5 millones de barriles diarios sólo representa cerca del 1.5% de ese consumo. Si el punto de comparación es únicamente el mercado estadounidense (20.7 millones de barriles diarios en 2010 e importaciones netas de 13.2 millones de barriles diarios) la producción adicional representa una proporción mayor que es sólo cerca del 7.5% del consumo y 11% de las importaciones. Finalmente, es importante subrayar que la razón por la cual el aumento de prácticamente un millón de barriles diarios en la producción de crudo pesado entre 1995 y 2002 no tuvo un impacto significativo sobre sus precios es porque se firmaron contratos de largo plazo con diversas refinerías en América del Norte, asegurando su reconversión y, por tanto, que la demanda también aumentara. Será importante instrumentar una política semejante para que no se castiguen los precios.

Un programa de inversión de esta magnitud requerirá de financiamientos aproximados de 12,000 a 13,000 millones de dólares por año. La mitad de ese monto provendría de dos fuentes tradicionales de financiamiento: los recursos presupuestales autorizados por la Secretaría de Hacienda y Crédito Público (2,000 millones de dólares), y los Proyectos de Inversión de Impacto Diferido en el Gasto, PIDIREGAS (por 4,000 millones de dólares). La otra mitad vendría de colocaciones en la Bolsa Mexicana de Valores (1,000 millones de dólares) y de la creación de un Fideicomiso para la Inversión Social que buscaría el restante en los mercados internacionales, garantizándolos con los ingresos de las exportaciones futuras. Se buscaría el apoyo de instituciones gubernamentales y de organismos internacionales para obtener las mejores condiciones posibles.

Un proyecto de esta magnitud y de esta trascendencia no contará con el apoyo de la sociedad, a menos que descanse sobre una transparencia absoluta y sobre las mejores prácticas corporativas. Los gastos en funcionarios deberán ser mínimos, la proveniencia de los fondos transparente, la utilización auditable y los resultados a la vista de todos.

El dilema de la refinación

Se ha afirmado que el negocio del petróleo no está en su extracción sino en su transformación industrial y que ésta permite generar productos con mucho mayor valor agregado.

Asimismo, se ha dicho que todas las grandes empresas petroleras están integradas hacia la refinación y la petroquímica. Por ello, se ha concluido, Pemex debe invertir en refinación y no permitir que sean otras empresas las que aprovechen estas ventajas. Estas afirmaciones implican creación de valor agregado y rentabilidad y, además, pasan por alto la dinámica de la industria de la refinación en América del Norte durante la última década.

La refinación es rentable en la medida en la que el precio de venta de la gasolina sea mayor que el valor de los insumos utilizados para producirla. Si el precio de venta neto de impuestos indirectos es menor que el costo de los insumos utilizados, el margen es negativo y la empresa de refinación pierde dinero. Si la empresa de refinación es del Estado, tarde o temprano el erario tendrá que utilizar recursos presupuestales para cubrir los faltantes, en detrimento de otros gastos. Ese es el caso en México.

El hecho de que las gasolinas contengan mayor valor agregado que el petróleo no implica que una empresa deba invertir en el negocio de la refinación. Sólo debe hacerlo si tiene ventajas comparativas. Esas ventajas pueden ser de localización (cercanía con los consumidores), de tecnología o de eficiencia operativa. Obtener y conservar estas ventajas se ha tornado arduo, como lo muestra la reestructuración del sector de la refinación en América del Norte durante los años noventa. Bajo el efecto de fuertes cambios tecnológicos en el sector de la refinación, sus márgenes de ganancia se estrecharon durante los años ochenta en Estados Unidos. Durante la década de los noventa, después de un periodo largo de baja rentabilidad, las grandes empresas petroleras de Estados Unidos entraron en un agresivo proceso de desincorporación de activos: vendieron casi el 15% de su capacidad instalada y cesaron operaciones del 20% de sus plantas. A su vez, ocho compañías de refinación no integradas (es decir que no producen petróleo) casi triplicaron su capacidad instalada, pasando de 8% del total en 1990 a 23% en 1998. El 88% de este crecimiento ocurrió por la adquisición de instalaciones existentes, las dos terceras partes de las cuales se compraron a grandes empresas petroleras integradas, entre ellas Exxon, BP, Total y Phillips Petroleum. Como resultado, el control de las grandes compañías petroleras integradas sobre la capacidad de refinación en Estados Unidos pasó de 72% en 1990 a 54% en 1998. A pesar de esta profunda reestructuración del sector, los márgenes de refinación en Estados Unidos siguen siendo estrechos: varían entre 2 y 3 dólares por barril de petróleo, es decir aproximadamente el 5%. En México, Pemex Refinación perdió 6,938 millones de pesos en 1999 y 21,271 en 2000, con un valor acumulado de 28,209 millones de pesos, equivalente a 4 veces el presupuesto anual de Conacyt. Se rumora que las pérdidas para los años 2002 y 2003 ascenderían a más de 30,000 millones de pesos. Entre 1997 y 2003, Pemex Refinación perdió cerca de 110,000 millones pesos.

Si Pemex Refinación fuera una empresa privada, tal desempeño llevaría a que se secaran sus fuentes de financiamiento y tuviera que reestructurarse, venderse o cesar operaciones. Ello no es posible en el contexto constitucional actual y los clamores por otorgar mayor autonomía de gestión a las paraestatales no resuelven el problema, puesto que una compañía estatal no suele quebrar. Por ende, no hay manera de penalizar la gestión deficiente.

La reconfiguración de la refinería "Francisco I. Madero" tuvo un costo de 18,000 millones de pesos y la de la refinería de Minatitlán que se está llevando a cabo, otro tanto. La inversión acumulada en refinación probablemente ascienda a 50,000 millones de pesos.

¿Se justifica que el Estado gaste esta cantidad astronómica en una actividad en la que México no tiene ninguna ventaja comparativa, pues no produce los bienes de capital que se requieren y no ha desarrollado tecnología? Debe exigirse un análisis minucioso de las causas de este fenómeno y el establecimiento de un plan para resolver esos problemas.

Dos puntos quedan claros: es inaceptable que las finanzas de las subsidiarias de Pemex no sean del conocimiento público; Pemex Refinación constituye una sangría para las finanzas públicas (puesto que no se puede ni vender, ni desincorporar, ni reestructurar), y como las mismas causas producen los mismos efectos, lo seguirá siendo a menos que se instrumente un cambio radical.

Si bien Pemex sigue siendo una de las empresas petroleras más grandes del mundo, no se ha adaptado al México democrático, abierto y global del siglo XXI: dos de sus subsidiarias tienen fuertes pérdidas de operación; las pérdidas de materiales (sobre todo gasolinas) suman miles de millones de pesos; sus mecanismos de control interno y de estimación de costos no están a la altura de las mejores prácticas en la industria; no existe un plan estratégico que ofrezca claridad y dirección para los inversionistas privados río abajo, y el trato a sus clientes es el del que se sabe sin competencia en una era en la que el servicio al cliente es una de las raíces de la competitividad.

Algunas encuestas muestran que la sociedad mexicana tiene mala opinión de Pemex: más del 90% de los mexicanos consideran que hay corrupción en Pemex; la mitad opinan que la paraestatal ha beneficiado poco o nada al país y una tercera parte opinan que los que se han beneficiado son sus funcionarios. En consecuencia el 40% de los mexicanos consideran que si se privatizara Pemex sería más eficiente y habría menos corrupción; mientras que el 30% considera que las cosas empeorarían. Desesperados, la mitad de los encuestados consideran que Pemex debe privatizarse y el 70% está a favor de que se permita la inversión de empresarios mexicanos en la industria petrolera y de que se prohíba la inversión extranjera.

Pemex requiere una revolución cultural y operativa con cuatro grandes objetivos: ante todo, aumentar la transparencia y rendición de cuentas porque la sociedad mexicana siente que la riqueza petrolera ha sido secuestrada por unos pocos, no comprende el proceso de toma de decisiones y no está conforme con el desempeño del sector; en segundo lugar, debe modificarse de tajo la actitud hacia clientes y proveedores para que la paraestatal deje de ser fuente de arbitrariedades y abusos y adopte una cultura de servicio al cliente; en tercer lugar, debe determinarse una política de explotación de las reservas de hidrocarburos para los próximos 25 años y establecer un plan estratégico para el sector; finalmente, debe aumentar la rentabilidad de la transformación industrial de los hidrocarburos. El reto es enorme, pero no se puede concebir una economía eficiente y en crecimiento con el Pemex que tenemos. Pemex es sólo un instrumento del que se ha dotado la nación para aprovechar el recurso petrolero y debe estar a la altura de nuestras ambiciones, no constituir un freno.

AUTOBIOGRAFÍA 5

El énfasis en el financiamiento del Estado y en las formas concretas de financiar los gastos aquí propuestos proviene del seguimiento de distintas campañas electorales, pero, sobre todo, de los avatares de la lucha de la izquierda latinoamericana e incluso mundial desde los años setenta para llegar al poder. En efecto, empezando con la época del compromiso histórico del Partido Comunista Italiano de Enrico Berlinguer, hasta los esfuerzos de la Unión de la Izquierda en Francia, a principios de los años setenta, para llegar al Palacio del Elíseo en 1981, pasando por los intentos de distintos sectores y estamentos de la izquierda latinoamericana por conquistar el poder por la vía electoral, todos estos años se caracterizaron por la necesidad de romper con la imagen y la realidad de la mala gestión económica por la cual se había hecho famosa la izquierda. A ello contribuyó también, por supuesto, la propaganda de la derecha, que hacía hincapié en la mala administración y en el mal manejo de las finanzas públicas de los gobiernos progresistas.

La izquierda más moderna, la que fue surgiendo en Europa y en América Latina, sobre todo en Chile a partir de 1988, así como la que se consolidó con el Partido Socialista Obrero Español (PSOE), optó por facturar sus promesas y presentarle al electorado el costo de cada propuesta o de cada promesa y proponer ingresos correspondientes a los egresos que se prometían. Más allá de un ejercicio técnico, se trataba de un ejercicio político, pues la mala fama de los partidos socialistas, de los partidos comunistas, del Partido Demócrata de Estados Unidos, de los partidos populistas en América Latina, de la mala administración de las finanzas públicas, de gastar más de lo que ingresaba, de incurrir en excesos, de provocar déficits fiscales y de caer en espirales inflacionarias, se había erigido en el principal obstáculo para el regreso de los gobiernos progresistas al poder. El ejemplo de Salvador Allende y de la Unidad Popular en Chile era uno de los argumentos más fuertes, pero no era el único. De ahí que a partir de la campaña de François Mitterrand en 1974 en Francia, pero incluyendo los distintos esfuerzos del Partido Comunista Italiano en los años subsiguientes, del PSOE en España, del laborismo inglés, del Partido Demócrata en Estados Unidos, de la concertación por la democracia en Chile a partir de 1986, surgió la necesidad de presentar un programa viable en términos económicos, y para que lo fuera debía incluir una correspondencia entre ingresos y egresos, entre fuentes de recursos y gasto, entre activos y pasivos.

Debido a que tuve la oportunidad de seguir de cerca estos procesos, fui compenetrándome de esta necesidad y convirtiéndola en obsesión, comprendiendo que era imperativo darle confianza a los votantes —en particular a los más desfavorecidos y a las clases medias—, asegurar que habrá un rigor económico suficiente para evitar los excesos populistas que llevan a la inflación y a las devaluaciones, y al mismo tiempo presentar un programa de realizaciones sociales lo suficientemente ambiciosas para que existiera una diferencia entre estas propuestas y las de partidos desvinculados de las necesidades de estas capas de la población. Comprendí que sin ello era imposible lograr que sectores de cambio en América Latina pudieran volver al poder. Este fue uno de los motivos más importantes que me llevó, desde mediados de los años noventa, a organizar junto con el filósofo y profesor de derecho de la Universidad de Harvard, el brasileño Roberto

Mangabeira Unger, una serie de reuniones que, a falta de otro término, llamamos Alternativa Latinoamericana. Estas reuniones conjuntaron a dirigentes políticos, algunos economistas e intelectuales y activistas sociales, con el objeto de formular propuestas alternativas al llamado neoliberalismo o camino único. Se celebraron reuniones plenarias, en México en dos ocasiones, en San José de Costa Rica, en Buenos Aires, en Marbella, en Chile, así como reuniones más pequeñas de grupos de trabajo en estas mismas ciudades y también en São Paulo. Los cuatro países más presentes en las discusiones fueron México, Chile, Argentina y Brasil, y de ellos participaron distintos sectores de izquierda y de centro, incluyendo a líderes como Lula, Ricardo Lagos, Vicente Fox, Chacho Álvarez y muchos más. Este esfuerzo tuvo dos grandes logros y también un fracaso. El efecto doble éxito fue, en primer lugar, el establecer relaciones de cercanía y de amistad entre estos dirigentes políticos, que de otra manera no se hubieran conocido y que a todos les resultaron útiles posteriormente. Ahí nació la relación de Vicente Fox con Ricardo Lagos y con Lula y, también, la relación entre varios líderes argentinos con sus contrapartes chilenos y mexicanos. De ahí nació la relación de otros dirigentes brasileños como Ciro Gómez, actual ministro de Lula, o José Dirceo, actual jefe de la casa civil de la Presidencia de Brasil, con diferentes líderes chilenos y mexicanos. El segundo éxito fue poner en blanco y negro una serie de tesis, propuestas y formulaciones, en particular en el ámbito de lo fiscal, de lo institucional y de lo social. Estas reuniones se llevaron a cabo entre 1996 y 1999.

En las discusiones previas con Roberto Mangabeira Unger, desde 1995, entendí lo que por ser contraintuitivo y por parecerse mucho a ciertas tesis conservadoras sobre materia fiscal me costaba trabajo asimilar; a saber: en materia de financiamiento del Estado, lo importante no es cómo se recauda, sino cómo se gasta. Desde 1995 me convencí de que esta tesis era correcta y que se apoyaba en elementos reales de la historia económica moderna. El ejemplo más evidente y más conocido es la diferencia entre Estados Unidos —donde no existe un impuesto federal al valor agregado, y la tasa de los impuestos a las ventas es baja— y Europa Occidental, en particular de la Unión Europea como tal, donde la principal fuente de ingresos de los Estados es cada vez más el impuesto al valor agregado —en la mayoría de los casos, mayor a 18% y con un promedio de más de 20%—. Si bien el impuesto al valor agregado representa un impuesto regresivo, sus efectos se pueden corregir con gasto en los servicios que consumen las clases menos favorecidas. Esta visión política en Europa Occidental contrasta con la que prevalece en Estados Unidos, donde la principal fuente de ingresos son los impuestos sobre la renta, en teoría progresivos, a la vez que es la sociedad más desigual y menos solidaria de todos los países ricos.

Hoy le veo una virtud adicional al impuesto al valor agregado. Lo pagamos todos, incluso los más pobres. Este grave inconveniente tiene sin embargo una doble virtud: da, incluso a aquellos que están exentos del impuesto sobre la renta, el sentimiento real de participar en el financiamiento del Estado y de los servicios que éste proporciona, lo cual refuerza la convicción de tener derechos respecto del Estado. En segundo lugar, el IVA, por la misma razón, encierra una virtud pedagógica, porque permite entender cómo se financia el Estado y por qué es importante participar con el voto y exigir la rendición de cuentas. Posee una virtud integradora al hacer, incluso de los más pobres, contribuyentes, con derechos de contribuyentes. Los que reconozcan en esta idea los conceptos expuestos por John Gray, Anthony Giddens y Tony Blair no se equivocan. Es conveniente ligar, en la medida de lo posible, los derechos, en particular los derechos sociales, a las obligaciones. No por una razón moral —lo que además, en el caso de los pobres, sería escandaloso—, sino porque los derechos sociales son la manera de organizar la solidaridad en el seno de una sociedad, y el cumplimiento de las obligaciones, en particular el pago de contribuciones, es lo que los hace posibles. El hecho de pagar impuestos, de cumplir esta dura obligación, certifica a los ciudadanos que poseen ciertos derechos, a la vez que les permite comprender que, sin la aportación de los contribuyentes, esos derechos son imposibles, lo cual participa de manera importante en el combate contra la mentalidad asistencial, que paraliza la iniciativa. Aparentemente fue por la misma razón que la Contribución Social Generalizada, creada por Michel Rocard a fin de financiar la prestación mínima para las personas sin recursos, fue general; esto es, la pagan incluso quienes tienen por único ingreso el pago de pensiones, seguros médicos o de desempleo, todos, menos los que reciben dicha prestación. Porque es una medida de solidaridad nacional, esto es un acto de la solidaridad de todos para con todos. En las reuniones de Alternativa Latinoamericana, Fox se fue convenciendo, poco a poco, de dos cosas: en primer lugar, de que resultaría imposible elevar la eficacia social del gasto en México sin fortalecer las finanzas del Estado y aumentar sus egresos y, en segundo, de que la mejor manera de hacerlo era a través del IVA, sin entrar en los detalles de qué IVA, qué monto y en qué momento. El propio Fox había ido cambiando su punto de vista sobre el conjunto de temas de finanzas del Estado desde su llegada a la gubernatura del estado de Guanajuato en 1995, dándose cuenta que estaba maniatado en materia de gasto social por la exigüidad de los recursos disponibles, tanto para el estado como para el gobierno federal, e incluso se propuso lograr la introducción de un impuesto especial de 4% para la educación, que finalmente no prosperó en la legislatura estatal. En alguna medida, y no me corresponde en este momento decir en qué medida, la propuesta, sin duda prematuramente divulgada en agosto de 2001, de aplicar el IVA a medicinas y alimentos, proviene de este convencimiento que Fox experimentó con relación a que el mejor instrumento para fortalecer las finanzas del Estado residía en el IVA y en esas discusiones de Alternativa Latinoamericana. Para esas fechas, a mí me resultaba relativamente fácil aceptar estas tesis porque, con los años, había ido entendiendo que la única manera de tener una política social eficaz y significativa era aumentando la recaudación y gastando los recursos adicionales para combatir la pobreza. No había, en mi opinión, otro remedio, ya que todos los que se habían intentado habían fracasado: las nacionalizaciones, el endeudamiento, el aumento en la oferta monetaria y todos los demás esfuerzos de la historia moderna de América Latina. Y también me resultaba fácil asimilar esta tesis porque en mi trabajo sobre la historia de la izquierda latinoamericana, sobre todo la más moderna, sus sucesivos fracasos en la gestión gubernamental me convencieron de que era tan indispensable contar con un programa serio de financiamiento de la política social como diseñar una política social seria que, en la medida en que beneficiaba realmente a las grandes masas, diferenciaría a la izquierda de otros sectores del espectro político. Le dediqué un largo apartado de mi libro *La utopía desarmada* al tema del financiamiento, de cómo financiar una política social que disminuyera la desigualdad y la pobreza. Hoy estoy más convencido que nunca de que mientras las fuerzas del cambio en América Latina no muestren una política rigurosa en materia macroeconómica, será imposible que gobiernen de manera perdurable. Pero también estoy más convencido que nunca de que si no gobiernan de manera diferente a otras fuerzas, perderán la oportunidad de dejar una huella en la estructura de sus respectivas sociedades.

Al mismo tiempo, siempre me resultó interesante y pertinente el tema del financiamiento del Estado por otras vías, ya que desde 1978 me había adentrado en el tema del debate petrolero en México. Es evidente que no se puede limitar, ni en México ni en ninguna parte de América Latina, el tema fiscal al tema del IVA. Hay un conjunto de transformaciones fiscales necesarias, sobre las cuales no me puedo extender aquí pero que van desde los niveles del impuesto sobre la renta, los distintos incentivos que, por razones sociológicas o históricas, existen en algunos países y no en otros —desde el hecho de que los intereses en los créditos hipotecarios son deducibles del impuesto sobre la renta de las personas en Estados Unidos, hasta los distintos mecanismos para incentivar la formalización de la economía informal, pasando por la conveniencia de simplificar el proceso de pago para los que sí lo hacen y aumentar las regulaciones y las penalidades contra los que no pagan—. Ninguno de estos temas es sencillo; sin embargo, el tema político central en esta discusión es triple, y de ahí se deberían derivar, en mi opinión, los demás. Primero, los Estados latinoamericanos requieren de más recursos para cumplir con las obligaciones sociales como se espera de ellos; segundo, esos recursos deben provenir fundamentalmente de la política fiscal, y dentro de ésta, la manera más eficaz, más barata, y más inmediata de incrementar los recursos disponibles ha sido —en la mayoría de los países, durante los últimos veinticinco años— el impuesto al valor agregado; y tercero, el hecho de que el carácter regresivo del mismo no obsta para que los recursos que se obtienen se puedan gastar de manera que alivien la pobreza.

El fracaso de las reuniones fue que, si bien varios de los participantes más asiduos llegaron aun a la primera magistratura de su país (Vicente Fox, Lula, y Ricardo Lagos) o a la vicepresidencia (Chacho Álvarez en Argentina) y, si bien tuvo lugar una enorme difusión en cada país, y sobre todo, a escala internacional, de las tesis principales del documento de Alternativa Latinoamericana, en muchos casos su instrumentación al llegar los participantes a la Presidencia de sus respectivos países enfrentó enormes resistencias. La ausencia de coaliciones políticas que las apoyaran, la inexistencia de condiciones internacionales propicias, la falta de decisión y de la visión necesarias para correr el riesgo de poner en práctica ideas innovadoras hizo que el esfuerzo desembocara en magros resultados concretos.

Aunque este fue uno de los peligros que habíamos detectado desde un principio, y aunque esta posibilidad constituyó la razón central por la cual insistimos en organizar el grupo principalmente a partir de líderes políticos y no de intelectuales, académicos o empresarios, el hecho es que faltó capacidad de poner en práctica las ideas, y en muchos casos faltó coraje para asumir los costos políticos de su aplicación. Iniciativas semejantes que han brotado posteriormente, como la del Foro Iberoamericano, que se ha reunido ya en cuatro ocasiones, juntando a empresarios, intelectuales y políticos latinoamericanos en España y Portugal, o las del Programa de Naciones Unidas para el Desarrollo (PNUD) en torno al informe sobre la democracia en América Latina, pueden correr la misma suerte. Es indispensable fortalecer el vínculo entre ideas y políticas públicas en América Latina, ya sea volviendo más viables las ideas, ya sea volviendo más audaces las políticas públicas. Probablemente las dos.

La misma trayectoria intelectual que me llevó a interesarme en temas fiscales y en el financiamiento de propuestas me había conducido, como dije, incluso muchos años antes, al pantanoso terreno del petróleo en México y en el mundo. Desde diciembre de 1978 inicié una polémica pública con ciertas posiciones —en mi opinión, trasnochadas y paralizantes— en materia de petróleo en México, polémica que hoy se mantiene en torno al tema del aumento de las exportaciones de Petróleos Mexicanos (Pemex). Recuerdo que en aquella ocasión, en las páginas de *Proceso*, una revista fundada apenas dos años antes, escribí un largo artículo, prácticamente un ensayo, insistiendo en las enormes transformaciones que las exportaciones de petróleo iban a traer a México, cómo le iban a dar un gran impulso a la política económica de López Portillo durante unos años y por qué era absurdo no aquilatar el inmenso cambio que significaba para México pasar de ser un país importador de petróleo a ser uno de los principales exportadores. Y, que más allá del régimen jurídico existente —que tanto en ese momento como ahora parecía ser inamovible—, lo esencial era determinar lo que queríamos hacer con el petróleo y los efectos que iba a tener sobre la economía, la sociedad y la política en México. Heberto Castillo me respondió furibundo, denunciándome como "marxista guadalupano" y como amigo de las siete hermanas. Pero la discusión en la que participaron muchos otros editorialistas, entre ellos Roger Bartra y Eduardo Valle, permitió, por un lado, plantear una tesis diferente sobre el tema petrolero, a saber: conservar el petróleo y tenerle miedo no era una buena idea, y, por otro, sacarle el mayor provecho posible era el mejor camino. El hecho de que posteriormente el gobierno de López Portillo no siguiera el mejor camino y que las cosas hayan terminado mal, no significa que, en el fondo, la enorme transformación del país que planteó el descubrimiento de yacimientos en la Sonda de Campeche y Chiapas no haya alterado para muchos años, y de tajo, la situación de México.

Un segundo efecto fue que me coloqué en una posición de deslinde o de diferencia muy clara desde aquella época con las posturas tradicionales de lo que hoy he llamado, a falta de mejor nombre, el nacionalismo energético tradicional del PRI y del Estado mexicano. Ese nacionalismo hace hincapié en la propiedad de los recursos y el estatuto jurídico de Pemex, de la reserva de mercado de la Comisión Federal de Electricidad, pero no se limita a esas posturas, sino que también desarrolla tesis fiscales, como la necesidad de guardar el petróleo para el futuro o de explotarlo únicamente añadiéndole valor agregado en México en lugar de venderlo, tesis que parece válida, pero que como antes vimos es falsa.

Incluso en el momento de la división que se dio dentro del gobierno de López Portillo en julio de 1981 sobre qué hacer frente a la caída en el precio internacional del crudo en esos días, si México debía mantener sus precios como lo sugería José Andrés de Oteyza, secretario de Patrimonio y Fomento Industrial, o bajarlos para conservar a sus clientes, como lo sugería Jorge Díaz Serrano, director de Pemex, mi inclinación fue claramente a favor del segundo y contraria a la tesis del primero, pensando que era preferible conservar a los clientes, conservar el buen nombre de Pemex, y no envolvernos en la bandera de mantener los precios altos. Como es bien sabido, Díaz Serrano perdió la batalla, perdió su puesto y posiblemente perdió la Presidencia de la República por haber insistido en seguir al mercado y bajar los precios. Como es bien sabido también, la decisión de mantener los precios contra viento y marea fue insostenible, le costó al país una gran cantidad de recursos debido a la pérdida de clientes y llevó a un enorme endeudamiento externo que pesaría sobre las finanzas públicas por décadas.

La propuesta actual de utilizar el recurso no renovable que tenemos, el petróleo, para transformarlo en recursos renovables a mediano plazo —que son la educación, la ciencia y tecnología, la cultura, entre otros— proviene justamente de todos estos años de deslinde frente al nacionalismo energético, de deslindes frente a las posturas que consideran que México no debe utilizar su petróleo porque petroliza la economía, porque petroliza el comercio exterior, porque el petróleo son los "veneros del diablo", porque es objeto de todo tipo de codicias, ambiciones y afanes del exterior, porque se considera que México debe, ante todo, guardar su valioso recurso natural. A lo largo de años de conversaciones con especialistas en la materia que no comparten todas y cada una de estas posturas, pero cuyos consejos e ideas me han ayudado mucho, como David Ibarra, José Luis Alberro, Jorge Díaz Serrano, Fausto Alzati y muchos otros, llegué a la conclusión de que hoy en día, frente a la astringencia de recursos, parece prácticamente criminal conservar el petróleo bajo tierra, existiendo la posibilidad de sacarlo y transformarlo en valores renovables como la educación o la seguridad jurídica. Esa decisión y esa transformación es fundamental, independientemente del régimen jurídico de Pemex y de la situación internacional, que en estos momentos es especialmente propicia para un aumento de las ventas mexicanas de crudo, en particular a Estados Unidos, a quien le podemos ofrecer un grado de confiabilidad que sus otros proveedores —como Venezuela, Arabia Saudita y otros del Golfo Pérsico— no le pueden brindar, debiendo encontrar mecanismos para vigilar que los recursos procedentes de este aumento de las exportaciones efectivamente se canalicen a donde conviene y que se eviten los derroches, los abusos y los excesos de los años setenta y principios de los años ochenta. Si hay un ámbito en el que me siento especialmente tranquilo en cuanto a la continuidad de posturas, es este del deslinde frente al nacionalismo energético, de plantear que el petróleo es algo que México debe aprovechar, debe utilizar, debe beneficiar a las generaciones actuales para que las venideras tengan un verdadero futuro, en vez de guardar para un futuro que no sabemos cuándo llegará, un recurso no renovable que no sabemos si seguirá sirviendo.

Evidentemente, el petróleo no debe ser sustituto de una reforma fiscal, como en los hechos lo ha sido durante muchos años; es muy probable que lo que le haya causado al país tener una carga fiscal tan baja, haya sido justamente el disponer del petróleo, que desde 1977 siempre fue una solución fácil, que permitía darle al Estado recursos y no obligarlo a esfuerzos fiscales impopulares y dolorosos. Por tanto, es evidente que la reforma fiscal tiene que ir acompañada del aumento de exportaciones de petróleo y que, en el futuro, será indispensable destetar al fisco de Pemex, conservar la mayoría de sus recursos para inversiones productivas en exploración y explotación, tanto de gas natural como de petróleo y, a la larga, darle el mismo trato fiscal a Pemex que a cualquier otra empresa, en este caso de propiedad pública. Mientras tanto, es indispensable aprovechar la coyuntura para aumentar las exportaciones. Quizás el intento fallido de reforma fiscal en 2001 por parte del gobierno de Fox se deba, sólo en parte, al no haber presentado un paquete más amplio de medidas tales como las que se sugerían en el documento de Alternativa Latinoamericana, medidas más amplias en lo tocante a la parte estrictamente fiscal, pero también por el lado del gasto; de ahí la necesidad de la etiquetación de la que hemos hablado hasta ahora y también del lado institucional o social en términos más generales. La discusión, en lugar de ser eminentemente política, se volvió prácticamente técnica: que si se gravaban mucho los alimentos y medicinas o no, que si estaba muy concentrado el consumo de estos productos, que si era viable el famoso copeteo, es decir, la devolución de recursos a los sectores más desfavorecidos a través del programa Oportunidades (PROGRESA), que si había más dinero en FOBAPROA o no, o bien en otras lagunas fiscales de la economía. Y como siempre, cuando se reduce la política a la técnica, el debate se vuelve puramente táctico: qué gano o qué pierdo como partido, o qué impido ganar a los otros dos. De haberse dado una discusión política más amplia sobre el conjunto de factores de gasto, financiamiento e instrumentos para aumentar el gasto social, el dominio de la táctica partidaria se hubiera dificultado y quizá la reforma hubiera corrido una suerte diferente, y quizá, también, en caso de prosperar en la próxima ocasión, ello se deba a que sí se haga un planteamiento más amplio.

Epílogo

Al término de este largo recorrido por las ideas del cambio y las etapas de una vida, se impone una pausa. Debe servir como reflexión sobre el momento en que nos encontramos, de paso de una etapa a otra. Para una persona con el itinerario que he intentado describir de manera sucinta en las páginas anteriores, el tránsito del mundo de las ideas al de su puesta en práctica sólo se compara con el paso del ámbito de la asesoría o colaboración, incluso en el gabinete, al del liderazgo, siempre solitario al final del día. Ayudar a otro a realizar proyectos o aterrizar ideas es una cosa; mejorar las ideas propias con las de los demás para aplicarlas uno mismo, es otra muy distinta.

Hoy México se halla en un *impasse*: sin poder avanzar más que por inercia, por el arrastre de otros o por suerte. El gobierno de Vicente Fox hizo lo más que pudo para transitar de la alternancia al cambio verdadero; la imposibilidad de hacerlo no es principalmente responsabilidad suya. La incapacidad de avanzar se tradujo más en una simple posposición de decisiones dolorosas y cruciales que en una resignada aceptación del *impasse*. Por un motivo evidente: las razones que vuelven insostenible el *statu quo* mexicano son conocidas, y de alguna forma subyacen a los argumentos esgrimidos en todo el libro que aquí concluye. Con una economía y una sociedad abiertas donde ni los mecanismos económicos de México ni las actitudes y anhelos de los mexicanos permanecen insensibles a lo que acontece en el mundo, no avanzar es retroceder. Si la economía mexicana no crece, el bienestar de los mexicanos tampoco mejora; pero si el de otros se incrementa, nosotros reculamos. Y al perder terreno, abrimos cauces a fenómenos compensatorios, con frecuencia nocivos, para la comunidad internacional y/o para nosotros: la migración indocumentada, el narcotráfico, la corrupción, el extremismo.

El dilema de Fox se asemejó en gran medida al de transiciones análogas: o bien trabajar con los actores políticos, las instituciones y los poderes fácticos del pasado, evitando así las turbulencias que han azotado al país y permitiendo una concentración de esfuerzos en las tareas más apremiantes; o bien empezar con un intento de transformación de los sujetos mencionados, postergando lo urgente para atender lo indispensable, corriendo el riesgo de desatar conflictos peligrosos, de provocar inestabilidad y de incurrir en costos imprevisibles. Hasta donde sé, este debate sólo tuvo lugar de manera tangencial, indirecta y casi inconsciente, durante el periodo de transición y en los primeros meses del gobierno.

Nunca, sin embargo, se plantearon las verdaderas opciones: negociar con un PRI dividido y correr el riego de canjear estabilidad política y económica por la ausencia de reformas y de cualquier ajuste de cuentas con el pasado, o correr el riesgo de la crisis que provocaría un enfrentamiento con el PRI por ese ajuste, sin alcanzar un número suficiente de votos con el PAN, el PRD y el PRI "bueno" para algunas reformas. Disyuntiva desgarradora pero ineludible, como hemos visto.

Otra disyuntiva, igualmente diabólica, involucró el problema de los "cruces", o cómo resolver el dilema del pasado, y por tanto del futuro de las reformas, después del fracaso parcial pero evidente de las reformas indígena y fiscal en 2001. Consistía en escoger, con el menor grado posible de arbitrariedad, a un centenar de ex-funcionarios o dirigentes de los sexenios anteriores y revisar tres criterios, cruzándolos: su declaración patrimonial, su declaración fiscal y sus signos exteriores de riqueza, incluyendo fondos o propiedades en el exterior. De ese centenar inevitablemente resultaría una veintena de casos altamente cuestionables: en ellos actuaría la justicia y/o la negociación política. El presidente rechazó de tajo la idea, arguyendo —lo cual lo honra como individuo pero tal vez lo debilitó como mandatario— que él no era Dios para establecer esa primera lista de cien, ni tampoco podía entrar en una dinámica de negociar delitos pasados por votos futuros.

Estos problemas también surgieron durante la redacción del Primer Informe de Vicente Fox: se le sometió un esquema relativamente detallado de ruptura conceptual con el pasado, que le permitiría explicar al país la razón del principio de parálisis que ya agobiaba al gobierno y a la vez ver hacia adelante. Consistía en decir que él no había deseado presentar a la sociedad mexicana una completa y detallada descripción del estado que guardaba el país al recibir el gobierno para evitar, a toda costa, una crisis finisexenal como las que habían devastado al país en 1994-1995, en 1988-1989, en 1982 y en 1976. Luego de efectuar esa confesión, el presidente diría algo así como: "Ahora que ya sorteamos ese maleficio, quisiera contarles en qué estado me entregaron el país, para que todos entendamos la magnitud del reto que enfrentamos." Allí seguiría un examen minucioso, objetivo pero descarnado, de la situación verdadera de nuestra nación en todos los ámbitos.

También se trató de utilizar la analogía española, esquemática y lejana pero eficaz, para describir un escenario pesimista, pero manejable, para los dos tercios restantes del mandato de Vicente Fox. En esencia, se planteó que Fox quiso —y tal vez bajo circunstancias externas e internas idóneas hubiera podido— ser Adolfo Suárez y Felipe González en uno solo, pero que las cosas no habían resultado. Por ende, resultaba preciso escoger entre realizar reformas económicas, sociales e internacionales (Felipe González), o construir el andamiaje institucional del México del futuro (Adolfo Suárez), pero urgía desistir de la ambición de ser ambos, por el peligro de no ser ninguno. En las condiciones reales del país, resultaba más factible proponerse ser Suárez (autor de la legalización del Partido Comunista, de la Constitución del 77 y del Pacto sindical-fiscal-presupuestal de La Moncloa) que González (autor de la permanencia de España en la OTAN, de su ingreso a la Unión Europea, de las principales privatizaciones, de la reforma fiscal). Estas alternativas pertenecen al pasado; la historia dirá si la elección de Fox en cada caso, más o menos consciente, más o menos informada, fue la correcta. El desenlace no es catastrófico ni brillante; contribuye, tal cual, al punto de partida de la etapa siguiente.

Más que lamentarse de esta realidad, conviene ver hacia el futuro. La gran asignatura pendiente para este sexenio es la reforma institucional; si seguimos la secuencia española, la gran tarea en puerta para el siguiente sexenio reside en las reformas económicas, sociales e internacionales que no se pudieron ya consumar en esta administración. Fox puede lograr las transformaciones institucionales más trascendentes —lo que se suele llamar la reforma del Estado— si se aboca a ello y no diluye el escaso capital político que le resta en reformas: electorales, jurídicas *light*, eléctricas imposibles y fiscales impracticables. De hacerlo, le permitirá a su sucesor concentrarse en las reformas de fondo que el país requiere para crecer, y que no van a resultar factibles sin una modificación profunda de nuestras instituciones. De no volverse posibles esas reformas institucionales, centrar todos los esfuerzos en ellas por lo menos le permitiría a Fox convencer al país de su imperiosa necesidad y le ahorrará al mandatario siguiente una buena proporción del cabildeo necesario.

Pero en todo caso, el carácter del siguiente sexenio ya queda claro: será el de la transformación económica y social del país, o el del rezago definitivo. Y la gran pregunta a la que los mexicanos deberemos responder consistirá en quién puede alcanzar esas metas, quién puede consumar la transición, quién puede conducir al país al siglo XXI, quién puede construir el México del futuro. Si la elección del 2000 se convirtió en un referéndum sobre la permanencia del PRI en el poder, la del 2006 será un referéndum sobre la salida del pasado y la entrada al futuro: por el México del mañana o por el México de ayer.

Mi convicción es evidente y sencilla. Con los partidos políticos actuales es imposible lograr las reformas estructurales y la mayoría de las reformas institucionales. De allí la necesidad de una candidatura ciudadana. Ahora bien, tal candidatura ha suscitado varias dudas o críticas que parecen hacer caso omiso de su verdadera naturaleza. La principal consiste en pretender que cualquier candidatura independiente, no adscrita a un partido, implica una censura o "denostación" de los partidos políticos en abstracto, lo cual a su vez entraña un debilitamiento en abstracto de las instituciones. Pero este enfoque encierra varios saltos mortales conceptuales, carentes de justificación.

En primer lugar nadie, y mucho menos el que escribe, ha hipostasiado las candidaturas independientes: no son, en abstracto, siempre y en todas partes, una solución a todos los problemas. Constituyen, en primer término, una opción que los votantes deben poder aprobar o rechazar, sin que los legisladores los consideren como menores de edad que inevitablemente sucumbirían ante las tentaciones del mal. En segundo lugar, en la coyuntura mexicana actual, con tres grandes partidos que claramente pertenecen al pasado —del cual efectivamente ayudaron al país a salir pero que se caracterizó por ser el de un país autoritario, de economía cerrada e inmerso en la Guerra Fría—, no pueden aflorar de éstos las propuestas, las soluciones y las ideas necesarias para construir el México del futuro. Por una sencilla razón: al pertenecer al pasado, al reflejar alineaciones políticas e ideológicas propias del pasado, los partidos padecen divisiones cada día más agudas, irresolubles y paralizantes. Son, en el sentido estricto de la palabra, irreformables.

Ante esa situación, sólo una candidatura independiente —que enfrentaría indudables contradicciones pero que deben ser comparadas con las que confrontaría una nueva Presidencia de partido— puede empezar a lograr las reformas institucionales, comenzando por la adopción del referéndum para alcanzar reformas constitucionales, que a su vez pueden generar la refundación de los partidos políticos que evidentemente, como cualquier democracia representativa, necesita México. Esa refundación va sin duda a reflejar la permanencia de algunas corrientes actuales, pero realineadas en organizaciones políticas diferentes, y la desaparición de otras. Sólo mediante estas reformas, que por fin les permitan a los partidos políticos el acceso al poder, podrán refundarse. Suena paradójico, pero es cierto: en nuestro país los partidos nunca han tendio acceso al poder. Durante una eternidad, el gobierno le daba poder al PRI, no al revés; en el 2000 el PAN le prestó su registro a Vicente Fox, pero apenas a medio sexenio comenzó a acceder al poder. El PRD sigue esperando. Mientras carezcan de ese atributo básico de cualquier partido, que es el acceso y el ejercicio del poder, adolecerán de modo ineluctable del defecto de toda oposición perenne: la irresponsabilidad.

Los partidos no tienen que ser eternos. Una cosa es que toda democracia representativa requiera de partidos; otra es que la democracia mexicana de hoy y de mañana sólo pueda sobrevivir gracias a los partidos de hoy y de ayer. Esto ya ha sucedido, como es de esperarse, en otros países. En Francia, después del derrumbe de la Cuarta República en 1958; surgieron partidos renovados de derecha, y un nuevo Partido Socialista hoy. A partir de 1981 empezó a desaparecer el Partido Comunista Francés, durante años baluarte de la Unión Soviética y de la clase trabajadora, y fue sustituido por el Frente Nacional, de extrema derecha, como destinatatrio del voto obrero. En Italia desapareció el Partido Comunista, el más fuerte de occidente, y fue sustituido por el social-democrata PDS y por el fundamentalista Refundazione Comunista; el Partido Socialista de Pietro Nenni se hundió en los *videogates* de Bettino Craxi y la Democracia Cristiana fue borrada de la faz de la tierra por el escándalo de *mano puliti*. En la mayoría de los países socialista los partidos comunistas fueron barridos por la caída del muro, y en Chile los famosos tres tercios que desembocaron en la tragedia del 11 de septiembre de 1973 fueron reemplazados por una coalición democracia-cristiana/partidos socialistas que ha gobernado a Chile en pleno crecimiento durante 15 años, con muy elevadas probabilidades de volver a ganar en el 2005. De tal suerte que los partidos cambian, los sistemas de partidos también, y con mucha frecuencia sólo las instituciones permancen o permiten cambiar los partidos.

Si el camino es este —del anacrónico, esclerótico y paralizado sistema de partidos del pasado a un nuevo sistema de partidos vía los cambios institucionales—, la pregunta es obvia: cómo transitar de un mundo al otro. Mi respuesta es igual de obvia: a través de una Presidencia ciudadana, libre de todo compromiso, atadura o hipoteca con los partidos existentes, y al margen de sus rencillas y pleitos internos. Esa Presidencia sería la única que podría impulsar las reformas de las instituciones que el país necesita sin que se vean —o sean— hechas a la medida para él, sin que le traigan beneficios políticos a su partido o busquen perpetuarlo en el poder. Más aún, sólo una Presidencia de este tipo podría poner en práctica reformas que a la vez fortalezcan al poder ejecutivo —el referéndum y la segunda vuelta— y lo debiliten —el régimen semi-paralmentario con un primer ministro—, y que refuercen al poder legislativo —con la aprobación del primer ministro— y debiliten a las dirigencias de los partidos —a través de la reelección de diputados y senadores.

Sólo lo podría hacer una Presidencia sin partido por estos motivos, pero también por otros. Sólo el presidente, en un régimen presidencial, va solo: únicamente el jefe del ejecutivo es electo por todos y no comparte ese privilegio con nadie. En eso consisten su soledad y su autoridad, su exclusividad y su poder. Las grandes reformas institucionales en nuestra historia, en los hechos, se han logrado así: desde Díaz hasta Calles, desde Carranza hasta Zedillo. Así se logran en otros países también, y sólo así se podrían lograr en México. Si alguien descubre un mejor camino que conduzca al mismo destino, enhorabuena; sólo que urge encontrarlo, porque el tiempo corre.

Cerramos así el ciclo: de una vida de lucha por causas claras y constantes, a una visión de cambios concretos, secuenciales y sustantivos. Los años dirán si estas ideas son retomadas por los muchos que somos; si escuchando a la gente se perfeccionan y se aterrizan; si convenciendo a la gente se vuelven realidades. He allí una ambición formidable para México y la aventura de la vida para un mexicano.

Glosario de siglas

AFI	Agencia Federal de Investigaciones
ALCA	Área Libre de Comercio de las Américas
BID	Banco Interamericano de Desarrollo
CCH	Colegio de Ciencias y Humanidades
CENEVAL	Centro Nacional de Evaluación
CFE	Comisión Federal de Electricidad
CNTE	Coordinadora Nacional de Trabajadores de la Educación
CONALEP	Colegio Nacional de Educación Profesional Técnica
COPARMEX	Confederación Patronal de la República Mexicana
CONACULTA	Consejo Nacional para la Cultura y las Artes
CONACYT	Consejo Nacional de Ciencia y Tecnología
CTM	Confederación de Trabajadores Mexicanos
FDI	Inversión Extranjera Directa (por sus siglas en inglés)
FMI	Fondo Monetario Internacional
FOBAPROA	Fondo Bancario de Protección al Ahorro
FOVISSTE	Fondo de la Vivienda del Instituto de Seguridad y Servicios Sociales de los Trabajadores del Estado
GATT	General Agreement on Tariffs and Trade
IED	Inversión Extranjera Directa
IEPS	Impuesto Especial sobre Productos y Servicios
IFE	Instituto Federal Electoral

INEGI	Instituto Nacional de Estadística, Geografía e Informática
INFONAVIT	Instituto del Fondo Nacional para la Vivienda de los Trabajadores
ITAM	Instituto Tecnológico Autónomo de México
INAH	Instituto Nacional de Antropología e Historia
INM	Instituto Nacional de Migración
INEHRM	Instituto Nacional de Estudios Históricos de la Revolución Mexicana
MIR	Movimiento de Izquierda Revolucionaria
MP	Ministerio Público
OCDE	Organización de Cooperación y Desarrollo Económicos
OMC	Organización Mundial de Comercio
PAN	Partido Acción Nacional
PARM	Partido Auténtico de la Revolución Mexicana
PCM	Partido Comunista Mexicano
PEMEX	Petróleos Mexicanos
PEP	Pemex-Exploración y Producción
PFP	Policía Federal Preventiva
PGR	Procuraduría General de la República
PIB	Producto Interno Bruto
PISA	Programa Internacional de Evaluación de Estudiantes (por sus siglas en inglés)
PMS	Partido Mexicano Socialista
PNUD	Programa de Naciones Unidas para el Desarrollo
PSOE	Partido Socialista Obrero Español
PPS	Partido Popular Socialista
PRD	Partido de la Revolución Democrática
PRI	Partido Revolucionario Institucional
PROGRESA	Programa de Educación, Salud y Alimentación
PRONABES	Programa Nacional de Becas para la Educación Superior

PSUM	Partido Socialista Unificado de México
SEP	Secretaría de Educación Pública
SEDENA	Secretaría de la Defensa Nacional
SNTE	Sindicato Nacional de Trabajadores de la Educación
SRE	Secretaría de Relaciones Exteriores
SSP	Secretaría de Seguridad Pública
SUTERM	Sindicato Único de Trabajadores Electricistas de la República Mexicana
TLC	Tratado de Libre Comercio de América del Norte
UACH	Universidad Autónoma de Chihuahua
UAM	Universidad Autónoma Metropolitana
UEDO	Unidad Especializada contra la Delincuencia Organizada
UNAM	Universidad Nacional Autónoma de México
UNESCO	Organización de las Naciones Unidas para la Educación (por sus siglas en inglés)